한 권으로 읽는 국정원법 이야기

한 권으로 읽는 국정원법 이야기

발행일	2023년 5월 23일		
지은이	정주진		
펴낸이	손형국		
펴낸곳	(주)북랩		
편집인	선일영	편집	정두철, 배진용, 윤용민, 김부경, 김다빈
디자인	이현수, 김민하, 김영주, 안유경, 한수희	제작	박기성, 황동현, 구성우, 배상진
마케팅	김회란, 박진관		
출판등록	2004. 12. 1(제2012-000051호)		
주소	서울특별시 금천구 가산디지털 1로 168, 우림라이온스밸리 B동 B113~114호, C동 B101호		
홈페이지	www.book.co.kr		
전화번호	(02)2026-5777	팩스	(02)3159-9637
ISBN	979-11-6836-889-7 03300 (종이책)		979-11-6836-890-3 05300 (전자책)

(주)북랩 성공출판의 파트너
북랩 홈페이지와 패밀리 사이트에서 다양한 출판 솔루션을 만나 보세요!
홈페이지 book.co.kr • **블로그** blog.naver.com/essaybook • **출판문의** book@book.co.kr

작가 연락처 문의 ▶ ask.book.co.kr
작가 연락처는 개인정보이므로 북랩에서 알려드릴 수 없습니다.

한국 현대사와 함께 국가정보원법을 국내 최초로 설명하다

한 권으로 읽는
국정원법 이야기

정주진 지음

국가정보 연구의 권위자 정주진 박사가
국가정보원법 탐구를 통해
국정원법의 변천사를 낱낱이 파헤치다

"우리는 음지에서 일하고 양지를 지향한다!"

 북랩

국가정보원(약칭 국정원)은 정권이 바뀔 때마다 많은 논란에 휩싸이곤 한다. 민주화 세력이 집권하면 반민주 세력의 대표로 난타를 당한다. 그러다 산업화 세력이 집권하면 자유 민주주의의 최후 보루로 대접을 받는다. 좌익과 우익도 진영논리에 따라 자신들의 잣대로 국정원을 재단하곤 한다.

마치 롤러코스터처럼 부침을 거듭하고 있다. 좋게 보면 국가정보 환경의 변화에 탄력적으로 대응하는 모습이고, 나쁘게 보면 국가 안보와 국익을 간과한 채 정략적 이해에 따라 국정원을 흔들어 대고 있는 모습이다.

국정원의 운명이 또다시 기로에 서 있다. 2024년 1월부터 국정원의 대공 수사권이 경찰로 이관되기 때문이다. 민주화 세력이 2020년 12월 국정원법을 개정하면서 대공 수사권을 폐지하고, 그 시행을 3년간 유예했는데 이제 그 시한이 다가오고 있다. 경찰에서도 그동안 대공 수사를 해 왔다는 점에서 국가 차원에서 보면 국정원의 대공 수사권 폐지고 경찰의 대공 수사권 강화이다.

이러한 시점에 우리는 국정원법의 역사를 되돌아볼 필요성을 느끼게 된다. 국정원법이 언제 어떻게 생겨났고, 어떻게 변천해 왔으며, 앞으로 어디로 나아갈 것인가. 그리고 그 조문이 담고 있는 의미는 무엇인가

하는 근본적 명제를 생각하게 된다.

지금까지 국정원법의 역사적 배경과 특성에 대해 초정파적 입장에서 가치 중립적으로 해석한 책자를 찾아보기 힘들었다. 각 정파가 자신들에게 실리가 있는 방향으로 온갖 논리와 명분, 정치적 수사를 동원해서 국정원법을 진단하고 재단하곤 했다.

이 책은 이러한 현실을 개선해 보고자 하는 바람에서 기획됐다.

독일 연방정보원(BND) 창설자 라인하르트 겔렌(Reinhard Gehlen)은 국가 정보 활동이란 "역사의 흐름을 추적하여 그것을 미래에 투영시켜 나가는 능력"이라고 정의했다. 즉, 새롭게 형성되고 있는 역사의 흐름을 명확하고도 정확하게 사전에 예측해 나가는 지적 활동이라는 것이다.

겔렌의 진단처럼, 국가 정보 활동은 역사의 흐름을 정확하게 추적해서 그것을 미래에 투영시켜 나가는 것이 대단히 중요하다. 그리고 국정원법은 이와 같은 국가 정보 활동이 법치주의의 테두리 속에서 원활하게 수행되도록 법적·제도적으로 뒷받침해 주어야 한다.

필자는 한국연구재단에서 발주한 토대 연구 지원 사업의 전임 연구원으로 5년간(2016.9-2021.8) 일하면서 한국적 국가 정보 이론 수립에 필요한 사료들을 수집해서 정리한 경험이 있다.

임시 정부 수립(1919)부터 냉전 종료 시기(1990)까지 한반도를 둘러싸고 전개된 정보 활동 사료를 데이터베이스화 하는 사업이었다. 그 기간은 문재인 정부가 권력 적폐 청산을 내세우며 국정원과 검찰을 대대적으로 구조 개편하던 시기였다.

그 시기 필자는 연구실에 앉아 매일 언론에 보도되는 국정원 관련 기사와 필자가 수집한 사료들을 비교 검토해 보면서 필자 나름대로 판단이 서는 주제에 대해서는 논리적으로 정리해서 학술 세미나에서 발표하거나 학술지, 정기 간행물 등에 게재했다.

이 책은 그 당시 발표 혹은 게재한 글들을 체계화해서 엮은 것이다. 시간이 조금 지나 수정이 필요한 내용은 부분적으로 보완하는 절차를 거쳤다.

1장은 국정원법 이전 국가 정보 관련 법령의 역사이다. 대한제국 시기 설립된 제국익문사로부터 광복군 특무대, 그리고 해방정국에서 활동했던 미국과 소련 정보 기구 관련 법령들, 정부수립 시기 관련 법령과 2공화국 시기 정보기관이었던 중앙정보연구위원회 관련 규정을 실었다. 당시의 시대 상황을 실감 있게 해석할 수 있도록 법령 전문을 그대로 본문에 실었다.

2장은 박헌영 간첩 사건과 북한 대남공작 양상의 변화를 분석한 글이다. 6·25전쟁 전후 대남공작을 주도한 박헌영과 남로당 출신들이 전쟁이 끝나자마자 미제 간첩으로 몰려 숙청됐다. 그에 따라 1950년대 후반에 이르면 김일성과 북한 출신들이 대남공작의 전면에 부상하게 되고 공작 목표, 참여 인물, 활동 방법에서 그 이전과 다른 모습을 보인다. 박헌영 간첩 사건 관계자들의 증언과 사료를 바탕으로 사건의 전말과 파급 영향을 해부한다.

3장은 북한의 대남공작을 규율하는 법체계를 해설하고 김일성의 대남공작 관련 연설문들을 담고 있다. 냉전 시대 북한의 대남공작은 박헌영이 주도하던 시기, 김일성이 독점하던 시기, 김정일로 권력이 승계된 시기로 구분된다. 김일성이 대남공작을 독점적으로 수행한 시기는 1960년대 10여 년이다. 이 시기 김일성의 지령은 북한의 헌법과 노동당 규약을 뛰어넘는 최고 규범이었다. 그런 점에서 이 책에 실은 김일성의 대남공작 관련 연설문은 그 시기 북한 대남공작 관계자들의 교과서와 같은 교조주의적 문건이었다.

4장은 5·16정변 직후 중앙정보부가 창설될 때 제정된 법령들을 담고 있다. 법조문들이 비교적 짧은 만큼 조문 전체를 그대로 실었다. 정변 직후 창설된 중앙정보부는 정변을 뒷받침하는 강력한 권한이 필요했다. 그에 따라 검사의 지휘도 받지 않는 수사권을 행사했다. 이러한 법 구조는 군정이 끝나고 민정으로 이양되는 시기 민정에 걸맞는 내용으로 개편됐다. 이때 정립된 중앙정보부법과 하위 시행령들은 1960-70년대 박정희 정부 내내 안정적으로 운영됐다.

5장은 전두환 보안사령관이 박정희 전 대통령 시해 사건(1979.10·26.)을 계기로 합동 수사본부를 설치, 시해 사건 수사 이외 중앙정보부의 모든 권한을 인수하고 새로운 정권을 창출해 가면서 중앙정보부를 계승한 국가안전기획부법을 제정하는 과정을 담고 있다. 안기부는 김영삼 정부 출범 후 대폭적인 개편을 겪게 된다.

6장은 문재인 정부가 국정원법을 전면 개정하는 내용이 중심이다. 문재인 전 대통령은 대선 후보 시절 권력 적폐 청산을 공약으로 내걸고 대통령에 당선되자 5년 임기 내내 국정원과 검찰의 권한을 축소 조정하는 데 전력을 기울였다. 임기 말인 2020년 12월 15일, 국정원법이 전면 개정되면서 대공 수사권이 폐지됐는데 그 시행을 3년간 유보함에 따라 2024년 1월부터 국정원의 대공 수사권이 경찰로 이관될 예정이다.

7장은 정치 정보와 정책 정보 개념의 차이점에 대해 논하고 있다. 문재인 정부는 국정원의 정치 개입을 적폐 청산의 명분으로 내세웠다. 그러나 김영삼 정부 시기인 1994년 안기부법이 대폭 개정될 때 이미 정치 개입 행위와 직권 남용 행위를 구체적으로 법조문에 명기하고 처벌 조항까지 신설했다. 정보기관 고유 기능인 국가 안보와 국가 이익을 지원하는 정책 정보 활동까지 정치 정보로 과대 분류하는 오류에 대해 지적하고 있다. 필자가 이은재 국회의원실과 건국대 국가정보학과가 공동 주최한 「정보기관의 정책 정보 활동과 정치적 중립성」 주제 국회 토론회(2019.8.28.)에서 "정보기관 정책 정보 기능의 역사적 배경-정보 사용자의 관점을 중심으로-"라는 제목으로 발표한 글을 수정 보완한 내용이다.

8장은 국정원 대공 수사권의 특성을 설명하는 내용이다. 이 분야 전문가이신 장석광 박사님이 한국행정학회 2020 동계 공동학술대회에서 발표한 '국가 정보기관 국가 안보 수사권의 역사적 변천' 주제 발표문을 발췌해서 인용했다. 옥고를 허락해 주신 장석광 박사님에게 감사드린다.

9장은 제4차 산업 혁명 시대 국가 정보 발전 방향을 제시하고 있다. 선진국들은 국가 정보 환경 변화에 발 빠르게 대응, 사이버 정보 활동을 원활히 수행할 수 있는 법적·제도적 정비를 마무리하고 정보 통신 기술의 비약적 발전에 효율적으로 대응하는 문제에 고민하고 있다. 그러나 한국은 과거에 발목이 잡혀 아직 사이버 정보 활동을 위한 법제도 완성하지 못하고 있는 형편이다.

역사적으로 보면 국가 차원의 정보 활동이 매우 기민하고 조직적으로 이뤄졌을 때 그 국가는 흥하고, 정보 활동이 둔화되고 정보의 가치를 경멸할 때 그 국가는 쇠퇴해 갔다. 정보 기구란 도구를 올바로 쓰느냐 나쁘게 쓰느냐에 따라 그 국가의 운명이 달라지는 것이다.

정권이 여러 번 바뀌며 많은 논란 끝에 국정원의 정치적 요소가 법적으로 청산된 만큼 이제 미래를 내다보고 국가 정보를 발전시키기 위한 논의들이 풍부해졌으면 좋겠다. 그러한 논의가 활성화될 때 여러모로 부족한 이 책자가 역사적 사실 관계에 대한 이해가 부족해서 일어나는 불필요하고 소모적인 논쟁을 줄이는 데 조그마한 밑거름이 되기를 기대해 본다.

분석의 틀: 역사적 제도 주의 이론

이 책은 역사적 제도 주의 이론을 분석의 틀로 삼고 있다.

역사적 제도 주의(historical institutionalism)는 제도의 형태와 모습에 초점을 맞춰 사회 현상을 설명하려고 한다. 제도의 구체적인 모습이 달라짐에 따라 사회적 결과 혹은 정책이 어떻게 달라지는지를 분석하는 데 그 목적을 두고 있다.

제도를 역사적 산물이라고 보고 특정 시점에 형성된 제도가 상당 기간 지속되어 그 이후의 사회 현상에 대해서도 계속해서 영향을 미친다고 본다. 역사적 제도 주의의 핵심 개념은 '역사'와 '맥락(context)'이다. 맥락에 대한 적절한 이해 없이 사회 현상 혹은 정책을 설명하기 어려우며, 이러한 맥락을 형성하는 것이 다름 아닌 역사라고 주장한다. 특정 시점에서의 맥락을 이해하기 위해서는 그 맥락의 배경이 되는 역사적 과정에 주목해야 한다고 주장한다(하연섭, 2011: 37).

1960년대와 1970년대 사회 과학 연구의 중심 개념이 집단(group)이었고, 1980년대 국가(state)가 중심 개념이었다면, 최근에는 제도(institution)를 사회 과학 연구의 중심 개념으로 설정하고 있다.

사회학적 제도 주의(sociological institutionalism), 합리적 선택 제도 주의(rational choice institutionalism) 등 새롭게 등장한 다양한 제도 주의 이론을 묶어 신제도 주의 이론이라고 부르는데, 역사적 제도 주의는 정

한 권으로 읽는 국정원법 이야기

치학과 사회학에서 많이 쓰이는 이론이다.

그 이전의 행태 주의, 다원주의 등에서는 제도를 개인이나 집단 이익을 반영하는 부수적인 현상으로 본다. 기능 주의자들도 제도를 경제 관계를 반영하거나 사회 체제의 기능적 요구를 충족시키는 부수적인 현상으로 간주한다.

역사적 제도 주의는 여기에 대한 비판에서 출발했다. 몰역사적인 설명 방식을 비판하면서 행위를 형성하고 제약하는 맥락으로서 제도의 중요성을 강조하고, 맥락이 형성되는 역사적 과정을 중시하는 특징을 지니고 있다.

역사적 제도 주의에서 강조하는 '역사'란 단순히 '과거'를 의미하는 것이 아니라, 과거의 특정 시점에서 나타난 원인이 현재까지도 영향을 미친다는 역사적 인과 관계(historical causation), 특정 시점에서의 선택이 미래의 선택을 지속적으로 제약한다는 경로 의존(path dependence), 그리고 사건의 발생 시점과 순서(timing and sequence)가 사회적 결과에 중대한 영향을 미친다는 역사적 과정을 강조한다.

역사적 제도 주의 이론에 따르면 t 시점에서의 기능적 요구에 부응하기 위해 제도가 성립되었다 할지라도, 이렇게 형성된 제도는 애당초 제도가 성립될 수 있었던 사회적 환경이 변화함으로써 전혀 새로운 기능적 요구가 제기되어도, 그 자체가 지속되는 경향을 지닌다. 그리하여 t 시점에서 형성된 제도는 t+1 시점에서의 선택과 변화 방향을 제약하게 된다. 따라서 제도는 t 시점에서는 '종속 변수'이지만 t+1 시점에서는 '독립 변수'의 의미를 지닌다.

그리고 이렇게 역사적으로 형성된 제도는 t+1 시점에서 제기되는 체제의 요구에 적절히 부응하지 못할 수 있을 뿐만 아니라 t+1 시점에서의 문제를 해결하는 데 있어 오히려 역기능적일 수도 있다.

즉, 역사적 발전 과정에 있어 어떤 특정한 경로가 선택되어지면 현재의 문제를 해결하는 데 보다 더 효율적·기능적일 수 있는 다른 경로를 밟을 가능성이 배제된다는 것이다. 특정 시점에서의 선택이 미래의 선택을 제약하기 때문에 최적의 적응(optimal adaptation)이 항상 가능한 것이 아니다.

역사적 제도 주의는 제도가 의도적으로 만들어질 뿐만 아니라 현재의 문제를 해결하는 데 효율적이라는 시각과 달리, 기존의 제도에 의해 발생하게 되는 의도하지 않았던 결과와 제도의 비효율성을 강조한다.

다시 말해서, 역사적 제도 주의에서는 환경 변화와 제도 변화 간의 괴리, 최적의 결과와 실제 결과와의 괴리, 그리고 역사의 비효율성과 우연성(contingency)을 강조한다.

이에 비해 공리주의적·기능 주의적 시각에서는 환경의 변화에 따라 제도가 지속적으로 변화한다고 전제하기 때문에 항상 최적의 결과를 낳을 수 있다고 본다. 이러한 이유로 이들 시각에서는 역사가 아무런 의미를 갖지 못한다(하연섭, 2011: 56-57).

이처럼 역사적 제도 주의는 특정 시점에 존재하는 제도가 과거 특정한 이유에 따라서 생성되었으므로 그 제도의 변화를 유발하는 요인이 발생하였다면 그에 맞추어 새로운 제도를 마련해야 한다는 이론적 배경을 제시해 주고 있다.

공리주의적·기능 주의적 시각처럼 환경의 변화에 따라 제도가 탄력적으로 변화해 왔다고 가정한다면 역사와 맥락에 대한 고려는 그 가치를 찾기 어렵다. 하지만 역사적으로 형성된 제도는 t+1의 시점에서 제기되는 체제의 요구에 적절히 부응하지 못할 수도 있고 오히려 역기능을 일으킬 수도 있다.

따라서 새로운 환경에 뒤떨어진 제도를 분석하기 위해서는 그 역사와 맥락을 고찰해 보아야 한다는 것이 역사적 제도 주의의 지론이다.

목차

8장 국가 안보 수사의 개념과 특성

9장 4차 산업 혁명 시대 국가 정보 발전 과제

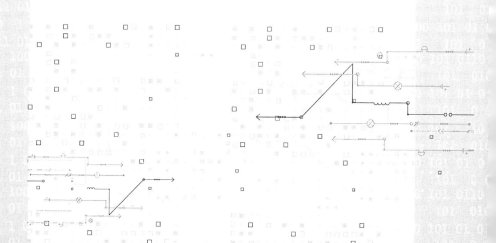

1장

국정원법 전사(前史)

제국익문사비보장정
(帝国益聞社秘報章程)

1902년 6월 제국익문사가 설립됐다. 1902년 전후는 외국 열강의 침투와 국내 지도자들의 내분으로 국가가 존망의 위기에 놓여있던 시기였다. 정부 고위 관리들이 친일파, 친러파 등으로 분열되어 국가 기밀을 팔아먹고 일본이 한반도를 빼앗으려는 군사적·외교적 수단들을 본격화해 나가는 시기였다.

고종이 비밀 정보기관을 설립했던 목적도 이러한 국가의 위기를 타개해 보려는 노력의 하나였다. 외국과 유착된 정부 고위 관리들을 찾아내어 단속하고 외국인들의 국내 체류 동향과 출입국 내용을 정확하게 파악해서 국권을 보위해 나가려는 정책이었다.

명성황후 시해 사건(1895) 후 러시아 공관으로 피신해 있던 고종은 1년 후 러시아의 영향에서 벗어나라는 국내외 압력에 따라 1897년 2월 러시아 공관을 떠나 지금의 덕수궁인 경운궁으로 돌아왔다.

고종은 경운궁으로 돌아온 다음 주권을 강화하고 국력을 증진시키려는 다양한 개혁을 추진했다. 조선의 국왕이 중국의 천자와 대등한 지위라는 사실을 널리 알리기 위해 국왕을 '군주'라고 부르던 관행에서 벗어나 '황제'로 바꾼 다음 1897년 10월 황제 즉위식을 갖고 황제로 등극했다.

이어 국가의 이름을 '조선'에서 '대한 제국'으로 고쳤다. 그리고 우리나라 최초의 헌법인 「대한국국제(大韓国国制)」도 제정해서 1899년 8월 공포했다.

이러한 고종의 자주독립국 건설 노력에도 대한제국을 둘러싼 러시아와 일본의 대립은 심화되고 있었다. 일본은 청일전쟁(1894.6-1895.4)에서 이겨 청나라의 한반도 영향력을 배제시킨데 이어 한반도에 대한 지배권을 완전히 장악하기 위해서는 러시아와의 전쟁이 불가피하다고 보고 전쟁 준비에 총력을 기울였다.

이와 같은 정세에 직면하여 대한제국 정부는 1904년 1월 중립국을 선포했다. 러일전쟁에 휘말리지 않으려는 고육책이었으나 아무런 외교적 효과도 얻지 못했다. 1904년 2월 일본은 인천항에 정박하고 있던 러시아 군함 2척을 선제공격해서 격침시킨 후 러시아에 선전 포고 했다.

러일전쟁(1904.2-1905.9) 중 일본은 대한 제국을 위협해서 1904년 2월 한일 의정서를 체결했다. 이 의정서에 따라 일본의 내정 간섭이 시작되고 일본군의 한국에서의 활동도 자유로워졌다. 이어 1904년 7월에는 군사 경찰 훈령을 만들어 치안권을 빼앗아 갔다. 러일전쟁에서 승리를 거둔 후에는 을사조약(1905.11)을 맺어 외교권을 강탈했다. 그리고 1910년 8월 한일병합조약이 체결됨으로써 대한제국은 역사 속으로 사라졌다.

한일 병합 이전인 1907년 7월 고종 황제는 강제 퇴위당했다. 제국익문사가 폐쇄된 기록은 남아있지 않지만 고종의 퇴위와 함께 고종이 운영하던 비밀 정보기관인 제국익문사도 활동을 종료한 것으로 보인다.

제국익문사의 실체가 밝혀진 것은 1996년 제국익문사 규정이 발견되면서부터이다. 당시 서울대 이태진 교수는 1996년 11월 25일 한국정신문화연구원 장서각에서 이 장정을 찾아냈다(정규진, 2013: 68).

제국익문사의 존재에 대해서는 이 장정 이외 별도 기록을 찾기 어렵다. 비밀 정보기관의 속성상 제국익문사 요원들이 표면적으로 최대한 흔적을 남기지 않으려고 노력했을 것으로 보인다.

다만, 1905년 을사보호조약 전후로 고종 황제가 외국 원수들에게 일본의 제국주의적 침략을 규탄하는 밀서를 발송했고 해외에서 활동한 고종 황제의 밀사들이 많았다는 사실은 제국익문사 요원들의 활약이 있었던 것으로 추정된다(이태진, 2004: 393).

또한, 1907년 고종 황제 강제 퇴위 사건을 다룬 나라사키 게이엔(楢崎桂園)의 '한국정미정변사(韓国丁未政変史)'는 고종 황제가 평소 내각의 친일 대신들을 의심해서 3-4인의 밀정을 붙여 모든 기밀을 탐지하게 했고 많은 일들이 이 밀정에 의해 결정되었다고 비판하고 있다(이태진, 2004: 389).

이로 미루어 제국익문사가 실제 활동을 전개한 정보기관이었다는 것을 알 수 있다.

제국익문사의 조직은 근대 정보 기구적 특성을 갖추고 있었다. 근대 정보 기구는 각 나라별로 다소 차이가 있으나 대부분 첩보 수집-정보 분석-정보 배포의 순환 체계를 갖추고 있다. 제국익문사비보장정도 이러한 조직 구조를 보여 주고 있다.

한문체가 많이 섞인 장정 전문을 현대어로 풀어서 소개하면 아래와 같다. 조문이 다소 많지만 조문 곳곳에 당시 시대 상황이 고스란히 배어 있어, 창설 당시의 시국을 이해하는 데 도움이 될 것 같아 조문 전체를 그대로 옮겨 싣는다.

【제국익문사비보장정】

제1조 본사는 제국익문사라 칭하고 사무소를 한성 중앙에 둔다.

제2조 본사는 매일 비보를 작성하여 오직 임금의 총기를 보필하고 밝게 한다.

제3조 본사가 비밀리 탐지할 사항은 4종으로서 사건이 아직 발생하지 않았거나 이미 발생했거나를 불문하고 비밀리 수집하고 탐지하되 이미 발생한 일은 그 근본 배경을 충실히 탐지하여 밝히고 아직 일어나지 않은 일은 그 단서를 파악하여 미리 예방 대책을 비보로 임금에게 보고하는데 경성에서 일어나는 일, 내륙에서 일어나는 일, 항구에서 일어나는 일, 외국에서 일어나는 일 등 4종이다.

제4조 제3조에서 열거한 4종의 관할 구역은 다음과 같다.
· 경성의 경우 5개(동·서·남·북·중)서 관할 지역, 외국 공관 및 외국인 거류지, 철도 정거장, 각 나루터, 각 사찰
· 내륙의 경우 13개 관찰부, 1목, 각 부, 각 군
· 항구의 경우 8개 항구, 개방 시장
· 외국의 경우 통상 대상국과 그 외 중요한 지방

제5조 경성에서 비밀리 탐지할 사항을 세분하면 다음과 같다.
· 각 부(府)·부(部)·원(院) 대관의 회합 이동 하는 사항
· 각 군영장관(軍營長官)의 회합 이동 하는 사항
· 임금께서 임용하는 각 관인의 친족 관련 사항과 그들의 비밀스러운 행적과 기만적인 일을 벌이는 정황 유무

- 각 관인의 친인척 관련 사항
- 국사범의 친족과 관련된 동정
- 국사범끼리 서신을 왕래하는 유무
- 자유 민권을 주장하고 전제 정치를 비방하며 정부 정책을 평론하여 인심을 선동하는 자와 관련된 사항
- 불평하는 무리와 할 일 없이 떠도는 불량배가 국시에 복종하지 않고 비밀리 음모를 꾸미는 일과 관련된 사항
- 관인 혹은 군인이 국내 사정과 군사에 관한 기밀 그리고 정부 논의를 외국인에게 은밀히 제보하는 일이 있는지 유무
- 국사범의 비밀 자금과 관련된 사항 그리고 외국인으로부터 정탐금을 받아먹고 국내 주요 사정을 은밀히 제보해 주는 세작이 있는지 유무
- 익명의 투서와 거짓말을 고의로 만들어 인심을 선동하는 자가 있는지 유무
- 각 공사와 영사의 회합 이동 하는 사항
- 각 공관의 기밀 사항
- 각 공관에 왕래하는 외부인 사항
- 각 공관에 국내인이 왕래하는 사항
- 각 공관과 외국인 집에 고용된 국내인의 자격과 행위에 관한 사항
- 일본 수비대 장관과 경관의 회합 이동 사항
- 일본 정당과 낭객의 동정
- 천주교와 개신교 신자들의 이합집산 동향
- 공사립 학교 학생들의 특이동향
- 각 상사·회사의 부정 축재와 협잡 행위 여부
- 일본 장사꾼들의 사제화폐 제조 여부와 폭발약 등 금지 물품 매매 행위 유무
- 일본인들이 운영하는 조선협회 지회의 특이한 동정

· 정토종 교당에 모이는 동정과 신도 수 증가사항

· 각 사찰에 무뢰배들의 출몰을 교사하는 자가 있는지 유무

· 인천과 부산에 소재하고 있는 일본 철도 회사의 실정

· 기차 승객 중에 수상한 자가 있는지 유무

· 한성신보사에 은밀한 움직임이 있는지 유무

· 치안에 방해되는 자가 있는지 유무

· 기타 모든 통치권에 저촉되는 사항이 있는지 유무

제6조 내륙 지방에서 비밀리 탐지할 내용을 세분하면 다음과 같다.

· 각 관찰사와 각 수령의 이상 행위 유무

· 길거리에서 배회하는 무리들이 불순한 음모를 꾸미는 사항

· 동학·정감록·남조선 등을 참칭하면서 요상한 말을 꾸미어 내고 사람
을 속이며 부정 축재 하는 자가 있는지에 대한 여부

· 정부 정책과 정부 관리들의 치적을 공공연히 비방하고 지방 소요를
일으키는 자 유무

· 정부 지침이라고 참칭하면서 위조 인장을 만들어 평민들을 기만하는
자 유무

· 지방 주둔 군인들이 양민들을 괴롭히는지 유무

· 녹림당(산적)의 이합집산 동향

· 천주교 및 개신교 신도들과 선교사들의 불법 행위 사항

· 일본 전신 수비대와 헌병들의 이동 사항

· 일본인 창립 학교 학생들의 이합집산 사항

· 할 일 없이 돌아다니는 일본인들의 동향

· 일본인들이 인삼을 불법 채취 하는 행위

· 국내에 불법 체류하는 일본인들의 동정

· 경부철도 노선과 정차장 기지에 일본에서 이동해 온 노동자들이 무단

출입하는 사항

· 각 군·연해에서 어로 행위를 하고 있는 우리나라를 비롯한 일본·청나라 어선의 동향

· 각 군·각 광산에 파견된 사람과 광부들의 동향과 외국인들에게 허가된 금광의 이익과 관련된 사항

· 국경·연해 지역의 삼림을 은밀히 벌채하는 행위와 외국인에게 팔아먹는 행위

· 서북쪽 지역의 무뢰배들이 청나라의 불순한 무리들을 끌어들여 어울리면서 환난을 꾸미는지 유무

제7조 항구에서 비밀리 탐지할 사항을 세분하면 다음과 같다.

· 감리와 경관과 세관의 행위와 관련된 사항

· 각국 영사의 동향

· 각국 군함의 왕래 동정

· 외국에 왕래하는 내국인과 관련된 사항

· 외국인들이 내국인들과 짜고 통행금지 지역에 들어와 무역하는지 여부

· 수출입 금지 물품을 거래하는 사항

· 공유 지역을 외국인에게 은밀히 매매하거나 전당잡히는 자가 있는지 유무

· 국사범과 어울려 은밀히 외국에 출입하며 심복이 되거나 간첩으로 전락된 자 유무

· 일본 정당에 소속된 자나 낭객 그리고 수상한 자들이 도착하는 사항

· 일본 수비대와 헌병대 소속원들이 검문도 받지 않고 무상 왕래 하는 사항

· 예수교 · 천주교 · 정토교 등 각 종파 신도들의 행위와 이합집산 동정

· 위조화폐와 폭발물을 제조하거나 불법 매매 하고 은밀히 운반하는 사항

제8조 외국에서 비밀리 탐지해야 할 사항을 세분하면 다음과 같다.

- 각국에 파견되어 있는 공사와 수행원들의 동향
- 각국에서 주한 공사를 교체하는 내부 동향
- 각국 정부의 변동 사항
- 각국이 서로 협상을 맺고 동맹을 맺는 배경
- 각국 국회의 법안 제정 동향
- 각국 군함이 임시 파견되어 출항하는 사항
- 각국이 전쟁을 일으키려는 배경
- 각국의 우리나라에 대한 정책 방향
- 각국의 해군과 육군 장관 인사 동향
- 해외 도피 중인 국사범의 주거지 이동 사항
- 해외 도피 중인 국사범이 음모를 꾸미거나 비밀 계획을 가지고 있는지 여부
- 각국에 일없이 돌아다니는 내국인의 동정
- 기타 우리나라와 관련하여 비밀리 탐지해야 할 사항 일체

제9조 황제께 비보를 보고할 때는 외관으로 드러나게 보이는 글씨를 사용하지 않고 화학비사법(化学秘写法)으로 처리하여 비밀리 보실 수 있도록 작성하여야 한다.

제10조 비보를 황제에게 보고할 때는 다음과 같은 인장을 보고서 봉투에 날인한다.

聖

佐　　　輔

聰

제11조 본사의 사무 정리를 위하여 다음과 같은 임원을 둔다.

· 사무(司務) 1인

· 사기(司記) 1인

· 사신(司信) 1인

제12조 사무는 다음과 같은 사항을 맡는다.

· 회사 내부 사무를 주관하는 일

· 비보를 수정하고 편집하는 일

제13조 사기는 다음과 같은 사항을 맡는다.

· 회사 내부 재정을 주관하는 일

· 비보를 다듬어 배포하는 일

제14조 사신은 다음과 같은 사항을 맡는다.

· 회사 내부 장부를 주관하는 일

· 비보를 다듬어 복사하는 일

제15조 통신원은 5종으로 나누어 통신 사무에 종사케 하며 그들을 배치하는 방법과 정원은 다음과 같이 하되 임원이 수시로 증감할 수 있다.

· 상임 통신원 16인(각부 2, 각 영대 1, 13도 13)

· 보통 통신원 15인(북촌 2, 남촌 2, 서촌 2, 동촌 2, 정차장 1, 한성신보사 등 소재 충무로 4, 천주교·예수교 2)

· 특별 통신원 21인(일본 공관 2, 러시아 공관 2, 프랑스 공관 1, 영국 공관 1, 독일 공관 1, 미국 공관 1, 청국 공관 1, 이태리·벨기에 공관 1, 일본 수비대 1, 일본 경찰서 1, 인천항 2, 부산항 2, 목포항 1, 옥구항 1, 원산항 1, 평양시장 1, 개성부 1)

· 외국 통신원 9인(일본 동경 2, 일본 오사카 1, 일본 나가사키 1, 청국 북경 1,

상하이 2, 여순 1, 리시아 블라디보스도크 1)

·임시 통신원은 아직 정원을 정하지 않았으므로 내지와 외국의 동향을 보아 가며 파송

제16조 본사는 비보를 작성하여 보고하는 이외 표면적으로 매일 사보를 발간하여 국민들에게 구독케 하고 국가적으로 중요한 서적도 인쇄하여 보급한다.

제17조 본사의 사보는 외국이 발간하는 관보의 예를 따라 작성하되 황실의 기관으로서 칙령을 받들어 다음의 사항을 수록한다.

·누구를 칭송하고 찬양하는 사항

·누구를 벌하고 꾸짖어 어떤 일의 대책을 바르게 만드는 일

·어떤 이의 음모스러운 비밀을 폭로하는 일

·혹자의 반대 사항을 수시로 변론하여 공중이 오해를 갖지 않도록 하는 일

·혹자의 정치적 선동을 수시로 설명하여 공중의 인식이 오도되지 않도록 하는 일

·외국인의 불법 행위는 수시로 비판하여 공중이 경각심을 갖도록 하는 일

·외교 사항 중 공개될 경우 자연적으로 예방이 가능한 사안을 게재하는 일

·후일 예상되는 사항의 단서를 미리 알려 공중의 여론을 탐색하는 건

·정부에서 공식적으로 고시하기에는 부적절하나 공중에게 알려야 하는 건

·황실에서 베푸는 모든 덕을 조목조목 공개하여 온 나라에 빛나게 하는 건

제18조 본사는 통신 보고를 민첩하고도 신속히 처리하기 위하여 각 파견 지역의 통신은 전보로 보고하되 전보총사와 지사 측과 계약을 맺어 통신망을 구축한다.

제19조 본사는 외국 통신의 접수를 위하여 외국 통신사와 연합 계약을 맺는다.

제20조 본사에서 발행하는 신보는 정부 부처와 지방 관청 관리들에게 배포하되 이용대금은 회계국에서 받아 회사 운영 경비에 보태 쓴다.

제21조 본사의 매월 수지 금액 명세서는 매월 말 정리하여 황제께 보고한다.

제22조 특별히 황실에서 신임하는 1명을 본사의 독리(督理)로 임명하여 사원들을 감독하고 사무를 처리케 한다.

제23조 기타 자세한 규칙은 황제의 뜻을 받들어 다음에 정한다.

이상 23개 조를 확정하여 본사를 설립하고 충심과 성의를 다하여 황제의 은혜에 보답하기로 맹세한다.

광무 6년(1902년)

한 권으로 읽는 국정원법 이야기

광복군 특무대
편성 계획

적대 세력에 대한 폭파, 납치, 암살 등의 범죄 수단을 동원하는 비밀 공작은 적은 인원과 장비, 그리고 저렴한 비용으로 비교적 큰 정치적·외교적 효과를 거둘 수 있다는 점에서 강대국의 위협에 놓여 있는 약소국, 정치 이념 투쟁 조직에서 자주 사용하는 방법이다.

상하이 임시 정부가 비밀공작이라는 항일 운동 방법을 선택한 것도 최소의 비용으로 최대의 효과를 거두기 위한 전략이었다. 일제 시기 독립운동가들은 비밀공작을 특무 공작이라고 불렀다.

윤봉길 의거(1932.4) 이후 일제 체포를 피해 상하이를 떠나 은신하고 있던 백범 김구는 1933년 5월 중국 국민당 총재 장제스(蔣介石)와 만나 항일운동 협력 방법을 협의했다. 그 자리에서 백범은 "100만 원의 돈을 지원해 주면 2년 이내 일본, 조선, 만주 세 방면에서 대폭동을 일으켜 대륙 침략을 위한 일본의 교량을 파괴하겠다."고 제안했다(도진순, 2003: 356).

그에 대해 장제스는 다음 날 측근인 국민당 중앙부 조직 부장 천궈푸 (陳果夫)를 통해 특무 공작보다는 군인 양성을 지원해 주겠다는 답변을 해 왔다.

이 합의에 따라 백범은 '중국 중앙 육군군관학교 낙양분교' 내에 한인 특별반을 설치해서 100여 명을 입교시켰다. 이청천, 이범석 등이 교관으로 참여해서 1934년 2월부터 교육이 시작됐다.

그런데 교육 운영을 놓고 백범과 이청천이 갈등을 보이다 백범이 자신의 심복 25명을 중도 퇴교시켜 1934년 12월 한국 특무대 독립군을 조직했다(한상도, 2003: 122-123).

그 당시 백범은 일제의 추적을 피해 은신 중이었기 때문에 중국 국민당과의 접촉 등 공개 활동은 측근인 안공근, 박찬형, 엄항섭 등이 백범의 지침을 받아 실행했다. 백범일지에서 백범은 '내가 잠복한 반면 박찬익, 엄항섭, 안공근 3인은 부단히 외교·정보 방면에 치중해 활동했다.'며 당시 상황을 설명하고 있다(도진순, 2003: 355).

백범의 특무 활동 기법은 광복군이 창설(1940.9.17.)될 때 기안한 광복군 편성 계획에 보다 구체적으로 기술되어 있다. 제2차 세계 대전이 발발(1939.9.)한 직후 광복군이 창설될 때 중국 국민당 조직부장은 천궈푸에서 주자화(朱家驊)로 바뀌어 있었다.

제2차 세계 대전이 일어나자 백범은 광복군 창설을 준비하면서 1940년 3월 주자화 조직부장에게 중국 북부 전방 지대에 광복군을 조직해서 정보망을 구성하겠다고 제안했는데 주자화는 이를 긍정적으로 검토해서 장제스 총재의 재가를 받아 냈다.

주자화가 장제스에게 올린 보고서에 따르면 백범은 중국 북부 지역에 일본군을 탈영한 한국인들이 많으므로 이들을 모아 정보망을 구성한다면 군사 면에서나 특무 면에서 많은 도움이 될 것이라고 밝히고 있다.

중국의 승인을 받아 낸 백범은 1940년 5월 광복군 창설 계획인 「한국

광복군편련계획대강(韓國光復軍編練計劃大綱)」을 제출하는데 이 세획서에 특무대 조직 방안을 구체적으로 밝히고 있다.

계획서에 따르면 당시 시안, 상하이, 톈진 등 중국 11개 지역에서 47명의 특무 요원이 활동하고 있는데, 이들 지역의 인원을 46명 증원하고 룽징(龍井), 순더(順德) 등 5개 지역에는 13명을 신규 파견 하겠다는 구상을 밝히고 있다. 그리고 평양, 서울, 대구 등 국내 7개 지역과 도쿄, 오사카 등 일본 5개 지역에도 각각 3인씩 총 36명을 파견하겠다고 제시하고 있다.

한국광복군편련계획대강에 실린 특무대 편성 계획은 아래와 같다.

1. 한국 광복군 총사령부는 사단사령부의 편제를 기준으로 삼는 외에 정치부와 특무부를 부설해 선전·조직·징모·정보 및 파괴 등 공작을 담당케 한다.

2. 편제의 순서는 상층 조직의 착수를 우선하되 현재 있는 인원으로 사령부를 조직하며 특무부도 병설해 병원(兵員) 징모에 힘껏 노력하게 된다. 그리고 병액(兵額)이 증가되는 데 따라 부대를 수시 확대 편성 한다.

3. 특무 기관의 설치와 진행 방략
   ·광복군 총사령부 내에 특무부를 부설한다.
   ·특무부의 직할하에 특무대를 둔다.
   ·특무 기관은 선전·조직·징모·정찰·선동 및 파괴 등 공작을 실행한다. 그 설치 위치와 진행 방략은 다음과 같다.

- 선전 -

· 중국의 항전은 필승할 것이고, 한국의 독립은 필성(必成)할 것이며, 일본은 필망(必亡)한다.

· 한인에 대해 왜적의 침화(侵華, 중국 침략을 의미)는 사리에 맞지 않는다는 것을 설명해 주고 사실로서 적은 벌써 총붕괴 사태가 노출되고 있음을 증명해 준다.

· 중국 국민당이 동북 피압박 민족 특히 한국 혁명에 대해 시종 협조하고 체휴해 주는 기본 정책을 선양한다.

· 중·한 양 민족은 옛날부터 합작하고 서로 호조(互助)했던 역사적 사실에 대해 천명하고, 또 금후에도 절실히 연결해야 할 필요를 설명한다.

· 한국과 왜적 사이는 양립할 수 없는 세구적(世仇的)인 관계를 낱낱이 역거(歷擧)해 한인의 애국 사상과 혁명 의식을 환기시킨다.

- 조직 -

· 각종 반일 단체와 각종 민중 표면 단체 및 당(黨) 또는 단(團)을 조직한다.

· 지방 예비대를 조직한다.

· 민간의 각종 무장 부대를 조직한다.

- 징모 -

· 국내와 산해관(山海關) 내외의 각지에서 망국노(亡國奴)가 되기 싫다는 장정(壯丁)들을 각종 방법으로 모집한다.

· 한국 경내(境內)에서의 적의 군사 배치와 이동 상태에 대해 탐사하
며, 또 장정을 초모해 훈련하는 실제 정상 및 그 사상의 동향에 관
해 아울러 감시한다. 그리고 장비와 보급에 대한 조달과 운수 방법
등 각항의 실제 상황도 절실하게 조사한다.

· 동북에서의 적 병력의 분배 상황과 그 동향에 대해 정찰하고 또 적
측(敵側)의 대소련 국경상의 병력 배치와 관내외(関內外)의 적측 병력
의 허실 및 시간에도 정찰한다.

· 북평(北平), 톈진(天津) 등 화북(華北) 각 지방의 적측의 병력 대소와
윤함(淪陷) 구내에서의 현행 정책에 대한 이폐(利弊) 및 인민들의 추
향(趨向)에 대해 조사한다.

- 선동 -

· 적측의 군·민들로 하여금 압전(圧戰) 또는 반전(反戰)을 하도록 고취
한다.

· 적군 내에 있는 한인 무장 대열에서의 반과(反戈)를 장려한다.

· 적국 내부에서의 민중 혁명이 일어나게 책동한다.

- 파괴 -

· 적측의 군사 교통 및 건설에 대한 일체의 중요 설비를 파괴한다.

· 부적(附敵)한 한간(漢奸, 중국인의 첩자가 된 자를 지칭) 괴뢰의 수뇌분자
와 적측의 가장 중요한 인물·특무 첩자의 거두 등을 암살한다. 위
각항 공작을 위해 중국 특무 기관과 수시로 확실히 연락하겠고 자

료도 교환하겠으며 또 각항 임무를 달성하기 위해 특무망(特務網)을 설치한다. 그 설치 지점과 공작 파견 인원수는 다음과 같다.

지점	인원수		지점	인원수		신규 파견
	현재	증파		현재	증파	
서안	15	15	낙양	1	2	박애 2
상해	12	3	홍콩	1	2	정주 2
천진	3	5	북평	5	5	순덕 2
산해관	2	2	요령	2	3	류동 2
장춘	2	3	길림	2	3	용정 5
하얼빈	2	3				

* 기타 의주, 평양, 경성, 대구, 부산, 회령, 나진, 동경, 대판, 마관(馬關), 장기(長崎), 신만(新灣) 등지에는 각각 3인을 파견한다.

소련 경무 사령부 관련 명령문

일제 패망과 함께 북한에 진출한 소련군은 북한을 점령하자마자 북한 전역에 경무 사령부를 설치했다.

영어로 뵈나야 코멘다투라(Voennaya Komendatura)로 표기되는 경무 사령부는 해방 직후 소련군이 발행한 한국어 문헌과 북한의 문헌에는 '경무 사령부'로 번역되어 있으나 남한과 일본의 문헌에서는 '위수 사령부', '군(軍) 경무 사령부' 등으로 번역해서 사용하고 있다.

소련을 연구하는 사학자들 역시 경무 사령부란 용어를 사용하고 있는 점을 감안, 여기에서는 경무 사령부로 표기한다.

경무 사령부의 기본 임무는 관할지역의 치안 질서를 유지하고, 반소(反蘇)·반적군(反赤軍) 활동을 억제하며, 소군정에 협력하는 인물을 물색하는 한편 소련의 정책을 선전·홍보하는 것이었다. 협력자는 일제에 의해 억압당한 자, 일제에 협력하지 않은 민주인사, 소련군의 대일 전투에 호응한 유격대원 등이 선발 기준이었다(기광서, 1998: 140).

1945년 10월 12일 소련 점령군 사령관 치스차코프가 하달한 명령서에는 경무 사령부의 실질적인 권한을 엿볼 수 있는 내용이 들어 있다. 이 명령서에는 다음과 같은 조문이 들어 있다.

(제4조) 반일 정당과 민주주의적 단체들은 자기의 강령과 규약을 가지고 와서 반드시 지방 자치 기관과 소련군 경무 사령관에게 등록하여야 하며, 동시에 자기의 지도 기관의 인원 명부를 제출할 것.

(제5조) 북조선 지역 내에 있는 모든 무장 부대를 해산시킬 것. 모든 무기·탄약 및 군용 물자들을 소련군 경무 사령관에게 바칠 것. 평민(平民) 중에서 사회 질서를 유지하기 위하여, 임시 도(道) 위원회들은 소련군 사령부와의 협의하에 규정된 인원수의 보안대(保安隊)를 조직함을 허가함(김창순, 1961: 49-50).

북한학자 김창순이 『북한 15년사』(1961)에서 이 명령서 조항을 소개한 후 많은 연구물이 이 조항을 인용해 왔다.

이 명령서에서 평민이란 그 후 공산주의자들이 계급 의식을 강조하기 위해 즐겨 사용한 인민(人民)과 같은 용어이다. 경무 사령부가 공산주의자들로만 구성되는 보안대 창설을 허용함으로써 인민의 손에 의해 '인민의 적'인 반동분자들을 척결할 수 있는 제도적 장치가 갖춰졌다.

이처럼 경무 사령관은 점령 지역에서 행정·사법의 전권을 행사했다. 법령의 효력을 지닌 명령과 지시를 발동하고 이에 불응하는 세력을 처벌할 수 있었다. 통행 시간 제한, 우편과 전신 검열, 거주 이전 제한 권한 등이 경무 사령관에게 주어졌다(전현수, 1995: 357).

이러한 권한을 적절하게 행사하기 위해서는 해당 지역에 대한 자세한 정보가 필요했다. 그에 따라 각 경무 사령부 조직은 요원들이 직접 정보를 수집하거나 협력자를 통해 정보를 수집했다.

이들이 정기적으로 파악해서 올린 정보를 대별해 보면, '지역주민의 민심 동향', '인민위원회와 정당·사회단체의 현황 및 활동', '농업 및 산업 상황', '경무 사령부 사업 보고' 등으로 구분할 수 있다.

소련 정책을 주입하는 방법으로는 소련 영화를 상영하고 소련 음악 공연회를 여는 방법을 애용했다. 영화는 그 당시로서는 광범위한 대중에게 소련에 대한 우호적 인식을 심어 줄 수 있는 첨단의 미디어였다.

경무 사령부의 운영 체계를 그림으로 표시하면 아래와 같다. 소 25군 민정청 산하 6개 도(道)·7개 시(市)·85개 군(郡)에 설치됐다. 각급 경무 사령부에 근무하는 총인원은 1948년 3월 16일 기준으로 1,262명에 이르렀다(기광서, 1998: 141).

군 이하 면·리 단위 지역은 요원을 파견해서 업무를 처리했다. 도 단위 기구에서 시·군을 통해 말단 면·리까지 이어지는 수직적 위계질서를 통해 업무가 이뤄졌다.

도 경무 사령부는 시·군 경무 사령부에서 올라오는 각종 보고를 취합하거나 도 차원의 상황과 사업에 대해 평양 주둔 25군 산하 민정청에 보고했다.

경무 사령부는 소 25군 민정청의 통제를 받았다. 민정청은 소련군의 대민 업무를 지원하기 위해 만들어진 기구다. 1945년 11월 50명의 장교로 구성된 민정 담당 부사령관 직제를 만들어 35군 군사 위원 로마넨코를 임명했다.

그 후 민정 담당 부사령관 직제는 1947년 5월 민정청으로 개편됐다. 로마넨코는 1947년 1월 30일까지 근무하고 민정청이 출범한 이후에는 레베데프가 책임을 맡았다(전현수, 1995: 358-359). 부책임자는 이그나찌예프였다. 그는 정치 담당 부청장 겸 총무부장을 겸직하면서 민정청 업무 전반을 실무적으로 관리했다.

6개 도 경무 사령부의 책임자들은 전투 부대 출신자들로서 정치와 군사 문제가 혼합되어 움직이는 군정 수행에 미숙한 점이 있었다. 그에 따라 25군 사령부는 정치 장교들을 도 경무 사령부의 고문으로 배치했다. 도 고문은 각 도에서 소련군 사령부를 대표했으며, 민정청의 지도 아래 각급 경무 사령부의 활동을 지도했다. 또한, 정치 장교들이 도 고문에 배치됨으로써 군사 회의와의 협력 관계도 긴밀히 이뤄졌다.

25군 군사 회의 위원이었다가 로마넨코 후임으로 민정청 책임자를 맡은 레베데프는 도 경무 사령부에 배치된 군인들이 25군 군사 회의에서 함께 일했던 사람들로서 서로 잘 알고 있었기 때문에 일하기가 편리했다고 회고했다(함성편집부, 1989: 95). 또한, 레베데프는 도 중심지에서 멀리 떨어진 곳에 위치한 군 단위 경무 사령부에서 매일 인민 위원회 일꾼들, 지방 주민들과 만나면서 소련의 사회주의 건설 경험과 소련 사람들의 생활에 관해 이야기해 주었다고 설명했다. 그러면서 사회 개혁을 방해하는 세력을 용납하지 않았다고 강조했다.

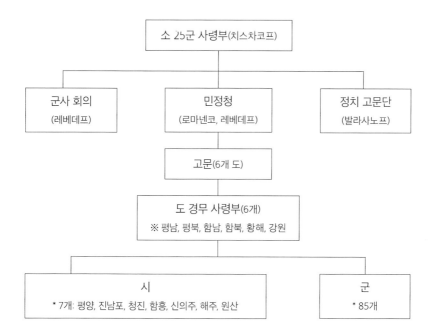

김창순이 일부 소개한 치스차코프의 명령서는 구 소련 몰락 후 전문이 발굴됐다. 동아일보사에서 발간한 『스탈린과 김일성 ①』에 실려 있는 명령서 전문은 아래와 같다(코로트코프, 1992: 276-277). 이 책자에서는 경무 사령부를 소련군 사령부로, 보안대를 경찰 조직으로 번역하고 있다.

제25군 사령관께

귀하의 명의로 아래와 같은 명령 문안을 공표할 것을 허가합니다.

연해주 군관구 사령관   연해주 군사위원회 위원

소련군 원수 메레츠코프   대장 쉬띄꼬프

군관구 총참모장

중장 크루티코프

No. 0030/PO

1945년 10월

명 령

1945년 10월 No. 07   평양시

1. 붉은 군대는 만주와 북조선에서 일본군을 궤멸시켰다. 궤멸당한
   일본군은 항복하지 않을 수 없었다. 30년 이상 일제의 식민지였던
   북조선은 일본 제국주의자들로부터 해방되었다. 붉은 군대는 침략
   자들을 분쇄하기 위해 북조선에 진군했다. 붉은 군대는 조선에 소
   비에트 질서를 도입하거나 조선 영토를 취하지 않는다. 북조선 시
   민의 개인 및 공공 재산은 소련 군정의 보호하에 둔다.

2. 나는 다음과 같은 사항을 성명한다

1) 북조선에서 일제의 잔재를 청산하고 민주주의 및 시민의 자유 강화를 궁극적인 목표로 채택한 반일 민주주의 정당의 성립과 활동을 허용한다.

2) 북조선 노동자들에게 자유 노조, 사회 보험국 및 문화·계몽 단체 등의 설립권을 부여한다.

3) 사원 및 각 종교 단체에서의 종교 의식과 행사들을 금지하지 않는다

4) 1, 2항에 언급한 반일 정당 및 민주단체 등은 지방 자치 단체 및 위수 사령관에게 각 단체 지도부의 명단을 제출하고 정관 혹은 강령을 등록해야 한다.

5) 북조선 내에 있는 모든 무장세력을 해산하고 각종 무기 및 탄약, 군수 물자를 소련군 사령부에 이양한다. 사회 질서를 유지하기 위해 임시지방위원회에게 경찰 조직을 편성하도록 허용하되, 경찰력의 수는 소련군 사령부와 협의한다.

3. 나는 북조선 주민들에게 상공업 및 기타 여러 기업의 정상적인 활동을 보장하고 소련 군정의 지시 및 요구를 이행하며 사회 질서 유지를 위해 소련 군정에 협력할 것을 호소한다.

북조선 주둔 소련 제25군 사령관 대장 치스차코프
참모장 중장 펜코프스키

미군정 시기 미 방첩대
운영 내규

　외국과 차별되는 한국적 국가 정보의 가장 두드러진 특징은 ① 정보와 수사의 융합, ② 북한 정보에 대한 역량 집중, ③ 정치 개입의 과거로 구분할 수 있다. 그리고 이와 같은 특성은 그 뿌리를 미군정 시기 방첩대에 두고 있다.

　따라서 미군정 시기 미군 방첩대가 한국에 진출하는 과정, 그 조직의 기능과 구조적 특성, 한국 철수 과정에서 그 기능이 한국 정부로 이관되는 경위 등을 살펴보는 것은 한국적 국가 정보의 모태를 밝히는 기초가 된다.

　한국적 국가 정보는 일제의 정보 조직, 애국지사들의 항일 정보 활동, 미국 전략정보국(OSS)과의 합동 공작 경험으로부터도 많은 영향을 받았다. 그러나 OSS 훈련을 받은 광복군의 국내 침투가 실패하고, 임정 요인들이 개인 자격으로 귀국함으로써 OSS와의 합동 훈련 경험은 해방 후 온전히 승계되지 못했다.

　더욱이 트루먼(Harry S. Truman) 미국 대통령이 일제 패망 직후인 1945년 10월 1일, OSS를 전격 해체함으로써 임정과 광복군은 워싱턴과 소통할 수 있는 중요한 통로를 잃었다.

또한, 영도와 국민이 없었던 임시 정부로서는 국가를 운영해 본 경험이 없어 국가 운영에 소요되는 정책 정보의 개념과 정책 정보를 국가 정책의 입안과 집행에 접목하는 방법을 체험할 기회가 없었다.

그에 따라 일제로부터 해방된 한국인들은 평시 국가관리에 정보 기구가 작동하는 행태를 미 방첩대로부터 배웠다. 그러므로 미군 방첩대의 기능과 역할, 그리고 한국 정부에로의 이관 과정을 올바로 이해하는 것은 한국형 국가 정보 모델 연구의 우선적 요건이다.

미 군정기 방첩대의 성격을 파악할 수 있는 1차 자료는 미국 육군정보센터에서 1959년 3월 발간한 「미군 방첩대의 역사」이다. 총 30권으로 편찬된 이 책에 「한국 점령기 방첩대(CIC during The Occupation of Korea)」가 실려 있다.

미군정 시기 주한 미 방첩대 근무자들을 대상으로 인터뷰한 내용을 중심으로 기술하고 있어 그 시기 방첩대 활동을 파악할 수 있는 가장 신뢰성 높은 자료이다.

미 태평양 사령부 소속 24군단이 한국 점령을 명받은 것은 1945년 8월 11일이었다. 그때까지 한반도는 중국 전구 미군 사령관의 관할 아래 있었다. 그럼에도 24군단은 한국에 가장 빨리 접근할 수 있는 거리에 있다는 이유만으로 점령군으로 명령받았다.

그에 따라 맥아더가 지휘하는 태평양 전구에 속해있던 24군단은 웨드마이어가 지휘하는 중국 전구의 정보를 접할 수 없었다. 9월 1일에 이르러서야 한반도 관할이 중국 전구에서 태평양 전구로 이관됐다.

24군단은 한국 진주를 명령받고 남한 관련 정보가 부족하여 많은 애로를 겪었다. 군정을 수행하는데 필요한 기초 자료가 절대 부족했다.

그 당시 24군단 정보 참모부(G-2)가 가지고 있던 유일한 한국 관련 정보 보고서는 1945년 4월 발간된 '재니스 75(JANIS 75)'였다. JANIS는 「육해군 합동정보연구-한국(Joint Army-Navy Intelligence Studies of Korea)」의 약어이다. 75는 한국을 나타내는 식별 번호였다. 군사 작전에 필요한 한국의 지형, 교통, 기후 등을 분석한 인문 지리 서적 성격을 지닌 책자였다. 군정 수행에 필요한 한국 내부의 정치 경제적 상황을 파악할 수는 없었다.

다급한 나머지 24군단 정보참모부는 그 당시 주둔지였던 오키나와에 포로로 잡혀 있던 한국인 노무자 700여 명을 인터뷰했으나, 만족할 만한 정보를 얻을 수 없었다. 노무자들의 지적 수준이 낮은데다 한국을 떠나온 지 1년이 넘어 적시성 있는 정보를 수집하기 어려웠다.

한국 내부 사정을 궁금해하던 하지(John R. Hodge) 24군단장은 8월 28일 맥아더 사령부를 통해 한국 주둔 일본군 사령부와 교신한 데 이어 8월 31일에는 일본군 사령관 코오즈끼 요시오(上月良夫)와 직접 교신할 수 있었다(정용욱, 2015: 129-130). 일본군을 통해 한국 내부 사정을 처음 알게 된 것이다.

또한, 미국은 종전 직후인 1945년 10월 1일 전략정보국(OSS)을 해체했다. 그에 따라 종전 직후 미국에는 해외 정보를 전담 처리하는 해외 정보기구가 없었다. 중앙정보국(CIA)은 1947년 9월에 이르러서야 창설됐다.

그 결과 1945년 9월 7일 인천에 상륙한 24군단은 뒤이어 9월 9일 한국에 입국한 224 방첩대의 정보 활동에 진주 초기 군정 운영 정보를 의존할 수밖에 없었다.

미군정 시기 정보 체계를 그림으로 정리하면 다음 모습과 같다. 24군난 정보 참모부(G-2)는 일반 참모부에서 선두 정보와 보안을 담당하는 부서였다. 군단 산하 사단에도 G-2가 편성되어 있었다. 군단 G-2는 행정과, 남한과, 북한과, 군사실, 정치 고문부, 평양 연락 사무소 등의 편제 아래 미군 장교 10명, 사병 16명, 미육군부 민간 요원 45명, 한국인 3백 63명이 근무하고 있었다(중앙일보, 1995.4.10.자).

24군단 G-2는 방첩대(CIC, Counter Intelligence Corps), 한국 경찰, 민간통신정보대(CCIG-K, Civil Communication Intelligence Group-Korea)에서 올라오는 첩보를 검증·판단해서 정보 보고서로 작성했다. 진주 직후부터 「정보 참모부 일일 보고서(G-2 Periodic Report)」와 「정보 참모부 주간 보고서(G-2 Weekly Summary)」를 생산해서 하지 사령관에게 보고했다. 하지는 이 가운데 중요한 것을 골라 동경과 워싱턴에 보고하는 식으로 정보 보고 체계가 운용됐다.

G-2 예하 민간통신정보대는 전화 통신 감청과 서신 검열을 통해 정보

를 수집하는 기관이었다. 1946년 8월 현재 민간통신정보대의 정원은 장교 10명, 사병 16명, 문관 45명, 한국인 463명이었다. 조직은 행정처(Administrative Section)와 운용처(Operation Section)로 나누어져 있었는데, 운용처 산하에 「첩보 및 기록과(Information and Records Division)」, 「우편과(Postal Division)」, 「전보통신과(Telegraph Communication Division)」등이 편성되어 있었다(중앙일보현대사연구소, 1996: 6).

24군단 G-2 산하 정보 기구 가운데서도 해방정국에 가장 큰 영향을 미친 정보 기구는 방첩대였다. 전국적 규모를 갖추고 반체제 세력 처벌, 정치권 조정, 대북 공작 등 다양한 정보 활동을 전개했다.

남한에 진출한 미군 방첩대의 두드러진 특징은 사전 계획 없이 방첩대 역할의 확대에 따라 조직을 정비해 나갔다는 점이다. 수요가 생길 때마다 새로운 조직과 직위가 만들어졌다. 방첩대가 특별 임무를 부여받아 해결한 후 비정상적 상황들이 진전되면 그 새로운 환경에 맞추어 조직들을 변화시켜 나갔다.

1947년 3월 29일 운영 내규가 제정되면서 방첩대는 확고한 조직 기반을 가지게 되었다.

당시 한국에 배치된 방첩대 요원들의 인사권은 일본 동경에 주둔하고 있던 441 방첩대가 쥐고 있었다. 441 방첩대는 제대 희망자가 늘어나는 등 전후 처리 과정에서 인사 요인이 많아짐에 따라 수시로 인사 명령을 낼 수밖에 없었다. 그 결과, 224 방첩대가 한국에 처음 들어올 때 입국한 사람 가운데 소수 인원만 오랫동안 한국에 머물렀다.

인사, 조직 측면에서의 혼선을 줄이기 위해 전국 각 지역에 산발적으로 배치된 방첩대를 224 방첩대의 지휘 아래 체계화하는 방식으로 1946

년 2월 13일 1차 개편이 있었다.

24군단에 배속된 224 방첩대가 전국의 모든 방첩대 활동을 통제하는 방향으로 정비됐다. 그러나 요원들에 대한 인사권은 여전히 동경의 441 방첩대가 가지고 있었고 신분증도 441 방첩대가 발행했다.

이 시기 조직을 재편하는 과정에서 대전의 1034, 송도의 1035, 인천의 1036, 광주의 1110, 청주의 1111 파견대가 신설됐다. 그때 한국에는 57 명의 요원들이 활동하고 있었다. 1946년 2월 13일 기준으로 224 방첩대 및 그 산하 조직을 그림으로 그려 보면 다음과 같다.

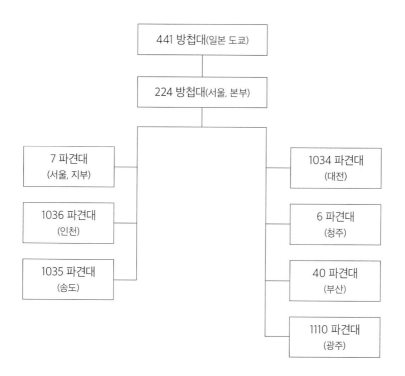

1946년 4월 1일 2차 개편이 있었다. 그때까지 활동하던 방첩대는 모두 971 방첩대라는 단대호(單隊号) 아래 단일 지휘 체계로 개편됐다.

이때 971 방첩대는 24군단 정보 참모부(G-2) 산하 조직으로 이관됐다. 하지만 행정 기능은 그대로 도쿄의 441 방첩대에 남았다. 971 방첩대의 병력을 441 방첩대에서 충원했고, 미국으로 보내는 모든 보고서도 441 방첩대를 통해 보고하는 채널을 유지했다.

미 육군 규정에 따르면 미군 방첩대의 기본적인 임무는 적과 내통하고 있는 반역 분자, 군의 안정을 위협하는 선동 분자, 군의 전복을 기도하는 자, 내부 불만 세력 등을 색출하고 군사 시설이나 군령을 위협하는 간첩의 침투를 저지하는 것이다(US Army Intelligence Center, 1959.3). 군사 보안에 도전하는 세력을 억제하는 방어적 활동에 기본 목적을 두고 있다.

그러나 해방 직후 남한에 진출한 미군 방첩대는 방첩대 본래의 기능인 방어적 업무에 머무르지 않고 남한 정치 동향을 탐문하여 미군정에 유리한 방향으로 정국 흐름을 유도하고 북한 지역 정보를 수집하는 등의 적극적 정보(positive intelligence)업무까지 수행했다.

이와 같은 당시 미 방첩대의 성격은 하지 사령관이 1946년 7월 1일 미 971 방첩대장에게 보낸 다음과 같은 서한에 잘 나타나 있다.

방첩대 업무는 그 업무가 중요한 만큼 그에 비례해서 수행하기도 어렵다. 점령 기간 우리 군은 새로운 방첩 활동의 개념을 창출했다. 주한 미 방첩대는 여러 가지 현안 문제를 간파한 후 열린 사고를 가지고 새로운 문제들을 적절히 해결해 왔다. 이러한 모든 업무를 병력 감축과 급격한 인원 변동이라는 열악한 조건에서 수행했다. 방첩대의 많은 성과가 비밀 조직이라는 속성 때문에 공개될 수는 없으나 그렇다고 해서 그러한 사실이 방첩대의 중요성을 약화시킬 수는 없다. 시의적절한 첩보는 전투 현장에서뿐만 아니라 군정을 운영하며 건전한 정책을 결정하는 데도 중요하다. 미 방첩대가 남한 정치 상황에 대해 적절히 판단해 주고 간첩과 미군정 전복 활동을 차단해 줬다. 이와 같은 미 방첩대의 헌신은 남한에 질서 있고 평화스러운 행정 체계를 구축하는 데 중요한 요소가 됐다. 이러한 사실을 주한 미 방첩대 전체 요원들에게 주지시켜 주기 바란다(Hodge, 1946.7.1.).

미 방첩대 기능 가운데서도 하지 사령관이 가장 소중하게 생각하는 업무는 남한 정치 상황에 관한 정보 보고였다. 미 방첩대의 정치 보고서는 하지가 중요한 정치적 판단을 내리는 데 제공됐던 유일한 자료였다. 이 때문에 하지는 미 방첩대의 정치 정보를 매우 중시했다.

1947년 3월 29일 제정된 운영 내규는 당시 주한미군 방첩대가 지니고 있었던 임무상 특성을 구체적으로 보여 주고 있다.

방첩대의 기본적 임무는 군사 보안의 유지를 지원하는 것이다. 주한 미군 방첩대의 지금 임무는 특별한 조사 활동을 요구하는 것으로 확대됐다. 정치 집단과 사회 조직에 대해 적극 정보와 방첩 정보를 수집해서 특별한 조사 활동을 수행하는 것이다. 한국에 민주적 정부를 수립하려는 주한미군의 전반적인 임무가 성공적으로 수행되도록 돕는 것이 방첩대의 임무다.

　운영 내규를 기준으로 971 방첩대의 조직을 보면 아래 그림과 같다.

　이 조직표에서 「간첩·사보타지·기타 업무과」는 간첩을 추적해서 사법 처리 하는 파트이며, 첩보과는 북한 정보를 수집하는 기능을 가지고 있었다. 그리고 정치과는 국내 정치권 동향을 추적하고 미군정의 의도대로 정치권을 조정하는 역할을 수행했다. 특수단은 미 방첩대에 고용된 한국인들을 관리하는 파트였다. 당시 한국인들의 임용 경쟁은 10:1 정도로 높았다.

　또한, 보고 분석과는 펜타곤의 정보 책임자에게 보고하는 '월간 첩보 보고(Monthly Information Report)', 도쿄의 441 방첩대에 매월 2회 보고하는 '반월간 상황 보고서(semi-monthly situation report)', 주한미군 정보 참모부(G-2)에 매일 보고하는 '일일 정기 보고서(daily periodic report)' 작성을 담당했다. 각 지역 조직은 G-2의 일일 정기 보고서에 담을 만한 소재를 매일 요약해서 본부에 보내야 했다.

　보고분석과는 1947년 3월부터 전국 각지의 방첩대 요원들이 한국의 전반적인 동향에 대한 인식을 서로 공유할 수 있도록 '주간 첩보 회보(Weekly Information Bulletin)'를 만들어 산하 모든 지부와 출장소에 배포했다. 1948년 5월에는 주간 첩보 회보가 '방첩대 월간 회보(CIC Monthly Bulletin)'라는 이름으로 바뀌었다.

한 권으로 읽는 국정원법 이야기

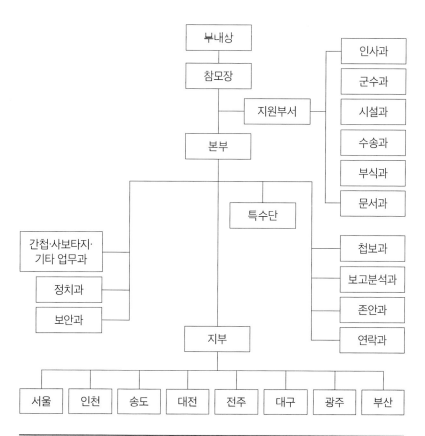

지부 관할 지역	
서울	수도 및 수도권 지역
인천	한강 이남 경기도 전역
송도	한강 이북 경기도, 38선 이남 황해도와 강원도
대전	충청남도, 충청북도
전주	전라북도 전역
대구	경상북도 전역
광주	전라남도 전역
부산	경상남도 전역

앞의 그림에서 보는 것처럼 971 방첩대는 그 당시 한국에서 활동하고 있던 가장 큰 정보 수사 조직이었다.

해방 직후 한국 경찰의 고등 경찰 기능이 폐지됨으로써 미군정에 저항하는 반체제 사범의 동향 수집, 사법 처리를 미군 방첩대가 주도적으로 수행했다.

971 방첩대는 지부(District Offices)와 출장소(Suboffices)를 현장 상황에 맞춰 탄력적으로 운영했다. 1948년 말에는 13개 지역으로 지부가 늘어났다. 지부는 본부의 여러 파트 업무를 지원하기 위해 지역 차원에서 수사 업무를 수행했다. 수사 결과는 본부의 보고분석과에 보고되어 '일일 정기 보고서'와 '반월간 상황 보고서'에 반영됐다.

미 방첩대 1947년 대공정세 판단 보고서

【해제】

이 보고서는 1947년 7월 28일 미 971 방첩대 본부에서 작성한 영문 보고서를 전문 그대로 번역한 것이다. 보고서 원문은 중앙일보 현대사 연구소에서 1996년 발간한 『현대사자료총서 1 - 미군 CIC 정보 보고서 (1-4)』에 수록되어 있다.

보고서가 발간된 시점은 제1차 미소공동위원회(1946.3.20.-5.6)가 중단된 후 1년여 만에 제2차 미소공동위원회가 1947년 5월 21일 열렸으나, 신탁 통치 반대 투쟁 단체 참여 여부를 놓고 논란을 벌이다 결렬되는 시점이다.

1947년 후반에 이르러 모스크바 삼상회의(1945.12) 후속 조치를 논의하기 위해 2년여간 공방을 벌이던 좌우익은 단정 수립 문제를 놓고 극명하게 갈라섰다.

미국 주도의 '유엔 감시하 인구 비례에 의한 남북 총선거를 통한 통일 정부 수립'과 소련이 내놓은 '미·소 양군 철수 후 한국인 스스로 통일 정부 수립'안이 날카롭게 대립했다.

이러한 갈등은 소련이 유엔 한국위원단의 입북을 거부(1948.1.23.)함으로써 남한 단독 정부 수립 찬반 논쟁으로 격화됐다.

이 시기 환국 이후 반공·반소 입장을 고수하며 이승만과 보조를 맞춰 오던 김구는 '미·소 양군 철수 후 통일 정부 수립'을 지지하고 나서면서 이승만과 대립했다. 이처럼 남한 단독 정부 수립이 본격화되는 시기 이 보고서가 만들어졌다.

971 방첩대는 미군정 시기 군정 운영을 지원하는 핵심 정보 기구였다. 그런 점에서 971 방첩대 본부에서 본부 및 지부 방첩대가 소장하고 있던 간첩 수사 자료를 분석해서 작성한 이 보고서는 미군정 시기 미 방첩대의 대공 정보 활동을 이해할 수 있는 사료이다.

제목: 소련 공산주의자들의 남파 간첩 양성(1947.7.28.)

I. 개요

1. 미군이 남한에 진주하자마자 미군 지휘부는 미군 시설뿐 아니라 미군정 업무, 그리고 미군정에 대한 주민들의 반응 등을 세밀히 수집하려는 간첩들이 전 주둔 지역에서 암약하고 있는 사실을 알게 됐다.

2. 이 보고서의 목적은 남한에 침투해 있는 간첩들의 활동 유형과 방법, 활동의 범위, 그리고 그러한 활동의 배후에 개입되어 있는 조직들을 제시하는 데 있다.

3. 이 보고서는 971 방첩대 본부와 지부에 보관된 파일들을 분석해서 작성됐다. 보고서 작성자는 개인적 견해를 밝히거나 적절치 않은 결론을 내리는 것을 자제하도록 지침을 받았다.

4. 북측에서 남파시킨 간첩들을 검거해서 수집한 첩보들은 북측의 의도를 파악할 수 있게 해 준다. 대표적으로 1946년 7월 29일에 남파된 김수민이 신문 과정에서 밝힌 첩보 수집 목표이다. 김수민은 아래 사항을 수집하도록 지령받았다.
   a. 미군정 사령부의 조직 현황
   b. 미군정에 대한 남한 주민들의 시각

c. 군사정부에 고용된 사람들의 신원 사항

d. 미군정 부속 시설들의 위치

e. 주한미군 군수 시설의 위치

f. 군사 장비와 시설, 특히 자동차, 화염 방사기, 비행기들

g. 미군 트럭의 수량

h. 미국으로부터 도입되는 무기의 종류와 수량

i. 해양과 육지 수송 실태

j. 외국에서 남한으로 선박을 통해 들여오는 식량이 있는지 여부

k. 식량 배급 체계

l. 제조품 목록과 공장 현황

m. 중요 제품을 생산하는 능력

n. 남한에서 공산주의를 신봉하는 사람들의 영향력

o. 북에서 남으로 탈출한 반공 주의자들의 활동과 행동 반경

p. 북한의 상황에 관해 보도한 신문 기사들

q. 고위 정치인들의 주소

r. 청년 조직과 교육을 위한 정당의 존재 여부

s. 어린이 교육에 관한 첩보

t. 해외에서 남한으로 귀국하는 사람들이 소련 무기를 소지하고 있는지 여부

u. 여행을 다닐 때 증명서가 있어야 하는지 여부

v. 북한으로 보내는 스파이들이 있는지 여부, 있다면 그 숫자와 소속 단체

w. 이러한 지침 이외 다른 많은 것들을 염두에 두고 활동할 것

5. 위의 수집 목록은 다른 사례들보다 좀 더 상세하지만 특이하지는 않다. 1946년 5월에 체포한 간첩은 군사 상황에 관해 훨씬 세부적인 첩보 수집 목록을 지니고 있었다.

6. 간첩 활동들을 살펴보면 미국의 법체계가 엄격한 증거 주의를 채택하고 있어 간첩 혐의로 체포된 자들이 실제로 간첩 행위를 한 것이 명백한데도 법정에서 유죄를 선고받는 일이 드물다. 따라서 유죄 판결을 받은 에이전트의 수가 실제로 남한 지역 간첩 활동의 양상을 보여 주는 지표가 되는 것은 아니다. 다른 한편으로 남한의 정치적 혼돈 상태가 계속됨에 따라 간첩을 추적하는 일도 면밀히 수행될 것을 요구받고 있다.

II. 북으로부터 내려온 간첩들

1. 자수 간첩의 조사를 통해 드러난 바에 의하면 남파 간첩의 첫 사례는 1946년 3월이다. 두 명이 원산에서 소련군 장교로부터 미군정 사령부에 침투하라는 지령을 받고 내려왔다. 이때 남파된 두 명은 남한 주둔 미군 군사력과 지방경제 실태에 관한 첩보를 수집하기 위해서 지방 주요 도시들을 탐방하라는 지령도 받았다. 이러한 지령에 따라 그들은 인천을 방문해서 항구를 출입하는 선박의 수, 수출입 상태, 군함 배치 현황 등을 조사했다. 활동 자금은 공산당으로부터 지원받았다.

2. 네 명의 소련군 장교와 한 명의 한국인 교관이 운영하는 군사정치학교를 졸업한 에이전트가 1946년 7월 전주에서 체포됐다. 그는 서울과 인천, 목포를 방문하고 전라남북도를 둘러보면서 첩보를 수집하라는 지시를 받았다. 그가 지시받은 첩보 수집 목표는 남한의 통신 시설, 교통 상황, 미군정에 대한 여론과 주민들의 태도 등이었다. 그는 왼쪽 팔의 손목과 팔꿈치 사이에 담배 머리 크기의 둥근 검은색 표시를 문신으로 새겨 놓고 있었는데, '북조선 공산당'이라고 쓰여 있었다. 그리고 왼쪽 엉덩이에 조그마한 검은 점이 새겨져 있었다. 이 마크는 식별하기가 쉬웠기 때문에 한때 방첩대 요원들이 이 마크를 한 사람들을 찾으려고 철도역마다 의료진을 배치해서 북에서 온 사람들을 조사하기도 했다.

3. 함흥의 군사정치학교 출신 1명은 1946년 8월 16일 그 학교의 교육생 16명이 반당 분자로 체포되는 사건이 일어나자 남한으로 탈출했다. 이 사람은 신문 과정에서 개교 이래 약 300명의 졸업생이 남파되었는데 주한미군 병력, 정치 상황, 테러 분자들에 관한 첩보를 수집하라는 임무가 그들에게 주어졌다고 진술했다.

4. 중국 대련, 만주 지역의 러시아 비밀 기관과 연결되었다고 의심되는 증거들이 1946년 8월 광주에서 나타났다. 어떤 사람이 대련을 출발해서 여수에 정박한 선박에 숨어 있다가 체포됐다.

5. 1946년 8월 17일에는 소창영이라는 에이전트가 체포됐다. 이 에이

진드는 북한에서 남한의 각각 다른 지역으로 4명이 남파되었다고 진술했다. 이들의 남파 목적은 군사 정치 첩보를 수집해서 북으로 전송하는 것이었다. 소창영은 원산 정치학교 출신인데 전라남북도에서 활동하라는 지령을 받았다.

6. 1947년 1월 15일에 체포된 에이전트는 북조선 민주청년협회에서 훈련받았다. 그는 함께 남파된 20명 중의 1명이었다. 그에 의하면 그들은 남북 간에 무력 충돌이 일어났을 때 필요한 첩보들을 수집하라는 지령을 받았다. 군사 정치 분야의 많은 세부적인 첩보들을 수집하라는 지시를 받았지만, 그들이 그 수집 임무를 달성하기에 충분한 교육을 구체적으로 받은 것으로 보이지는 않는다.

III. 간첩 양성 학교들

1. 공산주의 이념으로 무장된 간첩 요원들을 훈련시킬 목적으로 38선 이북, 만주, 시베리아 등지에서 적어도 9개 이상의 간첩 학교가 운영되고 있다. 이런 학교들은 여러 기관에서 여러 가지 목적으로 운영되고 있으나, 한 가지 공통점은 모든 학교의 졸업생들이 첩보 수집을 목적으로 남한으로 파송된다는 점이다. 이러한 학교는 대개 정치 지도자의 추천을 받아서 공산주의자와 친소 분자가 되겠다는 사람을 입교시킨다. 교육 수준은 평균적으로 높은 편이고 대학생 수준까지 교육시키는 학교도 있다.

2. 1947년 3월 25일에 수사한 비밀 출처는 북한에서 북한 간부들과 많이 접촉해 왔다고 주장했는데 그에 따르면 소련은 시베리아에 2개, 블라디보스토크에 1개, 그리고 크라스키노에서 간첩 학교를 운영하고 있고, 1년 교육 과정과 6개월 교육 과정을 거치는 학교가 있다. 이런 학교에서 교육받은 에이전트들은 남한뿐 아니라 극동 지역 곳곳에서 활동하고 있다. 그리고 정부 관계자들을 매수하는 데 충분한 자금을 지원받고 있다. 소련 적군 사령부에서 파견한 정보 요원들은 블라디보스토크 학교 졸업자들이고, 한 명의 리더와 본부와의 무전 교신에 필요한 무전 담당자들을 한 팀으로 구성해서 운영하는 것으로 알려져 있다.

*코멘트: 불법적인 무전 교신 사례가 아직 남한에서 포착되지 않았지만, 그러한 활동들이 일상화되고 있고 남파 간첩들이 무전 교신을 사용하고 있을 가능성이 아주 높다. 인력과 장비 부족으로 이러한 활동을 제대로 파악하지 못하고 있는 실정이다. 영국제 송수신기와 무기대여법에 따라 미국이 러시아에 대여해 준 무전 장비들이 1946년 8월 5일 압수됐다는 사실을 주목할 필요가 있다. 압수 물품의 포장지에 만주 북안성 농민 조합에서 만들었다고 쓰여 있는 걸 보면 그 물품의 일부 부품은 만주 혹은 북한에서 재포장된 것이라는 걸 알 수 있다. 1947년 6월 4일자 방첩대 보고서에는 러시아군이 주머니에 넣고 다닐 수 있을 만큼 작은 무전기들을 휴대한 스파이들을 남한으로 내려보냈다는 내용이 들어 있다.

3. 1946년 8월에 체포된 간첩학교 출신들에 따르면 함흥에 위치한 간

첩 학교의 책임자는 소련군 대위라고 한다. 그 학교는 500명을 졸업시켰고 그 가운데 300명을 남파시켰다. 남파 간첩들이 부여받은 임무는 미군 병력, 남한의 정치 상황, 그리고 테러리스트에 관한 첩보를 수집하는 것이었다. 이 학교에 입학할 수 있는 교육생은 중학교 졸업의 19세에서 28세 사이였고, 여자들도 입학했다. 졸업생들은 소련 정보기관의 협력자와 선전 요원이 된다.

4. 1947년 4월 11일에서 23일까지 신문받은 여성 간첩에 따르면 국제 공산당은 북한 지역에 2개의 간첩 학교를 운영하고 있다. 하나는 해주에 있고, 다른 하나는 신의주에 있다. 이 학교에서 훈련받은 5명의 비밀 요원이 50명의 그룹을 이끌고 남하했는데, 소련에서 훈련받은 3명의 장교가 그룹을 지도했다. 첫 번째 그룹이 1947년 3월 1일에 남파되었는데, 38선을 통과하는 데 일주일 걸렸다고 한다. 이 여간첩은 이 학교들의 졸업생들 가운데 일부가 제주도에서 공산 테러리스트 훈련 학교를 설립했다고 진술했다.

5. 1946년 7월 9일 북한 혜산진 간첩 학교 출신을 신문한 바에 따르면 그 학교는 1946년 2월 기준으로 재학생이 약 300명이고 그 뒤 한 달간 약 600명으로 늘어났다. 그 학교에는 4명의 러시아 교관과 한국인 교관 1명이 있었다고 한다. 교육 기간은 4주였으며 첩보 수집 방법, 사보타지, 정치 과목이 있었다. 이 학교의 모든 학생들은 '북조선 공산당'이란 표시를 문신으로 새겼는데, 이 문신 표시는 공산화된 지역을 통과하는 신분증 기능을 가지고 있었다.

6. 북한 수도인 평양에 비밀 간첩 학교가 존재했다는 사실은 1947년 4월 15일 에이전트 제보에 따라 밝혀졌다. 교관들은 재소 한인 출신 소련군 장교들이다. 교육 기간은 6개월이다. 재학생은 500명이고 1946년 5월에 첫 기수가 졸업했다. 제2기는 1946년 10월에 졸업했는데, 당시 재학생이 1,500명이었다고 한다. 졸업생들은 대부분 38선 근처 정치 조직의 지도자가 되고 그 가운데 가장 우수한 자들이 남한에 파견된다. 간첩 활동과 테러 활동이 그들에게 주어지는 임무이다. 고등학교를 졸업하고 노동당 도당 간부 이상의 추천을 받는 자들이 입학할 수 있다.

7. 1946년 8월 13일에 체포된 자수 간첩에 따르면 북한 원산에는 상하급 정치 학교가 병설되어 있다. 저급 학교는 교육 기간이 3개월이고 여자를 포함해서 약 300명의 교육생이 있다. 2명의 러시아군 장교 고문과 5명의 한국인 교관이 근무하고 있다. 이 학교 출신과 대학 졸업자들은 6개월 과정의 상급 학교에 진학할 수 있는 자격이 있는데, 상급 학교 재적생은 약 600명이다. 상하급 학교 학생들은 간첩 임무를 받고 남파된다.

8. 만주에 있는 이홍광 부대는 중국 공산당과 밀접하게 연결되어 있다. 이 부대는 최소한 2개의 군사 정치 학교를 운영하고 있는데, 하나는 통화에 있고 다른 하나는 만주 장백 근처에 있다. 1947년 3월 2일 체포된 졸업자에 따르면 교육 과정은 6개월이고, 정치, 선전·선동, 테러리즘을 가르치고 있다. 두 학교의 재적생은 약 470명

이고, 그 가운데는 여성도 있다. 이런 종류의 학교가 더 있을 것으로 보이지만 확실한 증거는 없다. 이 학교의 학생들은 북조선 인민위원회에서 징발한 군인 가운데 선발되는 것으로 알려져 있다. 간첩 임무를 띠고 남파될 때 그들은 민주 청년 동맹과 함께 일하도록 지령받는다. 졸업생 가운데 극히 일부만 남파되고 있다. 북한의 간부가 되거나 만주에서 군 생활을 계속하는 길로 진로가 나누어진다.

Ⅳ. 남한 정당들

1. 북한의 군사 정치 간첩 학교에서 훈련받은 공작원들은 남한의 좌익 단체와 인물들로부터 도움을 받는 것으로 보이는데, 이는 과거 제5열 활동의 역사와 공산당 공작의 역사를 통해서 관찰할 수 있다. 실제로 북한 공산당과 친소 정부가 남한의 정당들과 협조하고 있다는 많은 증거들이 축적되어 있다.

2. 1946년 4월 19일에 민주청년동맹 부의장은 미소공동위 소련 대표와 모든 좌익 정당들이 긴밀히 연락하고 있다고 말했다. 그리고 이 연락을 주선하고 있는 인물은 소련 대표단에 포함되어 있는 '최'라는 인물인데, 민주 청년 동맹 회원들과 비밀회의를 주선하는 방식으로 연결되고 있다.

3. 1946년 4월 26일에 수집한 첩보에 따르면 공산당 당원들이 미군정

에 관한 첩보를 수집하기 위해 조선경비대에 침투하고 있다.

4. 1946년 5월 18일에 압수한 문건에 따르면 경기도 공산당 본부 서울 정보 위원회는 산하 조직에 아래와 같은 첩보를 수집해 주도록 요청하고 있다.

    a. 군사 정부의 조직도, 군사력, 부대 숫자와 주둔 위치, 부대 지휘관, 군정에 고용된 민간인의 수

    b. 미군정에 참여하고 있는 한국인들의 직책과 직급 및 임무

    c. 미군정 통역관들의 이전 직책과 친분 인물들

    d. 미군정의 정치 문제와 지역 정책에 관한 지시 사항들

    e. 미군정의 좌익 탄압 실태

    f. 미군정과 미군정 반대 세력과의 관계

5. 공산당이 활동 자금을 확보할 목적으로 불법 활동까지 하고 있다는 사실은 1946년 5월 한국 경찰과 미 방첩대가 조선정판사 위조지폐 사건을 수사함으로써 드러났다. 공산당이 위조지폐 사건에 연루되어 있다는 직접적 증거는 없다. 하지만, 공산당 본부에 입주해 있는 건물에서 위조지폐가 만들어졌고, 위조지폐 사건 주모자가 공산당 당원이라는 사실은 단순히 의심하는 차원을 넘어서 연루 사실을 믿게 해 준다. 사건 현장에서 회수된 위조지폐 이외 일부 위조지폐만 유통 과정에서 적발된 것으로 미루어 추측컨대 제3, 제4의 세력이 있는 것으로 보인다. 많은 위조지폐는 최근 북에서 내려온 사람들의 손에 넘어갔다. 공산당은 또한 북으로부터 불

법으로 선비을 이용해서 현금을 수송해 왔다는 첩보가 7월달에 있었다. 이렇게 확보된 자금들이 공산당 활동에 투입되고 있다.

6. 간첩 활동 근거지들 가운데 한 곳이 1946년 8월에 발견됐다. 4명의 간첩을 체포함으로써 이 같은 사실이 밝혀졌는데, 4명 중에 2명은 조선경비대의 위관급 장교들로 조선경비대에 관한 많은 첩보를 수집한 간첩들이 북한으로 넘어갈 때 38선을 통과시켜 주는 역할을 했다. 수사를 확대하면서 인민당 경찰 담당과 책임자인 김세영 (Kim Sei Young)의 집을 수색하는 과정에서 은닉 무기들을 찾아냈다. 다섯 자루의 권총과 많은 좌익 문건들이 숨겨져 있었고, 주한 미군 시설, 조선경비대와 해양 경비대, 미군정과 경찰에 관한 첩보들도 있었다. 공산당 상임 위원회 멤버인 이강국의 집에서도 비슷한 물품들이 압수됐다. 수색 과정에서 조선 해양경비대 간부 명단과 남한의 항구 및 해군 시설에 관한 지도도 발견됐다. 이 사람들은 모두 잠적한 상태이다. 인민당 서울 본부도 수색했는데 많은 스파이 활동 자료들이 발견됐다. 1946년 9월 8일에는 김세영, 이강국을 비롯 남로당 당수 박헌영에 대한 체포령이 공고됐다. 모든 정황으로 미루어 이러한 간첩망이 수집한 첩보들은 북조선 인민 정부 수괴인 김일성에게 보고되고 있다.

7. 공산당이 조선경비대에 침투했다는 증거는 1946년 9월 8일 부산에서 압수한 문건에서도 드러난다. 압수된 문건을 보면 공산당은 경비대 내부의 좌익 명단을 가지고 있었는데, 군에 침투한 많은 좌

익들이 공산당 세포이다.

8. 남한의 정당들이 소련군과 연결되어 있다는 증거는 1947년 2월 14
일에 수집한 첩보에서도 나타났다. 북한 주둔 소련군 교육 장교인
구스노프 소령이 남로당 당수인 허헌에게 보낸 서한을 보면 입법
기관과 미군정 전복 및 파업을 지령하고 있다.

9. 강원도 강릉 지역 노동당 활동에 대한 조사는 정치 문제, 미군의
군사력과 이동 동향에 관한 첩보와 함께 선전 활동의 근거지와 멤
버들을 보여 주고 있다. 이러한 첩보는 남로당 지역 본부의 지시 사
항들을 통해 수집됐고 민주 민족 전선 총본부에서도 수집됐다. 이
때 수집한 첩보들은 월간 정보 보고서 내용들과도 일치한다. 이때
그들의 수집 목표는 아래와 같다.
   a. 지역의 군사력
   b. 군정의 정책
   c. 조선경비대와 해안 경비대의 배치 지역과 인원 및 성향
   d. 지역 경찰 수뇌부와 인원, 그들의 성향
   e. 지방 행정부 현황

10. 남로당 총무과에서 작성한 문건이 입수되어 1947년 5월 14일 번
역됐다. 그 문건은 경찰에서 조사받는 인원을 파악해 볼 것과 '민
주 애국 세력'과 다른 범죄인들을 구별하라는 지침을 주고 있다.
또한, 그 문건은 그러한 자료가 미소공동위 재개를 검토하는 데

필요하다고 밝히고 있다.

11. 공산당이 조선경비대에 관심을 두고 있다는 점은 이제 상식처럼
되어 있다. 강릉 방첩대에서 소요 사태를 조사할 때 강릉시 남로
당과 경비대 사이의 연계 실태가 확실하게 드러났다. 5월에 제3연
대 소속 7명이 구속되었는데 이들은 첩보를 누설하고 연대 내부
에 비밀 공산당 세포를 부식하려고 시도했던 것으로 드러났다.

V. 군사 시설에 침투하는 간첩들

1. 남한 주둔군의 보안 의식 부족은 잘 훈련된 간첩들에게 군사 첩보
수집을 용이하도록 만들어 주고 있다. 사령부 건물의 경비가 친절
해야 한다는 것은 그들의 당연한 의무이다. 이러한 친절에 따라 발
생하는 보안 사고가 광주에서 보고되고 있다. 많은 비밀 문건을 한
국인 근로자들이 가지고 있는 것으로 파악됐다. 사무실 문건을 부
주의하게 방치한 것이 큰 원인이지만 한국의 종이 사정이 좋지 않
은 것도 한 원인이다. 문건에 적힌 비밀스런 내용을 읽어 본 한국인
들이 이야기를 만들어 퍼뜨리고 있다.
* 코멘트: 이러한 문제점에 따라 주한미군 사령부는 비인가 인물을
쓰레기 소각장에 배치하지 말라는 지침을 하달했다.

2. 미군 병사들의 문제점을 지적하는 한국인들도 많다. 많은 한국인
들이 더 좋은 영어를 배우고 싶은 욕망에 미군 병사들과 접촉하는

데, 그들 가운데 간첩이 없다고 단정할 수 없다.

3. 북한에서 훈련받은 여자 간첩들이 서울 주둔 미군부대에 고용되어 있는 한국인들의 첩으로 공급되고 있다는 수사 결과가 있다. 남파되는 여자 간첩들 가운데 첩으로 활동하는 여간첩은 북한에서 부모 없이 고아로 자랐고 서울에서 살 수 있는 주택이 제공되고 있다.

4. 군사 시설에 쉽게 접근할 수 있는 방법을 보여 주는 추가 사례는 1947년 6월 위조된 출입증이 발견되면서 드러났다. 위조 출입증은 그 지역 한국인 고용원이 사용하는 출입증을 위조했다. 조사에 따르면 위조 출입증이 지역에서 매매되기도 하는 것으로 드러나고 있다.

VI. 방첩 장애 요인 및 대책

1. 대간첩 활동의 중요성은 남한 진주 초기부터 지휘부에서 알고 있던 문제이다. 효과적인 대응 방법도 중요한 관심 사항이었다. 간첩을 찾아내서 체포하는 일은 무척 어려운 일이다. 제일 큰 난제는 다른 현안에 비해 상대적으로 방첩 업무가 저평가되고 있다는 것이다. 방첩 장애 요인을 살펴보면 아래와 같다.

　a. 언어의 장애: 다른 나라들처럼 한국에서도 큰 언어 장벽이 있다. 한국이 오랫동안 쇄국 상태에 있었던데다 일제강점기 정신

적으로 세뇌되어 한국어와 서구인이 및 풍습을 배울 수 없었니.
그 결과 한국인들은 다른 나라 사람과 언어를 잘 모르는 상태이
다. 소수의 한국계 미국인이 영어를 해석할 수 있으나 그들 대부
분은 통역까지 할 수준은 안 된다. 영어를 말하고 읽고, 쓸 수
있는 한국인들이 군정 사령부와 전투 부대에까지 배치되어야 한
다. 민간 기업에서 고임금으로 영어를 구사하는 한국인을 고용
해 가기 때문에 많은 영어 능통자들이 미군정에서 일하기를 꺼
려한다. 또한, 영어에 능통한 한국인들은 미군정에 대한 애착이
부족하기 때문에 고도의 비밀 활동을 요하는 방첩 활동에 참여
하기도 꺼린다.

b. 주한미군에 대한 주민들의 거부감: 남한 주민들이 전반적으로
주한미군에 우호적이지만 거의 모든 부대에서 한두 가지 이상의
마찰 요인과 불만 요인을 가지고 있다. 이러한 조그마한 요인들
이 선동가들에 의해 확대 선전 되기 때문에 방첩 업무에 참여하
고 있는 미국인들이 능률적으로 일을 할 수가 없다. 수세기 동
안 한국인 의식 속에 쌓여온 혈통주의와 종족 보존 주의는 협
조를 이끌어 내는 데 큰 장애 요인이다. 방첩대와 관계 기관에
고용된 한국인들은 다른 한국인들에 의해 위협받고 있다. 체포
간첩을 조사해 본 방첩대 요원들은 체포 간첩이 소속 멤버들에
보복당할 것을 우려하여 꼭 필요한 첩보를 진술하기 꺼리는 것
을 알게 됐다. 그에 따라 제보자를 보호하고 방첩대 자금을 소
지한 고용인, 방첩 요원들과 장비들을 보호하고 관리하는 데 많
은 시간과 노력이 소비되고 있다. 많은 한국인들이 의도적으로

허위 정보를 제보하고 있어 그것을 조사하는 데 많은 시간을 보내고 있는 실정이다.

c. 혼란한 정치 상황: 정당 내부에서의 여러 가지 목표와 정책, 무책임한 공약들, 많은 사람이 여러 정당에 중복 가입 되어 있는 현실, 다른 정당에 대한 의심과 정치적 미성숙성 등이 한국의 정치 상황을 매우 혼란스럽게 만들고 있다. 이러한 상황은 지난 몇 개월 미소공동위 협상 단체로 참여하기 위해 조그마한 정당들이 우후죽순처럼 생겨나면서 더 심해졌다. 모든 정치 단체가 다른 정치 단체를 믿지 못하고 있고, 비밀주의에 대한 동양적 사고는 각 정치 단체로 하여금 다른 단체의 활동 내용을 수집하려는 첩보 활동을 광범위하게 조성하고 있다. 각 정치 단체는 다른 단체 회원들에 대해 의혹과 의심을 부풀리면서 자신을 보호하려고 한다. 이러한 풍토는 사실을 확인하는 데 많은 시간을 빼앗고 많은 부수적인 노력을 들이게 하며 조사 요원을 당황하게 만든다. 정치 단체들이 상습적으로 라이벌 단체의 본부를 습격하고 테러와 야만적 행동을 저지른다. 좀 더 심한 경우에는 경찰서나 미국 수사 기관이나 한국 수사 기관을 불문하고 사무실에 침입해서 자신들에게 불리한 서류들을 탈취하고 있다. 이러한 행위는 처음 공산당 지도부가 산하 각 세포에게 정부 기록들을 파괴하라고 지시하면서 시작됐다. 이러한 현실이 정당과 관련된 수사를 어렵게 만든다. 또한 국내 정치적 성격의 정보 활동들과 미군정에 대한 위협과 불만을 구별하는 것을 어렵게 만든다. 남한의 정치 상황에 관한 첩보를 수집하려는 북로당의 간

첩 활동과도 중첩되면서 사실을 식별하기가 더욱 어렵다. 이처럼 복잡하게 얽힌 남한의 정치 정보 활동은 미군정 업무 수행에 영향을 미치기 때문에 중대한 관심사가 될 수밖에 없다. 그러나 위해 첩보와 비위해 첩보를 구별하기가 어렵고 모든 혐의를 수사하는 것도 수사 대상이 너무 많기 때문에 어려운 실정이다.

d. 정보 활동비의 부족: 첩보 활동의 동양적 관습은 첩보를 수집하려는 사람에게 첩보를 돈을 받고 팔려는 사람을 소개시켜 주는 방식이다. 그런데 물가 상승으로 그 구매 가격이 치솟고 있다. 어떤 보상 없이 자발적으로 첩보 활동에 가담하는 한국인들은 그 정체가 의심스럽다. 사실 담배나 비싸지 않은 화장품 같은 미제 물품이 현금보다 첩보 제공의 대가로 지불하기에 더 효과적이다. 이러한 물품들은 미군 주둔 지역에서만 살 수 있기 때문에 방첩 활동을 위해서 달러를 적절히 예산에 반영하는 것이 필요하다.

e. 국경 이동의 자유: 아주 긴 해안 경계선, 수천 개의 섬과 숨겨진 해안가 굴곡들, 38선을 통해 끝없이 북에서 넘어오는 피난민들은 남한에 침투하려는 간첩이 쉽게 국경을 넘어오도록 만들고 있다. 해안선을 따라 해양 경비대가 배치되어 있으나 전 해안선을 커버할 수는 없고 주로 밀수 단속에 나서고 있다. 38선을 넘는 사람들에 대한 단속도 최소한에 머물고 있다. 거기에는 국토를 분단시킨 미국 정책에 대한 미안함이 담겨 있다. 경계 병력의 수와 관계없이 많은 피난민 속에 섞여서 내려오는 간첩을 찾아내는 것은 현실적으로 불가능하다. 한국 경찰이 단속 물품을

통과시키려는 사람들로부터 뇌물을 받고 38선을 통과시켜 수고 있다는 보고도 있다. 뇌물을 받은 경찰과 해양 경비대원들이 사법 처리 되는 경우가 많다. 두 기관은 첩보를 수집하거나 남한으로 침투하는 간첩을 색출하기 위해 협조자들을 부식해 놓고 있다.

f. 경찰과 경비대의 갈등: 한국 경찰과 경비대 사이에 수개월 동안 질투와 불신이 쌓여 왔다. 상대측에 대한 오해가 안전과 평화 유지를 위협하고 협조를 방해하고 있다. 이러한 현실은 다른 기관이 개입된 출처로부터 입수된 첩보의 가치를 낮게 평가하려는 경향을 보이기 때문에 주목할 만하다. 경찰 첩보가 경비대 정보과와 긴밀히 협조해서 수집될 경우, 방첩 업무에 큰 도움이 될 것이다.

g. 미군 병력의 부족: 간첩 수사에 훈련되고 경험이 많은 인력이 한국에서 점차 부족해지고 있다. 방첩 업무는 에이전트 분야에 관한 고도의 전문 기술과 재량권이 필요한 업무이다. 최근 일본 동경의 441 방첩대로부터 간첩 수사 경험이 없는 미숙한 인력이 한국에 배치되고 있다. 미국 교육 기관에서 받은 교육 내용과 관계없이 이 사람들은 방첩 업무에 적합하지 않고 그 가운데 많은 사람들이 의무 복무 기간만 채우고 방첩 업무에 자격을 갖출 만한 숙련 기간을 채우기 전에 되돌아가고 있다. 현재 주한 미군 방첩대에서 방첩 업무에 자격이 있는 요원은 장교 3명 정도, 민간인 2명, 그리고 4명의 방첩대원이다. 이 사람들도 1948년 1월경 본부로 돌아갈 예정이다. 자질이 부족한 방첩 요원이

대간첩 수사에 투입될 때 그 요원을 지도하는 데 많은 시간이 소비된다.

h. 재판의 어려움: 미군정의 어느 기관도 혼자서는 임무를 수행할 수 없다는 말이 있다. 주한 미 방첩대는 군사법원에서 증거를 인정받지 못할 경우 체포 간첩의 유죄를 받아내기 어렵다. 많은 사건들이 간첩 혐의 피고자를 유죄로 인정할만한 증거들이 있었다. 그러한 사건에는 그들이 수집한 첩보가 미군의 점령 업무를 위협하고 있다는 배경지식이 있었다. 방첩대 요원을 공개된 한국 법정에서 증언하도록 내세우는 어리석음과 한국인들이 증인으로 나서기를 꺼려하는 현실이 재판의 어려움을 더욱 부채질하고 있다.

i. 군정 요원들의 빈번한 교체: 짧은 재임 기간과 다른 요인들 때문에 군정 업무에 참여하는 근무자들은 보안 대책의 중요성을 충분히 이해할 만큼 오래 한국에 남아 있지 않는다. 육군이 관련된 몇몇 간첩 사건을 보면 군사 첩보를 보호하려는 의식이 해이한 것으로 드러났다. 오랫동안 고독하게 지낸 향수병에 젖은 외로운 젊은 군인들이 영어를 구사할 수 있고, 그와 말하고 싶은 한국인과 장시간 대화를 나누면서 부지불식간에 보안을 누설하게 된다.

2. 이상에서 언급한 장애 요인들을 극복하려는 노력은 일정 부분 성공을 거두었고, 일정 부분은 미결인 상태로 남아 있다. 언어와 한국인 문제는 신원이 확실한 사람을 비밀 관리 요원으로 배치해서

부분적으로 완화됐다. 미군 수사관의 부족은 유능한 요원들을 산첩 수사에 투입하는 방향으로 해결 방안을 강구하고 있다. 남한의 정치적 상황이 계속 분석해야 하는 해결 과제로 남아있다. 모든 간첩들이 수사를 회피할 목적으로 정치적 이유를 내세우기 위한 정치 활동을 계속할 것이다. 방첩대 요원들의 활동비는 첩보를 수집하는 데 사용하는 질 좋은 물품들을 비축함으로써 해결해 나갈 수 있을 것이다. 물품들을 좀 더 가치가 있는 첩보를 수집하는 데 사용하도록 조정할 것이다. 한국 경찰과 조선경비대 대원들과 업무상 접촉하는 방첩대 요원들은 두 기관이 협조하도록 설득해 나가고, 두 기관이 우리 조직과도 협조하도록 당부해 나갈 것이다. 북쪽 38선 근처에 주둔하고 있는 방첩대 파견대에는 간첩 탐지 활동을 강화하고 모든 파견대에 방첩의 중요성을 교육해 나갈 것이다. 미군정 사법부 미국인 고문과의 긴밀한 협조가 유지되어야 한다. 우리 사무실에서 한국 법정으로 제소되는 모든 사건은 한국 측 검찰과 유익한 결과가 나오도록 협조되어야 한다. 사법 당국과의 협조는 사건에 적합한 군사 법정을 확보함으로써 도움을 받을 수 있을 것이다. 전투 부대의 안전이 위협받거나 보안 의식이 해이된 사례는 부대별로 지휘 계통을 통해서 신속히 보고될 것이다.

배포처: 산하 모든 파견대, 24군단 정보 참모부

한 권으로 읽는 국정원법 이야기

대한민국 최초
국가 정보기관 설립 합의서

2차 대전 종식과 함께 미군의 한반도 관할권이 중국 전구에서 태평양 전구로 이전되면서 한반도는 맥아더 사령관의 지휘 아래 들어갔다. 그 당시 맥아더의 공식 직책은 연합군 최고 사령관(SCAP, Supreme Commander of the Allied Powers)이었다.

맥아더 사령부는 일본의 치안 질서를 유지하기 위해 일제 경찰 기구를 존속시켰다. 워싱턴 행정부가 전후 군사 예산을 감축해 나감에 따라 미군의 병력만으로 일본의 치안을 유지하기 어려운 실정이었다.

일본 주둔 미8군은 1945년 말 기준으로 20만 명이었으나 계속 감축되는 추세에 있었다. 미6군은 곧 완전히 해체될 상황이었다(Willoughby, 1954: 311).

이런 실정에서 맥아더 사령부는 일제 강점기 조선총독부 행정 기구와 경찰도 그대로 유지했다. 한국의 치안을 유지하기 위해서는 일본에서처럼 한국에서도 경찰력을 그대로 활용할 수밖에 없었다.

한편, 1946년 5월 제1차 미소공동위가 무기휴회 한 뒤 미군정은 그해 8월 남조선과도입법의원을 구성했다. 그해 9월에는 미군정의 행정권을 한국인에게 이양하겠다는 미군정의 발표가 있었다.

1947년 6월에는 미군정하의 한국인 기관을 '남조선과도정부'라고 호칭하겠다는 군정 법령 제141호가 발표됐다. 남조선과도정부는 기구개혁위원회를 구성하고 13부 6처의 중앙 부처를 설치했는데, 이 기구들이 1948년 8월 대한민국 정부 수립 때까지 존속됐다.

1948년 2월 26일 유엔 소총회는 선거가 가능한 남한 지역에서 선거를 실시하여 정부를 구성하기로 결의했다. 그에 따라 1948년 5월 10일 남한에서 총선거가 실시되어 5월 31일 제헌 의원 198명으로 제헌 국회가 개원되고, 7월 1일 대한민국을 국호(國号)로 정하는 한편 7월 17일 헌법 및 정부 조직법을 공포한 데 이어 7월 20일 초대 대통령에 이승만, 부통령에 이시영을 선출했다.

1948년 8월 15일 정부가 수립된 후 9월 13일에는 미군정 행정권이 대한민국 정부에 완전 이양되고 12월 9일 유엔 총회는 대한민국을 승인했다(행정 자치부 행정 관리국, 1998: 95-98).

대한민국 정부를 수립하는 헌법과 법률이 제정되고 미군정의 행정권을 이양하는 절차가 추진되면서 주한 미 방첩대의 기능을 인수받기 위한 협의도 진행됐다.

이 과정에 대해서는 1951년 7월 7일 미 극동군 총사령부 군사 정보과에서 미국 방첩대 본부에 보고한 「한국 CIC의 조직과 기능」이라는 보고서에 '한국 CIC 초기의 역사(Early History of Korean CIC)'라는 문건이 첨부되어 있는데, 여기에 대한관찰부와 한국군의 방첩대가 창설되는 과정이 기록되어 있다.

이 문건은 미 육군 정보센터에서 1959년 3월 발간한 「CIC 역사-한국 점령기 CIC」에도 첨부되어 있다. 이 문건에 기록된 대한관찰부 생성과정을 살펴보면 이승만과 미군정은 1948년 7월부터 인수 협의를 시작했다.

이승만 대통령과 24군단 정보 참모부의 와팅턴(Thomas Wattington) 대령, 한국 경찰 고문 에릭슨(H. G. Erickson) 중령은 여러 번 회의를 갖고 971 방첩대를 모델로 삼아 그 기능을 승계하는 한국 정보 조직을 설립하기로 결정했다.

신설되는 한국 정보 조직은 순수한 민간 기구로 설립하기로 합의했다. 이승만 대통령이 순수한 민간인 기구로 정보 조직을 만들어야 한다고 고집해서 민간인 기구로 만들기로 합의됐다. 이승만 대통령과 미 방첩대 인계팀 사이에 합의된 사항은 네 가지였다.

첫째, 새로 설립되는 민간 정보 조직의 명칭은 대한관찰부(Korean Research Bureau)라고 정한다.

둘째, 1948-1949 회계 연도 예산은 총 2억 3백만 원으로 책정한다.

셋째, 조직 정원은 총 315명으로 정한다. 이때 합의된 조직의 내용을 그림으로 표시하면 아래와 같다.

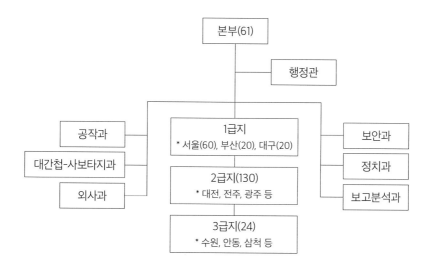

넷째, 971 방첩대 본부는 각 지역 방첩대장에게 대한관찰부 직원이 미군 방첩대 임무를 인수받을 것이라는 사실을 알리는 공문을 발송한다. 971 방첩대장 명의로 보내는 공문의 내용은 다음과 같다.

제목: 대한관찰부 요원 현장 실습
수신: 각 지역 방첩대장

1. 971 방첩대의 임무와 권한을 인수하는 대한관찰부 요원들을 훈련시키고 있는 현재 계획에 따라 구체적 시한이 정해지면 업무 인수인계가 시작된다.
2. 이론과 실무 분야 기초 교육을 받은 한국인 요원들은 현재 우리 조직의 본부와 지역 조직을 단계적으로 인수할 것이다. 한국인 요원들의 자질을 높이기 위해 현장 실습이 1948년 9월 15일경부터 시작될 것이다.
3. 현장 실습을 나가는 한국인 요원들은 행정, 보급, 배식, 숙소 관리, 한국인 교육 등을 책임진다. 그리고 그들은 자신들의 상급 기관에 대해서만 책임을 진다. 귀하와 현장 실습생이 해결하기 어려운 일은 본부에 문의하라
4. 각 지역 방첩대장은 한국인 관련 각종 사건들의 자료와 첩보를 현장 실습생들이 유용하게 활용할 수 있도록 지원하라. 현장 실습생들이 정보 생산과 방첩 업무를 귀하와 함께 수행하면서 업무를 보다 빨리 숙달하도록 지도하라
5. 인수인계 기간에 이 사람들과 성심성의껏 협력해야 한다. 그들이 업무를 수행하기 위해서는 방첩 업무에 대한 배경지식과 숙지가 필요하다. 그들의 성공 여부는 인수인계 과정에서 귀하가 얼마나 잘 지도하느냐에 크게 달려 있다.

허킨스 971 방첩대장

이러한 합의를 이행하기 위한 후속 조치들이 속속 진행됐다. 제3대 971 방첩대장 허킨스(Joseph Huckins)는 로버츠(Theodore Roberts) 소령과 폭스(Richard Fox) 대위를 업무 인계 책임자로 선임했다.

인계팀의 임무는 새로운 조직에서 일할 사람을 선발하고 조직해서, 훈련시킨 후 실무에 배치하는 것이었다. 1948년 9월말까지 인원을 선발해서 교육시킨 후 실무에 배치하라는 지시가 이들에게 주어졌다. 인계팀은 한국 경찰과 미 방첩대에 고용된 한국인 중에서 신규 인원의 대부분을 뽑았다.

1948년 7월 중순부터 1기생 60명을 선발해서 6주간 일정으로 교육을 시작, 8월말 1기 교육을 마쳤다. 총정원 315명을 충원하기 위해 2기생은 240명을 선발해서 1기생 졸업 후 곧바로 교육을 시작했다.

1-2기생은 각각 6주간 총 34개 과목을 이수했다. 총 240시간으로 짜여진 6주간의 교육 일정 가운데 심문(24시간), 관찰 묘사(17시간), 보고서 작성법(15시간) 등이 많은 시간을 차지했다.

2기생에 대한 교육까지 완료되자 1948년 10월초부터 미 방첩대 사무실에 이들을 배치하여 인수인계를 시작했다. 초대 대한관찰부장에는 민정식이 선임되었으나 얼마 안 돼서 물러나고 장석윤이 취임했다. 장석윤은 2차 대전 때 이승만의 추천으로 OSS에 선발되어 2차 대전 내내 OSS에서 일하다 해방 후 귀국하여 24군단 정보 참모부에서 일하고 있었다.

이처럼 정부 수립 직후 대한관찰부를 출범시키기 위한 작업이 원활히 수행되고 있었으나 국회에서는 이 기관에 대한 인준을 반대했다. 이승만의 적극적인 설득에도 불구하고 대한관찰부가 이승만의 정적을 추적하기 위한 기관이라는 정치권의 오명을 벗지 못해 합법적 정부 조직으로서 국회 인준을 받는 데 실패했다.

이처럼 국회 인준을 통해 대한관찰부를 합법적 정부 기구로 설립하려던 이승만의 노력이 진전을 보이지 않자 미 방첩대는 한국군 내에 미 방첩대 기능을 가진 방첩대 조직을 만들기로 결정했다. 연말 철수를 앞두고 있었던 미군으로서는 미 방첩대 기능을 이어받을 조직의 결성을 서두를 수밖에 없었다.

미 방첩대를 관할하던 24군단 정보 참모부는 육군 본부 정보국 산하에 미 방첩대와 기능이 똑같은 특별 조사과(Special Investigation Section)를 설치하기로 방침을 정했다. 방침이 수립된 후 대한관찰부를 설치할 때처럼 전국 각지의 군부대에서 창립 요원들을 뽑아 교육시킨 다음 이들을 해당 부대에 돌려보내 각각 소속 부대 내부에 방첩대를 책임지고 설립해 나가기로 했다.

먼저 서울에 특별 조사과 학교를 설립하고 각 군부대에서 교육생을 선발했다. 교육 기간은 1개월이었으며 육해군 장교 41명이 차출됐다. 특별 조사과 학교는 1948년 9월 27일부터 1948년 10월 30일까지 한 달간 운영됐다. 김안일 육본 정보국 초대 특별 조사과장, 김창룡 전 특무대장 등이 이때 교육을 이수했다.

이처럼 1948년 12월 미 방첩대가 한국을 떠날 시점에 우리나라에는 대한관찰부와 육본 정보국 특별 조사과라는 두 개의 정보기관이 설립되어 있었다. 그에 따라 미 방첩대 기능은 인수 준비를 마친 대한관찰부로 1차 이관됐다.

그러나 국회 인준 실패에 따라 1948-1949 회계 연도에 책정된 대한관찰부 예산이 소진되면서 대한관찰부는 1949년 2월 활동을 종료했다. 그 결과 짧은 기간 대한관찰부가 넘겨받은 미 방첩대 기능은 다시 육본 정보국 특별 조사과로 넘겨졌다.

육본 정보국에서 미 방첩대 기능을 인수한 데는 여순 사건도 큰 영향을 미쳤다. 대한관찰부 요원들이 미 방첩대 업무를 인수하기 위해 전국 각지의 미 방첩대로 배치되기 시작하는 시점인 1948년 10월 19일 여수시에 주둔하고 있던 14연대 군인들이 제주 4·3사건 진압 명령을 거부하고 무장 반란을 일으켰다.

대한민국 정부가 수립된 지 불과 2개월 지난 시점에 일어난 이 사건은 국정 운영에 많은 영향을 미쳤다. 체제 전복이 우려되는 국가 비상사태를 맞아 계엄령이 선포됨으로써 군이 국내 치안 질서 확보의 중심 세력으로 부상했다. 군내 좌익을 색출하는 숙군 작업도 대대적으로 전개되면서 방첩대의 비중이 커져 갔다.

이처럼 계엄령 선포에 따라 군이 행정사법권을 장악하자 1948년 12월 말 한국 철수가 예정되어 있던 미 방첩대로서는 그 기능을 실질적 권한을 행사하고 있던 한국군 방첩대에 이관할 수밖에 없었다.

1948년 10월 대한관찰부로 인계된 기능이 1949년 3월 이후 대한관찰부의 해체에 따라 다시 한국군 특별 조사과에 이관된 것이다.

정부 수립부터 대한관찰부 설립과 해체, 한국군 특별 조사과 설치, 미 방첩대 철수 등으로 이어지는 일련의 시계열을 도표로 정리하면 다음과 같다.

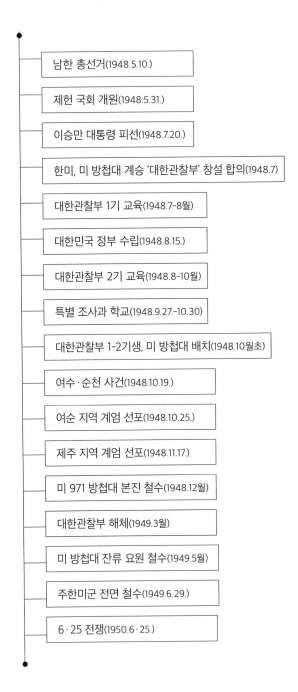

남한 총선거(1948.5.10.)

제헌 국회 개원(1948.5.31.)

이승만 대통령 피선(1948.7.20.)

한미, 미 방첩대 계승 '대한관찰부' 창설 합의(1948.7)

대한관찰부 1기 교육(1948.7-8월)

대한민국 정부 수립(1948.8.15.)

대한관찰부 2기 교육(1948.8-10월)

특별 조사과 학교(1948.9.27.-10.30)

대한관찰부 1-2기생, 미 방첩대 배치(1948.10월초)

여수·순천 사건(1948.10.19.)

여순 지역 계엄 선포(1948.10.25.)

제주 지역 계엄 선포(1948.11.17.)

미 971 방첩대 본진 철수(1948.12월)

대한관찰부 해체(1949.3월)

미 방첩대 잔류 요원 철수(1949.5월)

주한미군 전면 철수(1949.6.29.)

6·25 전쟁(1950.6·25.)

국무총리 직속 정보기관
「사정국」 직제

　　대한관찰부 창설 요원에 대한 교육이 완료되어 971 방첩대와의 업무 인수인계 작업이 시작된 것은 1948년 10월초였다. 이와는 별도로 1948년 12월 21일 국무총리 직속으로 사정국(司正局)을 설치하는 사정국 직제 초안이 완성되었다고 국제신문에 보도됐다.

　　이 보도에 한 달여 앞서 그해 11월 24일 국무 회의에서 사정국 설치에 관한 직제안을 심의하였으나 내무부와 법무부 간의 의견 차이로 통과되지 못했다.

　　당시 유진오 법제처장은 "대통령의 지시를 받아서 내무부·법무부·법제처 합의하에 사정국 직제안을 기초한 것은 사실이다. 국무총리 직속 기관으로 미국 연방 수사국(FBI)과 유사한 기관이다"고 언론에 공개했다.

　　한편, 이승만은 다음 해인 1949년 2월 25일 '사정국 요원에게 사법경찰권을 부여하지 말고 단순 정보 수집 임무만을 담당토록 하며, 7개 과를 3-4개 과로 줄이라'는 극비 지시를 내렸다(박성진·이상호, 2012: 91).

　　이런 과정을 거쳐 1949년 3월 3일 사정국 직제안이 대통령령 제61호로 관보에 게재됐다. 직제안에 따르면 사정국은 국무총리 보조 기관으로서 내란·외환 관련 정보 수집, 기타 특명 사항을 수행하는 것이 주요 임무였다.

직제안이 발표된 이튿날인 3월 4일 이승만은 기자 회견을 통해 'CIC 라는 기관은 어느 나라 정부에나 다 있는 것이다. 특히, 우리나라에서 는 이북 관계와 이남의 치안 관계로 보아 CIC의 존재는 매우 필요한 것 이므로 이것을 사정국으로 하여 앞으로도 존치시키게 될 것인데 일간 이에 대한 직제가 정식으로 공포될 것이다'고 설명했다(서울신문, 1949.3.5.자).

국회가 1949년 1월 21일 대한관찰부 해산 촉구 결의안을 채택하고, 예산 지원을 중단시키자 대한관찰부가 해체된 후 대한관찰부 기능을 계승하는 기관으로 사정국을 운영하겠다는 방침을 밝힌 것이다.

하지만 국회가 사정국 역시 이승만의 사적 기관이라고 비난하며 계속 반발함에 따라 사정국을 설치하려는 계획도 무산됐다.

이승만은 1949년 5월 31일 열린 제54회 국무회의에서 사정국 폐지를 의결했다. 대신, 30명 정도의 우수한 인재를 내무부에 배치해서 대통령 및 국무총리 특명 사항을 취급토록 하라는 지시를 내렸다.

그 후 기존의 사정국은 내무부 치안국 산하 수사 지도과로 흡수됐다 (동아일보, 1949.6.9.자). 이로써 대한관찰부에서 시작된 1공화국의 순수 민간인으로 구성된 국가 정보 기구 창설 시도는 완전히 실패했다.

1949년 6월 17일 열린 기자 회견에서 이승만은 '국회 의원들은 사정국 을 대통령이 사적으로 통제하고 있다고 주장한다. 나는 이 기관이 정부 의 다른 기관들과 협력하고 있다는 점을 보여 주려 했지만, 이 조직이 현재 완벽한 상태에 있는 것은 아니기 때문에 이 조직을 폐지하는 대신 내무부의 통제하에 두는 방안을 고려하고 있다.'고 사정국 폐지 배경을 밝혔다(국사편찬위, 1996: 70).

한 권으로 읽는 국정원법 이야기

사정국 직제

제1조 사정국은 국무총리의 보조 기관으로서 좌(左)의 사항에 대한 정보 수집에 관한 사항을 관리한다.

1. 내란에 관한 사항

2. 외환에 관한 사항

3. 기타 특명 사항

제2조 사정국에 국장을 둔다. 국장은 국무총리의 명을 받아 局務를 장리하며 소속 공무원을 지휘 감독 한다. 국장은 이사관으로 보한다.

제3조 사정국에 국장 이외에 좌의 공무원을 둔다. 조사관, 서기관, 기정, 조사원, 주사, 기사, 통역사, 서기

제4조 국장은 소속 공무원의 진퇴 상벌에 관하여 국무총리에게 상신한다.

제5조 조사관과 조사원은 상사의 명을 받아 정보 수집에 관한 사무를 담당한다.

제6조 서기관, 주사 및 서기는 상사의 명을 받아 사무를 담당한다.

제7조 사정국에 총무과, 지도과, 조사과 및 통신과를 둔다. 과장은 조사관, 서기관 및 기정 중에서 보한다.

제8조 총무과에서는 좌의 사항을 분장한다. 대통령령 제5호 각 부처 직제 통칙 제3조 제1호 내지 제10호에 게기한 사항 및 국내 타과에 속하지

않는 사항

제9조 지도과에서는 좌의 사항을 분장한다.

1. 소속 직원에 대한 교육 및 훈련에 관한 사항

2. 교재용 서적과 기타 간행물에 관한 사항

제10조 조사과에서는 좌의 사항을 분장한다.

1. 내란에 관한 사항

2. 외환에 관한 사항

3. 대통령 및 국무총리의 특명에 의한 특별 조사 사항

4. 감식에 관한 사항

제11조 통신과에서는 유선 통신 및 무선 통신에 관한 사항을 분장한다.

제12조 지방에 필요에 의하여 지방 분국을 둘 수 있다. 지방 분국에 관하여는 따로 대통령령으로 정한다.

부칙 본령은 공포한 날로부터 시행한다.

장면 정부의 정보부
「중앙정보연구위원회」 규정

김종필이 1961년 6월 10일 창설한 중앙정보부 이전 이승만 정부 시기 이미 중앙정보부란 이름을 쓰는 정보 조직이 있었다. 그 경위를 보면 이렇다.

'웨인 넬슨'이란 미국인이 1958년 봄 갑자기 김정렬 국방장관(1957.7-1960.4간 재임)을 찾아왔다. 그는 전임 김용우 국방장관(1956-1957.7간 재임)과 미 중앙 정보국(CIA, Central Intelligence Agency) 알렌 덜레스 국장(1953-1961간 재임) 사이에 정보 협력 협정이 체결되어 있는 사실을 환기시켰다. 그러면서 그는 한국에 미 CIA 지부를 설치하겠다는 의사를 밝혔다.

당황한 김정렬은 대통령에게 이 사실을 보고하자 이승만은 "CIA는 못된 놈들이야. 조심해!"라고 못마땅해하면서도 협정서가 교환되어 있는 만큼 CIA 요구를 묵살하기는 어렵다는 뜻을 밝혔다(김정렬, 2010: 191~192).

이렇게 해서 미 CIA 한국 지부가 1958년 봄 주한 미국대사관 내에 설치되고, CIA 한국 지부장은 미 대사관 참사관이라는 대외명칭으로 활동을 시작했다.

미 CIA는 한국 지부 설치가 완료되자 한국 정부 내 협력 창구 개설을 요구했다. 그에 따라 김정렬은 1958년 여름 국방장관 직속으로 중앙 정보부를 창설하고 육·해·공군에서 장교 20명과 하사관 20명, 총 40명을 선발해서 충원했다.

책임자인 중앙 정보부장에는 이후락 준장을 앉혔다. 이후락은 주미 한국대사관 무관(1955-1957)을 지내고 돌아와서 적절한 보직을 찾지 못해 고민하고 있었다. 중앙 정보부 사무실은 남산의 연합 참모 본부 건물에 마련됐다.

이때 중앙정보부란 명칭을 정식 사용한 것이다. 그 이전 1948년 11월 30일 공포된 국군 조직법(4조)에도 대통령 직속으로 최고 국방위원회와 그 소속 중앙 정보국을 둔다고 규정하고 있었으나 실제로 설치되지는 않았다.

조직이 안정되어 가자 이후락은 중앙 정보부 명칭을 '79부대'로 바꿀 것을 김정렬 장관에게 건의했다. 비밀 정보기관에 걸맞게 위장 명칭을 사용해야 한다는 명분이었다.

이를 수용한 김정렬은 나중에 '79'란 숫자가 이후락의 군번 10079의 끝자리에서 따온 숫자라는 것을 알게 됐다.

그 후 이후락의 중앙 정보부는 미국 측에 북한 정보를, 미 CIA 측에서는 동구 공산권 정보 등 국제 정보를 한국 측에 제공하는 방식으로 운영됐다.

김정렬 장관은 1960년대부터 매주 두 번 열리던 국무회의에 이후락 부대장이 참석해서 10분 정도씩 국제 정세를 보고하도록 조치했다. 이 브리핑은 4·19 후 허정 과도 정부를 거쳐 민주당 정권 때까지 이어졌다

(조갑제, 1988: 268).

이후락을 국방부 장관 직속 중앙 정보부장(79부대장)으로 추천한 인물은 당시 연합 참모 본부 의장 유재홍 중장이었다.

유재홍이 교육총본부 총장으로 재직할 때 이후락이 비서실장을 역임한 인연 등으로 이후락은 유재홍의 사람으로 분류되고 있었다. 자연히 유재홍과 함께 육군을 이끌고 있던 송요찬 중장 계열로부터는 따돌림을 받았다.

이후락은 주미 한국대사관 무관(1955-1957)을 마치고 돌아와 당시 연합 참모 본부 의장으로 있던 유재홍을 찾아가 제1군 사령부 참모장에 보임해 달라고 청탁했다.

제1군 사령관은 송요찬이었고 박정희 소장이 참모장을 맡고 있었다. 하지만 유재홍이 생각하기에 계급이나 자질 면에서 박정희를 밀어내고 이후락을 앉히기는 어려웠다.

입장이 곤란해진 유재홍은 고민 끝에 김정렬 국방장관을 찾아가 이후락의 보직을 부탁했다. 유재홍은 김정렬의 일본 육군사관학교 후배였을 뿐 아니라 부친과 조부(祖父) 세대부터 집안끼리 친밀하게 교류해 온 형과 아우와 같은 사이.

김정렬은 개인적 인연을 생각해서 유재홍의 부탁을 들어주지 않을 수 없었다.

뿐만 아니라 이후락이 영어와 국제 정세에 능통하고, 3년 동안 주미 한국대사관의 무관을 마치고 막 귀국해서 미국과의 관계도 좋아 이후락을 최적임자라고 보고 79부대장에 임명했다(김정렬, 2010: 193~194).

유재홍을 고리로 김정렬과 연결되는 인간관계와 이후락의 정보 전문성이 감안된 인사였다.

이후락은 6·25전쟁을 전후해서 육군 본부 정보국 전투 정보과장, 차장 등으로 일하며 정보 경력을 쌓았다.

박정희로부터 전투 정보과장 자리를 물려받은 인물이 이후락이었다.

박정희는 남로당에 가입한 혐의로 1948년 11월 11일 체포되어 한 달여간 조사를 받은 후 풀려나 피의자 신분으로 1948년 12월 말 전투 정보과장에 취임했다. 당시 백선엽 정보국장의 배려였다.

그 후 박정희는 1949년 2월 고등 군법 회의에서 사형 구형에 무기 징역과 파면, 급료 몰수형을 선고받고, 재판 설치장관 이응준 육군 총참모장의 확인 과정에서 징역 10년으로 감형됨과 동시에 형의 집행을 면제받았는데 1949년 4월 7일 육군 본부로부터 정식 파면을 통고받았다 (전인권, 2006: 107).

박정희가 파면된 후 이후락이 전투 정보과장으로 임명됐으나 이후락도 잠시 근무하다 유양수에게 넘겨줬다. 박정희는 파면된 후 이후락과 유양수 밑에서 문관으로 일했다.

이후락이 미국에서 귀국한 직후인 1958년 봄 미 CIA 한국지부가 개설되고, 그해 여름 CIA 한국협력 창구인 79부대가 설립된 데 이어, 당시 국방장관과 연합 참모 본부 의장의 합의로 이후락을 79부대장에 임용하는 과정을 보면 이후락을 중심으로 한미 정보 협력 관계가 형성되는 흐름을 읽을 수 있다.

79호실이 만들어진 후 유재홍 연합 참모 본부 의장이 이승만 대통령의 명을 받아 금문도 사건(1958.8-10)을 조사하러 갈 때, 유재홍을 수행한 이후락은 유재홍의 정보 판단에 큰 도움을 줬다.

이후락과 유재홍은 자유 중국을 방문하기 전 홍콩에 먼저 들러 영국군 정보 책임자를 만나 중공이 자유 중국 땅 금문도를 실제로 점령하려는 의도에서 대대적인 폭격을 가하고 있는 것인지, 아니면 자유 중국에 심리적 위협을 주려는 심리전 차원인지 탐문했다.

영국군 정보 책임자는 중공 내부에서 발간되는 신문에 금문도 폭격이 조그맣게 취급되고 있는 사실 등 여러 정보를 제시하며 심리전 차원으로 보았다. 이후락과 유재홍도 그의 판단이 신빙성이 높아 보였다.

이에 자유 중국 공항에 내리자마자 유재홍은 기자들에게 "만약 중공군이 금문도를 공격하면 우리는 38선 이북으로 쳐들어가겠다"고 호언했다. 중공군이 금문도를 공격하지 않을 것으로 보고 큰소리를 친 것이다.

그 발언 후 유재홍은 국내신문으로부터 많은 비난을 받았으나, 이승만 대통령은 오히려 "여보게, 잘했어, 잘했어. 그러나 더 이상 더 신문에 얘기하지 마."하면서 칭찬해 주었다고 한다(유재홍, 1994: 367~369).

정보와 전략이 효율적으로 결합될 때 촉발되는 시너지 효과에 대한 격려였다.

1960년 4·19 혁명으로 이승만 정부가 무너지고 제2공화국이 출범했다.

의원 내각제 헌법을 채택해서 대통령은 외교에 책임을 지고 행정의 실권은 국무총리가 가지고 있었다.

장면은 1960년 8월 19일 국회에서 국무총리로 선출됐다.

1961년 5·16으로 물러날 때까지 9개월여간 행정권을 장악한 행정부의 수반이었다. 정부를 조직하고 정부 요직에 앉을 인물들을 임명할 수 있는 권한을 가진 실세 총리였다.

그는 미 CIA 한국 지부장 드 실버(Peer de Silva)의 요청으로 국무총리 직속 기관인 중앙정보연구위원회를 만들게 된다. 그와 함께 책임자인 연구실장 자리에 이후락을 앉혔다.

이후락은 1961년 1월 육군 소장 예편과 함께 임용됐다. 창설 당시의 배경에 대해 장면 총리의 최측근이었던 선우종원은 1992년 8월 동아일보 김충식 기자에게 이렇게 설명했다.

> 장 정권이 이후락 씨를 정보 책임자로 기용한 것은 미국의 입김 때문이었다. 더 정확하게 말하면 미 CIA 한국 지부장 드 실버가 장 박사에게 압력을 넣었던 것이다. 드 실버는 민주당 정권이 들어서자 정보 기구의 신설이 필요하다는 점을 역설하면서 '대북 정보는 모두 우리 미국이 댄다. 조직에 필요한 비용을 포함해 모든 것을 지원하겠다'고 했다. 그리고 딱 한 가지 덧붙인 게 '이후락을 그 책임자로 앉히라'는 것이었다. 하루는 장 박사가 당시 조폐 공사 사장을 맡고 있던 나에게 이후락이라는 군인이 어떤 사람인지 알아봐 달라고 했다. 그래서 나는 인물평이 정직한 김정렬 장군(59년 국방장관, 87년 국무총리)을 찾아가 물었다. 그랬더니 김씨는 '힘센 곳에 잘 붙는 형편없는 군인'이라고 부정적으로 평가했다. 그러한 평판을 곧 장 박사에게 보고했으나 결국 장 박사도 이후락을 연구실장으로 들어앉히게 되었다. 미국의 드 실버가 철저히 백업 한 때문이었다(김충식, 1992: 37).

장면이 미국의 압력에 밀려 이후락을 임명한 배경은 당시 총리 비서실장이었던 김홍한 변호사도 증언을 남겼다.

이후락 씨는 주미 대사관 무관 출신인데, 1961년 초 미국 CIA의 추천으로 장 총리가 중앙정보연구위원회 연구실장으로 임명했어요. 그는 국무 회의가 끝나면 대기했다가 당시 급박했던 캄보디아와 월남 정세 등을 설명하곤 했지요. 임명 직후 내가 장 총리에게 물어보았어요. '이후락이 괜찮겠습니까?' 장 총리가 말씀하기를 '응, 미국이 좋다고 해서 시켰어.' 다시 내가 말했어요. '그래도 정보기관 책임자인데, 그 사람을 잘 모르시잖습니까. 그 밑에라도 우리가 아는 좋은 사람을 두는 게 좋겠습니다.', '그러면 그렇게 하도록 해'라고 말씀하시는 겁니다. 그래서 주변에 수소문한 끝에 강직하다는 평판을 받던 해군 중령 출신의 모 인사를 임명토록 했지요(정대철, 2001: 63).

당시 육군참모총장이던 최경록 역시 같은 취지의 증언을 남겼다. "나는 당시 이후락 준장을 중앙정보연구위원회 실장으로 임명하겠다는 장면 총리의 지시에 안 된다고 거절했어요. 이후락은 인물도 아닐 뿐더러 현역이기 때문에 안 된다고 그랬던 겁니다. 그러나 장 총리는 미국의 요구라면서 계속 이후락의 임명을 고집하셨어요. 그래서 나는 조건을 내세웠지요. '정 그렇다면 이후락을 예편시켜서 데려가십시오.' 그래서 결국 이후락은 소장 예편과 함께 중앙정보연구위원회 실장으로 임명된 것입니다(정대철, 2001: 64)."

1960년 11월 16일 제정된 중앙정보연구위원회규정(국무원령 제98호)은 "행정각부, 처에 긍(亘)한 국가 안전에 관련되는 내외 정보를 종합적으로 연구, 검토하기 위하여 국무원에 중앙정보연구위원회를 둔다."(제1조)고 했다.

그러나 국가 안전 관련 국내외 정보를 종합·연구·검토하는 이외 군·검·경 등의 부문 정보 기구를 통합·조정하는 권한이 없었다. 미완의 국가 정보 기구였다.

중앙정보연구위원회가 소속된 국무원은 1-2 공화국 때 존속했던 정부 기구였다.

대통령제인 1공화국 때는 대통령, 내각 책임제였던 2공화국 때는 국무총리의 권한에 속한 중요 국가 정책을 의결하는 행정 기관이었다. 3공화국부터 국무 회의로 개칭됐다.

중앙정보연구위원회는 국무총리를 위원장으로, 외무·내무·재무·법무·국방장관과 국무원 사무처장을 위원으로 구성됐다.

비공개로 회의를 열었는데 1급 상당의 연구실장과 이사관 직위의 부실장을 두고, "연구실은 개인·단체 또는 정파의 이익을 위한 정보 수집이나 조사를 할 수 없으며 어떠한 범죄 수사에도 관여하지 못한다."(제12조)고 직무 범위를 한정했다.

사무실은 남산 북쪽 숭의여고 인근의 일제 때 통신부대가 있던 곳에 잡았다. 서울 중구 예장동 4번지가 정식 주소. 사무실 외부에는 '예장동 4번지'라고 문패를 달았다.

이후락은 서울대에만 한정해서 영어, 독어, 불어 등 외국어에 능통하고 성적이 좋은 졸업생 40여 명을 추천받아 면접을 거쳐 최종 20명을 뽑았다(김충식, 1992: 32). 몇 명의 대령급 정보 장교들과 새롭게 임용한 직원들이 업무를 시작했다.

「중앙정보연구위원회 규정」 전문

[시행 1960. 11. 16.] [국무원령 제98호, 1960.11.16., 제정]

제1조 (목적)　행정각부, 처에 긍한 국가 안전에 관련되는 내외 정보를 종합적으로 연구, 검토하기 위하여 국무원에 중앙정보연구위원회(以下 委員會라 한다)를 둔다.

제2조 (위원회의 조직)　위원회는 국무총리를 위원장으로 하고 국무원 사무처 사무처장, 외무부장관, 내무부장관, 재무부장관, 법무부장관 및 국방부장관을 위원으로 한다.

제3조 (위원장의 직무와 그 대행)　① 위원장은 위원회를 대표하며 위원회의 사무를 총괄하고 소속 공무원을 지휘 감독 한다.

② 위원장이 사고가 있을 때에는 전조에 열거된 순위에 따라 위원이 그 직무를 대행한다.

제4조 (위원회의 소집)　위원회는 위원장이 이를 소집하고 그 의장이 된다. 위원은 위원장에게 회의의 소집을 요구할 수 있다.

제5조 (회의의 비공개)　위원회의 회의는 공개하지 아니한다. 단, 위원회의 결의가 있을 때에는 예외로 한다.

제6조 (위원회에서의 출석 발언)　위원회의 연구 사항에 관련 있는 행정각부 장관 기타 국무 위원은 회의에 출석하여 발언할 수 있다.

제7조 (위원회의 의견 청취)　위원회는 그 회의에 학식 경험이 있는 자를

초청하여 의견을 청취할 수 있다.

제8조 (보조 기관) 위원회의 사무를 보조하게 하기 위하여 국무원 사무처에 연구실을 둔다.

제9조 (동전) 연구실에 실장 1인과 부실장 1인을 둔다.
실장과 부실장은 위원회의 동의를 얻어 위원장이 임명한다.
실장은 1급 공무원으로 하고 부실장은 이사관으로써 보한다.

제10조 (실장, 부실장의 직무) 실장은 위원장의 명을 받아 위원회의 사무를 처리하며, 소속 공무원을 지휘 감독 한다.
부실장은 실장을 보조하고, 실장 유고 시에는 그 직무를 대행한다.

제11조 (정원) 연구실에 실장, 부실장 이외에 예산의 범위 내에서 필요한 공무원을 두되, 그 종류와 정원은 위원회의 의결을 거쳐 위원장이 정한다.

제12조 (직무 범위) 연구실은 개인, 단체 또는 정파의 이익을 위한 정보 수집이나 조사를 할 수 없으며, 어떠한 범죄 수사에도 관여하지 못한다.

제13조 (처무 규정) 연구실의 처무 규정은 위원회의 의결을 거쳐 위원장이 정한다.

부 칙 〈국무원령 제98호, 1960.11.16.〉

1961년 5월 16일 정변이 일어나던 그날, 군사혁명위원회는 잇따라 포

한 권으로 읽는 국정원법 이야기

고문을 발표했다. 포고 제4호가 장면 정권 인수 신언이었다. 포고 제1호는 비상계엄 선포, 2호는 금융 동결, 3호는 공항·항만 봉쇄였다.

포고 제4호의 전문은 다음과 같다.

조국의 현실적인 위기를 극복하고 국민의 열망에 호응키 위하여 다음 사항을 포고한다.

1. 군사혁명위원회는 1961년 5월 16일 오전 7시를 기하여 일체의 장면 정권을 인수한다.
2. 현 민의원, 참의원, 지방 의회는 1961년 5월 16일 오후 8시를 기하여 해산한다. 단, 사무처 요원은 존속하라.
3. 일체의 정당 및 사회단체의 정치 활동을 금지한다.
4. 장면 정권의 전 국무 위원과 정부 위원은 체포한다.
5. 국가 기구의 일체의 기능은 군사혁명위원회가 이를 정상적으로 집행한다.
6. 모든 기관 시설의 운영은 정상화하고 여하한 폭력 행위도 이를 엄단한다.

이 포고문에 따라 장면 정권의 정보부장이었던 이후락도 체포됐다. 그가 5월 20일까지 최영택을 접촉했던 것으로 미루어 체포 시점은 5월 21일경으로 보인다.

5월 19일 최영택은 중앙 정보부 창설을 주도하고 있던 김종필로부터 중앙정보연구위원회를 인수하라는 지시를 받았다.

연합 참모 본부에서 이후락을 상관으로 모신 인연이 있던 최영택은 이후락에게 전화를 걸어 "최영택 중령입니다. 이젠 군사혁명이 성공 단계로 들어가고 있습니다. 저희들이 중앙정보부를 창립하려고 하는데 도와주십시오."라고 하자, 이후락은 "아, 협조하지요."라며 흔쾌히 응했다.

이어 중앙정보연구위원회를 인계해 주면 좋겠다고 하자 "언제든지 좋다"고 했다.

그에 따라 최영택은 다음 날(5.20) 오후 1시 30분 명동 사보이호텔 지하 다방에서 이후락을 만나 인수 문제를 협의했다.

이후락은 "우리는 사실 그동안 본격적으로 활동하지 못했어요. 현재까지는 미국 CIA와 정보를 교환하는 일만 했습니다. 다 인계해 드리겠습니다. 내일 오후 3시에 우리 사무실에서 만납시다." 하고 약속했다.

다음 날(5.21) 최영택은 남산에 있는 중앙정보연구위원회 사무실로 업무를 인수하러 갔다. 그런데 이후락은 보이지 않고 육군 소장인 차장과 해군 대령인 국장이 업무를 인계해 주겠다고 했다.

그사이 이후락이 체포되어 간 것이다.

CIA 요원이라고 신분을 밝힌 두 미국인이 나타나 지켜보는 가운데 최영택은 인수인계서에 도장을 찍었다(조갑제a, 2006: 224~226).

김충식 기자는 그때 이후락을 체포해 간 사람은 중앙정보부 창립 후 서울지부장을 지낸 이병희였으며, 중앙정보연구위원회는 이후락이 잡혀가자 곧바로 '5·16 제3부대'로 간판을 바꿔 달았다고 취재했다(김충식, 1992: 35).

이어 직원들은 신설 중앙정보부의 직원으로 흡수됐는데, 편입된 후 '예장회'란 사적 모임을 만들어 친목을 유지해 온 것으로 알려지고 있다.

2장

박헌영 간첩 사건과
북한 대남공작 변화

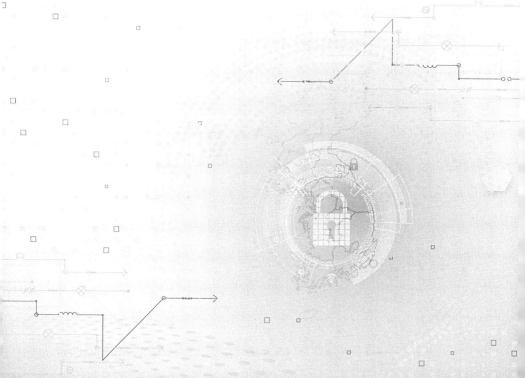

박헌영 간첩 사건의 대남공작사적 의의

김일성은 6·25 전쟁이 끝나자마자 박헌영, 이승엽 등 남로당 계열을 간첩으로 몰아 숙청했다.

국제적으로는 소련의 스탈린이 사망하고, 스탈린 독재 체제의 중심축이었던 베리야(Laurentii Pavlovich Berija)가 영국 정보기관 간첩 혐의로 처단됨으로써 해방 후 공고화된 북한-소련 관계에 틈이 생기기 시작하는 시점이었다. 북한 내부적으로도 전쟁 실패에 대한 책임론이 부상하고 있었다.

그즈음 김일성은 박헌영 일파에게 간첩죄, 정부 전복 음모죄, 남한 전복 역량 파괴죄를 뒤집어씌워 일거에 제거했다.

그때부터 북한 대남공작의 중심축이었던 남로당 세력이 거세되고 김일성이 대남공작의 전권을 행사하는 시기로 접어든다.

김일성이 대남공작 부문을 장악한 이후 그 이전과는 다른 양상들이 나타났다. 남로당 계열이 와해됨으로써 대남공작의 틀을 새롭게 짜야만 했던 것이다.

그럼에도 박헌영 일파 간첩 사건이 대남공작에 미친 영향에 대해 연구한 글을 찾아보기 어렵다. 연구 자료의 제한이 연구의 궁핍을 초래한

한 권으로 읽는 국정원법 이야기

것으로 보인다.

이러한 제약요인은 냉전 종식 후 북한 정권 창출에 기여했다가 권력 투쟁에 밀려 소련으로 망명한 인물들의 증언, 대남공작원 출신들의 구술, 만주 빨치산 출신들의 증언, 미국 전략 정보국(OSS) 및 주한 미 방첩대(CIC) 정보 보고서 등 냉전 시대 비밀로 분류됐던 자료들이 공개되면서 부분적으로 해소되고 있다.

이 장에서는 냉전 종식 후 새롭게 발굴된 자료들을 바탕으로 북한 내부에서 전개된 대남공작을 둘러싼 암투와 파쟁, 박헌영 일파 간첩 사건 전개 과정과 그 사건이 대남공작에 미친 영향 등을 살펴보기로 한다.

정부수립 후 한국 정보기관의 최우선적 정보 목표가 북한의 위협으로부터 국가 안전과 국민 생명을 보호하는 데 있었다는 점에서 이러한 연구는 현재 활동하고 있는 한국 정보기관들이 가지는 한국적 특징, 즉 외국 정보기관과는 차별적인 한국적 국가 정보의 특성을 이해하는 데 유용할 것이다.

해방 직후 김일성·박헌영계
정보 공작 라인의 형성

소 MGB와 제88특별정찰여단의 북한 진출

해방 후 북한 지역에는 국가보안부(MGB) 북한지부가 설치됐다. 국가보안위원회(KGB) 전신인 MGB 북한지부는 사실상 소련군 사령부를 통제하는 정보기관이었다(김국후, 2013: 40).[1]

대외적으로 '정치고문단'이라는 조직명을 쓰고 있던 MGB 북한지부의 책임자는 발라사노프(Gerasim Martynovich Balasanov)였다. 그 밑에 김이노겐치, 남세명 등 재소 한인 요원들이 파견되어 일했다.

서울에도 해방 이전부터 MGB 요원들이 진출해 있었다. 서울 주재 소련 총영사관 부영사라는 직책으로 신분을 위장하고 있던 샤브신(Anatoli Ivanovich Shabshin)이 MGB 요원이었다.

샤브신은 1939년 소련 총영사관이 개설될 때부터 서울에 들어와서 활동했다. 그는 1946년 7월 북으로 올라가 MGB 북한지부의 부책임자가 됐다. 샤브신의 부인 파냐 샤브시나(일명 '샤브신 쿨리코아') 역시 MGB

---

1 소 25군 사령관 등 소군정 간부들의 통역관이었던 박길룡(북한 외무성 부상 역임)의 증언.

요원으로 샤브신이 수집한 정보를 정리해서 모스크바에 보고하는 임무를 맡고 있었다.

한반도에 진출한 MGB의 임무는 한반도에 소련식 사회주의 국가를 세우는 것이었다. 이 점에 대해 샤브시나는 "해방 직전은 물론 해방 후 우리의 임무는 조선에 소련식 사회주의 국가를 이식하는 것이었다. 우리는 이를 위해 박헌영을 비롯한 많은 사회주의 인사들을 포섭, 혁명 사업에 투입하였으며 MGB 요원들을 비밀리 서울에 대거 내려보내 좌익 계열 인텔리들을 접촉해 관계를 맺게 했다."고 증언했다(중앙일보특별취재반, 1993: 400-401).

샤브시나의 증언에 따르면 샤브신은 해방 후 북으로 올라갈 때까지 11개월 동안 매일 한두 차례씩 박헌영을 만나 정세를 함께 분석하고 공산당 활동 방향을 상의했으며, 모스크바 중앙당의 지침을 박헌영에게 시달하기도 했다(중앙일보 특별 취재반, 1992: 281-285).

이처럼 박헌영이 MGB의 조정을 받고 있을 때, 김일성은 북한 주둔 소련군의 지원을 받고 있었다. 소련군은 북한을 점령하자마자 북한 전역에 경무 사령부를 설치했다.

해방 직후 제88특별정찰여단(약칭 '88여단')의 중국인, 한인들은 만주와 북한 각 지역에 설립된 경무 사령부에서 소련인 사령관을 도와 지역사회 질서를 유지하고 주민 사이에 소련의 영향력을 강화시키라는 임무를 부여받았다.

88여단은 2차 대전 때 소만국경을 관할하던 소련군 정찰 부대가 만주에서 일제 토벌에 쫓겨 넘어온 중국인, 한인들을 규합하여 1942년 8월 1일 창설한 부대였다. 88여단 출신들은 과거 공작했던 지역이나 출신지를 기준으로 해당 지역 경무 사령부의 부사령관에 배치됐다.

여단장 주보중은 장춘, 부여단장 장수전은 하얼빈, 김일성과 김책은 평양 및 함흥의 부사령관을 맡았다. 김일성이 귀국하면서 소련군으로부터 부여받은 공식 직함은 평양 주둔 경무 사령부 부사령관이었다.

김일성은 1945년 9월 19일 일행 60명과 함께 원산으로 입국하여 원산시 경무 사령관 쿠추모프의 환영을 받았다. 원산에 잠시 머무른 후 평양에 도착한 일행은 각자 배정된 지역으로 파견됐다.

이때 지방에 파견된 88여단 출신들은 1945년 11월 정치 군사 간부 양성을 위한 평양학원이 설립되는 시점에 일부는 평양으로 돌아오고, 나머지 상당수는 1948년 2월 인민군이 발족되면서 평양으로 귀환했다(박병엽 구술, 유영구·정창현 엮음, 2014: 54).

평양학원은 당·정·군 간부들의 사상·정치·군사 교육을 목적으로 1946년 2월 설립됐다. 노어 중대, 항공 중대, 대남반 등으로 구분해서 교육했는데, 대남반 졸업생들을 대남 간첩으로 직접 침투시키기도 하고, 일부는 대남 유격대원을 양성하는 부서에 배치하기도 했다(장준익, 1991: 49).

김일성 직계 대남공작 거물 성시백

박헌영의 지하 활동은 그가 북으로 올라가는 1946년 10월 6일을 기점으로 그 이전과 이후로 구별된다.

월북 이전 박헌영과 김일성 사이에는 미군정의 감시를 피해 비밀리 소통할 수 있는 창구가 필요했다. 이 시기 좌파를 대표하는 조선 공산당의 본부가 서울에 있었고, 남한 좌파의 헤게모니는 샤브신의 조정을 받는 박헌영이 쥐고 있었다.

박헌영은 모스크바 삼상 회의 직후인 1945년 12월 28일 비밀리 방북, 김일성과 소군정 지도자들을 만나 공동 대응 방향을 논의한 다음 1946년 1월 1일 서울로 돌아왔다.

이때 박헌영은 남북 공산당 사이에 긴밀한 연락이 필요하다는 점에 공감하고, 남북 연락 거점(비밀 거점)을 38선 인근의 개성, 연천, 양양 등에 설치할 것을 김일성에 제안하여 동의를 받았다.

그 외 김일성과 박헌영은 남과 북에 각각 교역 업무를 취급하는 상사를 만들어 남북 교역을 하면서 이남 좌파를 지원하는 자금이나 비밀 문서를 오갈 수 있게 하자고 합의했다. 이에 따라 설치된 교역 상사는 1948년 2월까지 운영되며 명태, 팥 등의 농수산물을 거래했다(유영구, 1993: 89).

이처럼 해방 직후 남북 공산당 사이에는 미군정 몰래 비밀리 거래하는 연락 체계가 구축됐다.

김일성은 박헌영과 소통할 수 있는 루트를 만드는 한편, 자신이 직접 남측의 좌파를 지도·조정하는 채널을 만들었다. 이 직통 라인의 개척자가 바로 성시백이라는 인물이다.

1) 성시백 공작 행태의 특성

중앙정보부 발간 「대남공작사(제1권)」는 '북로당 남반부 정치위원회' 사건을 소개하고 있다. 북한의 김일성이 직접 지휘하고, 공작자금은 주로 대외무역에서 얻은 막대한 이윤으로 충당하여 대한민국 군대, 경찰 등 중요 기관에 프락치를 잠입시켜 기밀을 탐지하는 한편, 5·30 선거 입후보자에게 거액의 선거비를 제공하여 합법적으로 국회 잠입을 기도하였다고 설명했다.

그러면서 이 책자는 이 사건이 점조직 공작 또는 무명당(無名党) 투쟁이라고 불리고 있는데, 이는 성시백이 특수 지령과 밀봉교육을 받고 남으로 내려와 별도의 조직을 결성하지 않고 개인적 친분 관계로 접근, 기밀을 수집하여 무전으로 평양에 보고했기 때문이라고 해설했다(중앙정보부, 1972: 328-331).

이처럼 중앙정보부는 북로당 남반부 정치위원회 사건이라고 사건명을 부치고 있으나 실제로는 성시백 단독으로 전개한 사건이라는 점을 강조하고 있다. 이와 같은 중앙정보부의 관점은 1980년대 초 귀순한 대남연락부 간부 출신 박병엽의 증언과도 일치한다(정창현, 2002: 123).[2]

박병엽의 증언에 의하면,

첫째, 성시백은 유형의 조직을 가지거나 조직적 체계를 세운 일이 없었다. 북로당에서 내부적으로 '서울공작위원회'라고 부르기도 하고, 남로당 일각에서 '북로당 남조선 정치공작위원회'라고도 지칭했으나 남로

---

2 박병엽은 1949년 조선노동당이 창당되자 중앙당 사회부(현 노동당 통일전선부 전신) 지도원으로 일하다가 1953년 '박헌영·이승엽 사건'이 일어나자 대남연락부로 자리를 옮겨 이 사건을 조사하는 업무를 맡았던 인물이다. 1998년 사망한 박병엽은 생전 신경완, 서용규, 황일호, 신평길, 최종민, Q씨, S씨 등의 가명을 사용하며 남북 정치인 사이의 비공식 접촉에 대해 많은 증언을 남겼다. 박병엽이라는 실명은 국정원 기조실장을 역임한 서동만 전 상지대 교수가 자신의 저서(『북조선 사회주의 체제 성립사』, 선인, 2005, p. 37.)에서 처음 밝혔다.

당과 구별하기 위해서 그렇게 불렀을 뿐 명시적으로 붙인 조직명은 아니었다. 그 이유는 박헌영의 시비를 막기 위한 것이었다고 한다. 만일 조직적 체계를 갖추고 명칭을 가질 경우 박헌영이 시비를 걸 것을 우려했다(유영구, 1993: 15).

둘째, 성시백은 황해도 해주 출신으로 서울에서 중학을 마치고 1920년대 말에 중국으로 건너가서 학교를 다니다가 1930년대 초에 중국 공산당에 입당했다.

중국 공산당에서 그가 맡은 임무는 중국 국민당 통치 지구에서의 지하공작이었다. 그가 주로 활동하던 곳은 중국 중경이었는데 국공 합작 문제로 중국 공산당의 주은래가 그곳에 와 있었다.

이런 인연으로 성시백은 주은래와 친밀한 관계를 갖게 된다. 처음에 상해에서 활동하고 나중에 중경에서 활동한 인연으로 임시 정부 관계자들, 광복군 계통 인물들과 폭넓은 교류를 하게 되는데 이런 경력이 해방 후 그를 대남공작의 최적임자로 만들었다.

셋째, 성시백이 중국에서 부산을 거쳐 평양에 온 것은 1946년 2월이다. 평양 도착 후 성시백이 발을 들여놓은 곳은 공산당 북조선조직위원회 집행 위원회 산하의 사회부였다. 사회부는 훗날 명칭이 통일 전선부로 바뀐다. 당시 사회부장은 김응기였고 성시백은 그 밑에서 부부장격으로 잠시 있었다. 그러다가 김일성 직속의 대남연락실(5호실)이 만들어지면서 성시백이 그 부책임자로 임명됐다. 연락실장은 임해(林海)였고 부실장이 성시백이었다. 6·25 전쟁 발발과 함께 대남연락실은 해체되고 임해는 주 소련 대사로 임명됐다(중앙정보부, 1972: 101).

성시백이 평양에 와서 이처럼 중요한 일을 바로 맡게 된 것은 주은래가 직접 쓴 신임장을 갖고 왔기 때문이었다. 주은래는 '중국 공산당의 지하공작에서 상당한 공을 세운 공산주의자'라는 신임장을 써 주었고 김일성은 주은래의 신임장을 믿고 성시백에게 중책을 맡겼다(유영구, 1993: 18-19).

2) 주요 공작 사례와 성공 요인

박병엽의 증언에 따르면 성시백은 1946년 3월부터 이미 남북을 오가며 활동을 시작했다. 처음에는 박헌영과의 연락 업무와 남한 정세 파악이 주 임무였다.

그러다가 1946년 5월초 제1차 미소공위가 결렬된 후에는 남한 좌익 3당 합당 사업의 진행 실태를 상세히 파악하여 김일성에게 보고하는 임무를 맡았다.

이때 서울에서 중학을 다녔던 이력, 중국에서 임정 계통 인물들과 인간관계를 많이 맺었던 배경이 많은 도움을 줬다. 1946년 11월 23일 남로당이 창당되는 과정에서 박헌영의 독선으로 박헌영 반대파가 많이 생겼다. 성시백은 이러한 동향을 파악하여 김일성에게 직보했다.

1947년 4월 평양으로 올라가 머물다가 그해 5월 중순 부인과 함께 서울로 다시 내려와 정착하게 된다. 당시 김일성은 성시백에게 '박헌영이 차버린 사람들을 당신이 걸머쥐어 우리 당 주위로 끌어들여라'고 지시했다.

당시 성시백은 김일성에게 직접 보고하고 지시받는 위치에 있었다. 성시백의 서울 장기 거주도 김일성의 직접 지시에 따른 것이었다.

그런데 김일성은 박헌영의 남로당과 불필요한 마찰을 피하기 위해 성시백에게 '절대로 남로당 측에는 손을 대지 말라'고 지시했다.

이 과정에서 성시백이 독자적인 조직을 만들어서는 안 된다는 점을 김일성은 크게 강조했다. 박헌영을 자극하지 않으려는 의도였다. 이때까지 김일성은 대남공작의 주도권은 남로당이 가지고 있어야 한다는 원칙을 고수하고 있었다.

1946년 12월 정계 은퇴를 선언한 여운형이 평양으로 올라가 김일성을 만났다. 이때 김일성은 여운형에게 '우리가 사람을 보내 도와줄 테니 정치 활동을 계속하는 게 좋겠다'고 권유했다. 김일성으로부터 여운형을 도와주도록 지시를 받은 사람이 성시백이었다. 여운형뿐만 아니라 백남운도 평양을 방문, 김일성으로부터 같은 지시를 받았다.

1948년 2월 26일 유엔 소총회에서 '선거 가능지역에서의 총선거 실시'가 결의되고 그해 5월 10일이 남한 단독 정부 수립을 위한 총선거일로 결정됐다.

이 시기 성시백은 서울에 머무르는 북로당의 전권 대표 자격으로 성장해 있었다. 북로당의 대표성을 가지고 김일성의 지시를 받아 물 밑에서 남한의 각 정당과 지도자들을 접촉, 조정하는 역할을 맡고 있었다.

그는 남한 단독 정부 수립이 임박해 오면서 김구·김규식이 단정 수립에 반대하며 남북 협상을 추진하고 나서자 이들을 지원하는 공작을 벌였다.

김구의 개인비서였던 안우생, 김규식의 비서였던 권태양이 성시백의 간자들이었다.[3] 성시백은 김구·김규식 주변에 심어 놓은 간자들과 중국

---

3 안우생은 안중근 의사의 친동생 안공근의 아들이다.

에서부터 친분을 쌓은 임정 계통 인물들과 접촉하며 평양 남북협상 (1948.4.19.-4.30.)을 성사시키는 데 주력했다.

남한 정부가 수립된 후 성시백의 활동 반경은 더욱 넓어졌다. 1948년 10월의 여순사건으로 남로당 세력이 대거 소탕되면서 상대적으로 성시백 라인의 입지가 더욱 확대됐다.

여순사건을 계기로 남한 정부가 군대 내부의 좌익을 제거하기 시작하면서 1949년 중반에 이르러 군대 내부의 남로당 조직은 활동 불능 상태에 빠졌다.

그에 비해 군대 내부의 성시백 라인은 무형의 점조직으로 은폐되어 있었기 때문에 좌익 검거 선풍을 피할 수 있었다.

성시백이 이처럼 광범위한 공작 기반을 구축할 수 있었던 데는 자신이 스스로 무역업을 통해 거액의 활동 자금을 조달하는 한편, 「우리신문」, 「조선중앙일보」, 「국제신문」 등 언론사를 경영하며 합법적 신분을 유지했기 때문이다. 선일상사라는 무역 회사를 차려 1948년 2월까지 허용되던 남북 교역을 통해 상당 액수의 공작금을 자체적으로 마련했다.

성시백은 6·25 전쟁을 한 달여 앞두고 1950년 5월 15일 체포되어 처형됐다. 제2대 국회를 구성하기 위한 총선(1950.5.30.)을 앞두고 국회 내에 프락치를 심는 공작을 전개하다가 붙잡혔다.

이에 따라 김일성의 직접 지시를 받아 남한 정국 및 남한 군대 와해 공작 등에 많은 영향을 미친 성시백 라인은 소멸됐다. 당시 성시백과 함께 검거된 간첩이 112명에 달했던 것으로 보아 성시백의 영향력을 가늠할 수 있다.

월북 박헌영의 대남 연락 루트 개척

1) 월북 직후 대남 연락 라인 확보

해방 후 이합집산을 거듭하던 좌파는 1946년 8월 28일 평양에서 북조선노동당(북로당)으로 통합되고, 같은 해 11월 23일 서울에서 남조선노동당(남로당)이 창당되어 남북 노동당으로 재편됐다.

그 후 북한 정권이 수립된 다음 해인 1949년 6월 30일 남북 노동당은 조선노동당으로 단일화됐다. 박헌영은 미군정의 체포령을 피해 1946년 10월 월북했다.

박헌영이 월북할 전후의 주요 사건을 도표로 정리하면 아래와 같다.

사건명	발생 시기	주도 단체	비고
조선정판사 위조 지폐 사건	1946.5.4	조선 공산당	• 미군정, 공산당 불법화 계기
북조선 노동당 (약칭 북로당) 창당	1946.8.28- 30	북조선 공산당, 북조선 신민당	북조선 공산당과 신민당 합당
9월 총파업	1946.9.24	조선노동조합전국 평의회(약칭 전평)	• 10월 영남 폭동 사태 도화선
10월 영남 폭동 사태	1946.10.1	남조선 총파업 대구시 투쟁위원회	대구 폭동 등 다양한 명칭으로 불림
박헌영 월북	1946.10.6	미군정	• 박헌영 체포령 (1946.9.4., 미군정)
남조선 노동당 (약칭 남로당) 창당	1946.11.23- 24	조선공산당, 인민당, 남조선 신민당	• 1949.6.30. 남북 노동당 합당, 조선 노동당 출범

박헌영은 북으로 넘어간 후 네 가지 방면에 집중했다(유영구·정창현, 2010: 290).

첫째, 남측에서 지하활동을 하고 있는 남로당을 정치적으로 지도하는 일이었다. 38선 인근에 아지트를 만들어 이승엽·김삼룡 등 남한에 잔류하고 있던 남로당 지도부를 수시로 불러 구체적인 지침을 하달했다.

둘째, 이북에 남로당을 지원하는 거점을 만드는 일이었다. 1947년 9월경부터 해주에 삼일출판사를 설립하여 정치 선전을 담은 각종 신문, 잡지, 단행본 등을 찍어 비밀리 남측의 남로당에 배포했다.

그리고 강동정치학원을 평양 근처에 세워 남로당을 이끌어 갈 간부들을 양성했다. 남로당이 조직적으로 선발하여 월북시킨 청년들이 이 학원에서 교육받은 후 남파됐다.

김일성은 이 학원을 '박헌영 학교'라고 부르곤 했다. 박헌영은 일주일에 한 번꼴로 학원을 방문했다. 재소 한인 출신 박병률은 1947년 12월 이 학원 원장에 임명되어 6·25 직전 이 학원이 해체될 때까지 원장을 지냈는데, 이 학원의 학생 수는 적을 때는 5백여 명, 많을 때는 1천 2-3백 명이었다고 증언했다(유영구·정창현, 2010: 294).

셋째, 38선 인근에 설치한 연락소를 운영·관리하는 것이었다. 넷째, 이북의 각종 주요 행사에 참여하는 일이었다. 특히, 북로당과 남로당이 협력해야 할 일에는 박헌영이 참석하지 않을 수 없었다.

이러한 일들을 처리해 나가기 위해서는 자금이 필요했다. 박헌영은 해주에 본사를 둔 교역 상사 두 개를 북로당으로부터 인수했다.

남북교역은 자금줄이었을 뿐 아니라 연락망 구축이나 선전물을 은밀히 남측에 침투시킬 수 있어 대남공작의 중요한 수단으로 활용할 수 있었다. 그 밖에 북로당은 황해도의 금광·탄광 이권을 주어 남로당 활동 자금으로 쓰도록 했다.

2) 6·25 전쟁 중 남로당 세력의 확장

1950년 6월 28일 서울이 인민군에게 함락되자 김일성은 이승엽을 서울시 임시인민위원장에 임명했다. 그 후 점령 지역이 확대되자 각 도에는 도 임시인민위원회, 군 임시인민위원회 등이 잇따라 설치됐다.

인민군이 강점한 지역에서는 토지 개혁과 함께 의용군을 모집했다. 이승엽도 토지조사위원회를 구성해서 토지 개혁 작업을 벌였다.

1951년 1월 27일 북으로 일시 후퇴했던 인민군이 다시 서울을 침입했을 때 이승엽은 서울정치학원을 세웠다. 당의 중견 간부들을 훈련시켜 이른바 '미해방 지구'에 파견한다는 목적이었다.

서울정치학원은 1951년 8월 31일 노동당 정치위원회의 이른바 '결정서 94호' 채택을 계기로 금강정치학원으로 이름을 바꿨다.

남한 지역의 지하당 간부와 유격대의 지휘관 및 핵심 대원 1천여 명을 훈련시킬 수 있는 간부 훈련소를 설치한다는 것이 결정서 94호의 요지였다.

서울정치학원을 모체로 만들어진 금강정치학원은 황해도 서흥군 율리면에 터를 잡았다. 남한에 침투하기가 쉽고 산악 유격대 훈련을 할 수 있으며 공습을 피할 수 있는 위치를 골랐다. 설립 당시 남한 출신 9백여 명을 수용해서 교육했다.

1952년 2월 하순 제1단계 점검을 통해 남한 정치 공작원으로서 자질이 부족한 3백여 명을 추려냈다. 이들은 황해도 연백지구에서 농사일을 하고 있던 남파 예비 부대 성격의 제10지대(지대장 맹종호)로 전속됐다.

교육생들은 다시 1952년 6월 제2단계 학습을 마치고 9월부터 남파되기 시작했다. 이들의 남파는 노동당 연락부(부장 배철)에서 공작원 침투를 위해 개척한 연락소를 이용했다.

1953년 무렵 대남공작 본부인 노동당 중앙당 연락부는 배철이 부장, 박승원·윤순달·이송운이 부부장을 맡고 있었으며, 산하에 연락과, 기요과 등을 두고 있었다. 이때의 조직을 그림으로 표시하면 아래와 같다 (유영구·정창현, 2010: 343).**4**

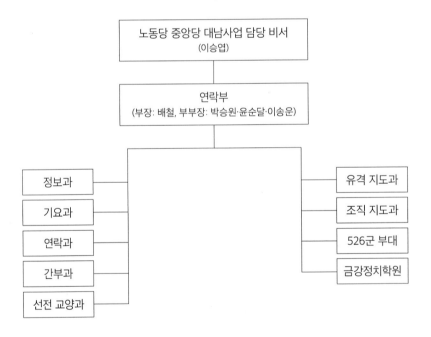

────────────

4 이 그림은 박병엽의 증언을 바탕으로 그린 것이다. 김남식은 연락부 산하에 조직 공작과, 간부과, 간부 양성과, 연락과, 유격 지도과, 정보 선전과를 두고 있었다고 증언했다.

한 권으로 읽는 국정원법 이야기

이 당시 노동당 연락부는 금상정치학원 이외 연락부 산하 부대였던 526군 부대 내에도 훈련소를 만들어 공작원을 양성했다.

526군 부대는 1951년 4월 인민군 총사령부 작전국 직속으로 설립된 유격 지도처의 위장 명칭이다.

김일성파와 박헌영파의 주도권 싸움

김일성파와 박헌영파는 남한 공산화 방법을 놓고 잦은 충돌을 보였다. 1946년 10월 박헌영이 월북한 뒤 이러한 경향은 더 심하게 나타났다.

박헌영은 북로당의 지원에 생활을 의존할 수밖에 없었다. 북로당은 박헌영에게 남로당 당수라는 지위를 예우, 숙소와 비서 및 호위대를 지원해 주고 대남공작 전진 기지였던 해주에도 별도의 사무실과 숙소를 마련해 줬다.

그러나 늘 자금 부족에 시달리던 박헌영은 북로당 지도부가 대남사업을 적극적으로 도와주지 않는다고 소련 군정 인사들에게 불평하고 다녔다.

그와 함께 박헌영은 '남로당 혁명'을 책임진 남로당 당수라는 위상을 의식, 항상 북로당과 경쟁의식을 보였다. 그에 따라 자신의 입지를 강화하기 위해 무모하고 조급한 투쟁을 남로당에 지시하기 시작했다.

이러한 경향이 심화되어 자신이 전개한 대남사업을 모두 정당화하고 미화해서 북로당에 통보하는 버릇이 생겼다(정창현, 2002: 128).

성시백 라인을 통해서 박헌영과는 별도로 남한 정보를 수집하고 있었던 북로당 지도부는 박헌영의 보고가 과장되고 왜곡되고 있다며 점차 불신감을 보이기 시작했다.

특히, 양당 지도부는 한반도를 공산화하는 방법을 놓고 이견을 보였다.

박헌영은 남로당이 주동이 되어 남한을 공산화시켜야 한다고 주장했다. 북한 지역에 인맥이 없었던 남한 출신 박헌영으로서는 자신의 조직적 기반인 남로당을 중심으로 남한을 공산화시켜야 한다고 내세울 수밖에 없었다.

이에 대해 북로당 지도부는 북한 지역을 기반으로 해서 남한의 공산화 역량을 배합해야 한다고 반박했다. 이른바 북한 민주 기지론이다. 북로당 지도부는 이를 위해 '남조선 혁명 역량을 보존·축적해야 한다'는 논리를 앞세웠다.

이와 같은 노선 대립은 1948년 11월 당시 인민군 총참모장이던 강건이 강동 정치 학원을 방문해서 학생을 대상으로 한 강연에서 박헌영 노선을 정면 비판하면서 표면화됐다.

강동 정치 학원은 북으로 올라간 남로당 출신들을 모아 교육하던 기관으로서, '박헌영 학교'라고 불릴 만큼 박헌영의 영향력이 강한 곳이었다.

강건은 거기에 가서 "남로당이 주동이 되어 통일을 이뤄야 한다는 주장이 있는데, 이는 곤란하고 인민군이 주동이 되고, 남로당이 배합하는 협동 작전에 의해서만 통일이 가능하다. 혁명역량을 함부로 낭비해서는 안 된다."는 요지로 연설했다.

이 소식을 전해 들은 박헌영은 그 길로 강동 정치 학원을 찾아가 학생들을 다시 모아 놓고, "강건의 연설은 남로당의 노선과 배치된다. 우리가 피 흘려 싸워 해방시켜야 한다"고 강조했다(정창현, 2002: 126).

한 권으로 읽는 국정원법 이야기

이러한 노선 대립은 남한의 국민 보도 연맹 사업에 대처하는 방식을 놓고 보다 극명해졌다. 이승만 정부는 1949년 10월 1일부터 2개월간을 자수 기간으로 설정해서 과거 좌익 경력자들이 국민 보도 연맹에 가입할 경우 그 죄를 사면시켜 주는 사상 전향 정책을 전개했다. 당시 전국적으로 약 30만 명이 가입한 것으로 알려져 있다.

이에 대해 북로당 지도부는 남로당을 해체하려는 의도로 보고 박헌영과 이승엽에게 적절한 대응 조치를 촉구했다.

하지만 박헌영·이승엽은 "남로당 세력은 강하니까 보도 연맹이 나와 봐야 소용없다. 남로당원들 가운데 일부 변절자들을 빼고는 거기에 들어갈 사람은 없다."고 큰소리치며 대응 조치를 내놓지 않았다.

이 당시 박헌영·이승엽의 수수방관적 태도가 훗날 박헌영 일당 간첩 사건 때 남한 전복 역량을 파괴한 죄목으로 작용했다.

양파의 대립은 6·25 전쟁이 일어나 전세가 북한에 불리해지면서 정면충돌로 치달았다. 전쟁 직전 북로당 지도부가 전쟁을 망설이고 있을 때, 박헌영은 남한에 남로당원이 20만 명 있으므로 쳐들어가기만 하면 인민군에 호응해서 일제히 봉기할 것이라고 주장하며 남침을 촉구했다. 이른바 '20만 남로당원 봉기설'이다.

그러나 전쟁이 일어나 인민군이 서울까지 점령했는데도 남로당원 봉기는 일어나지 않았다. 박헌영으로서는 정치적 수세에 몰릴 수밖에 없는 처지에 놓였다.

특히, 전쟁을 겪으면서 소련, 중공의 후원을 받고 있던 소련파와 연안파의 입지가 더욱 단단해지면서 남로당 계열의 소외감은 늘어 갔다.

그에 대한 반작용으로 남로당 지도부는 남로당 출신들에게 '반북로당

감정'과 '애향주의'를 고쳐시켰다.

더구나 1952년 후반기부터는 526군 부대 등 연락부 산하 조직을 확대시키고 휴전선 일대 연락소에 수천 명의 남한 출신들을 모아 '애향심'을 북돋우는 학습과 군사 훈련을 실시했다(김남식, 1984: 477).

이들은 남한 지역에서 당과 유격대 활동을 하던 간부들로 구성됐기 때문에 박헌영 일파의 강력한 정치 기반이었다.

이러한 남로당계의 움직임은 북로당계에 큰 위협이 되고 있었다. 그러한 시기 소집된 노동당 중앙 위원회 제5차 전원회의(1952.12.15.)에서 김일성은 "종파주의 잔재들(남로당계)을 그냥 남겨 둔다면 그들의 마지막 길은 적의 정탐배(偵探輩)로 변하고 만다는 사실에 대하여 우리 당은 심심한 주의를 돌리지 않을 수 없다."며 박헌영 일파에 공개 경고했다(김남식, 1984: 478).

이처럼 휴전이 임박해 오면서 양측의 갈등은 수습하기 어려운 국면으로 치닫고 있었다.

김일성의 박헌영 등
남로당 세력 제거

　김일성은 6·25 전쟁이 끝나자마자 박헌영 등 남로당 세력을 숙청했다. 이로써 두 사람이 경합하던 시기는 막을 내리고 김일성의 장기 독재 시대로 접어든다.

　김일성 세력은 1953년 3월 5일 이승엽, 이강국 등 남로당 출신 12명을 체포하고 일주일 뒤인 3월 11일 박헌영을 구속했다. 휴전 협정 체결(7.27)을 4개월여 앞둔 시점이었다.

　이승엽, 이강국 등 10명은 체포된 지 5개월 후인 1953년 8월 6일 사형 선고를 받았다. 박헌영에 대해서는 조사가 길어져 1955년 12월 15일에 가서야 사형 선고가 내려졌다.

　사건이 시작된 1953년 3월부터 박헌영의 재판이 열린 1955년 12월까지 2년 10개월이라는 시간이 걸렸다.

박헌영 등 남로당 일파에 적용된 죄목

　박헌영과 이승엽, 이강국 등에게 적용된 죄목은 같았다. 기소장, 공판 심리, 판결문 등 북한 재판 기록에 나타난 죄목과 죄상은 간첩죄, 남한 체제 전복 역량 파괴죄, 북한 정권 전복 쿠데타 음모죄 등 세 가지였다.

① 간첩죄는 박헌영, 이승엽, 이강국 등이 주한미군 사령관 하지(John R. Hodge), 하지 사령관의 정치 고문이었던 노블(Harold J. Noble), 내무부 치안국 사찰과 고문이었던 니콜스(Donald Nichols) 등의 지령을 받고 미군정에 협력하는 간첩 행위를 하였다는 것이다.

박헌영 기소장에는 박헌영이 일제 시대인 1939년 10월 당시 서울 연희전문학교 교장이었던 언더우드(H. H. Underwood)에게 미국 간첩으로 고용된 것으로 나온다. 해방 후 언더우드는 박헌영을 하지 사령관에게 인계했다는 것이다.

박헌영은 1946년 10월 미군정의 체포령을 피해서 북으로 넘어갔다. 박헌영의 기소장에는 박헌영이 하지로부터 '월북하여 활동하라'는 지령을 받고 월북한 것으로 기록되어 있다. 미군정의 탄압을 피해 월북한 것처럼 꾸미기 위해 미군정이 체포령을 내린 것으로 박헌영이 신문에서 진술했다고 한다.[5]

5 　이러한 기소 내용에 대해 박헌영이 월북할 당시 미군정 한국인 간부들의 증언이 남아 있어 주목된다. 박헌영 월북 당시 검찰청장이었던 이인(李仁, 전 법무장관)은 좌익 용의자 80여 명의 검거를 주장하자 하지 사령관은 "다른 사람은 좋으나 박헌영은 잠깐 생각할 여유를 달라"고 한 뒤 아무 소식이 없었다고 했다. 그때 이인은 하지가 박헌영을 일부러 놓아준 것으로 생각했다고 한다. 당시 수도 경찰청장이던 장택상은 1946년 11월 12일 한미 공동 소요대책위원회 13차 회의에서 박헌영을 체포하는 데 실패한 책임을 추궁받자 하지의 지시를 언급했다. "박헌영 체포 명령을 받지 못했지만 얼마 후 미군 방첩대(CIC)의 니스트 대령으로부터 박을 찾으라는 명령을 받았다. 그러나 하지로부터 니스트 대령이 하는 일에 결코 관여치 말라는 명령이 있었다. 박 체포 명령이 내려왔을 때 하지는 시간을 죽이고 있었다." 이와 같은 장택상의 증언은 박헌영이 하지의 지령을 받고 입북했다는 북한 기소장의 내용과 일맥상통하는 점이 있어 주목된다. 정창현, 『인물로 본 북한현대사』(민연, 2002), p. 176 참조.

기소장을 보민 북으로 넘기긴 박헌영은 1946년 11월 초순 자기의 심복 서득은을 하지에게 보내 평양 안착을 알리고, 남로당의 대남 연락선을 장악하여 간첩 활동에 합법적으로 이용했다.

1947년 2월에는 남로당 대남연락 책임자이던 김소목을 서울에 보내 이승엽에게 '나도 역시 당신이 걷고 있는 길을 걸어 월북 후 지금까지 활동하고 있다'고 밝히며 연계 활동을 제의해서 이승엽의 동의를 받음으로써 하지와의 연락선을 개척했다.

1947년 4월에는 제2차 미소공동위원회에서 논의할 소련 측 방침을 탐문하여 이승엽을 통해 미국 정보기관에 제공하고 1948년 6월에는 서득은을 서울에 보내 북조선 노동당 중요 결정 및 당 내부 기밀들을 하지에게 전달했다.

또한, 박헌영은 미군정의 체포령을 피해 1947년 2월 월북한 이강국의 간첩 활동을 지원했다. 이강국은 박헌영의 도움으로 북조선 인민위원회 외무국장, 해주 제1인쇄소 지도 책임 등으로 일하면서 기밀 자료를 수집해 김수임을 통해 베어드에게 전달했다.

1948년 6월 박헌영은 하지에게 밀서를 보내 이승엽을 월북시켜 달라고 요청했다. 이에 따라 미국 정보기관에서는 1948년 8월 이승엽을 월북시켰다.

박헌영의 기소장에 따르면 이승엽이 월북하자 박헌영은 1948년 9월 하지의 지령에 따라 모든 간첩 활동을 이승엽에게 일임하고 자신은 그들의 신변과 활동 조건을 보호해 주었다. 자신의 정체를 숨기려는 하지의 지령에 따른 조치였다. 대한민국 정부 수립 후 하지는 미국으로 떠나면서 이승엽을 통해 박헌영에게 서울 주재 미국 대사관 정치 고문인 노블과 연계를 맺고 활동하라고 지시했다.

또한, 박헌영은 미국 간첩 현 앨리스와 이사민을 '미국에서 추방당한 진보적 인사'로 은폐하여 입북을 보증해 줬다. 박헌영은 신문 과정에서 "1948년 6월 서울에 다녀온 서득은을 통해 하지의 지시를 받았다. 현 앨리스를 비롯한 몇 사람의 미국 첩보원을 구라파를 통해 북조선에 파견하였으니 입국을 보장하고 입국 후에는 중요 기밀을 수집할 수 있는 조건을 보장해 주라는 지시였다"고 진술했다(김남식·심지연, 1986: 470).

박헌영의 지휘 아래 이승엽·이강국 일파와 현 앨리스·이사민 등 미국 간첩은 북한 지역에 광범위한 간첩망을 설치하고 정치, 경제, 군사 등 분야 기밀 자료를 계통적으로 미국 정보기관에 제공했다.

1950년 5월 초순에는 내무부 치안국 사찰과 중앙분실장으로 근무하던 백형복이 노블의 지령에 따라 자진 의거 입북 형식으로 입북하자 박헌영은 이들의 활동을 보장하기 위해 노력했다

② 남한 체제 전복역량 파괴죄는 박헌영 일파가 남조선 혁명 역량을 약화시켰다는 것이다. 1949년부터 이승엽, 안영달, 서득은 등은 박헌영의 조종 아래 남한에서 투쟁하다 피난처를 찾아 월북하는 지하당 간부들 중 자신들의 행동을 의심하는 사람들을 살해했다.

또한, 1948년부터 미국과 '이승만 도당'이 남로당을 전면 파괴할 목적으로 보도 연맹을 조직할 때 박헌영은 이를 방조했다. 당 중앙위원회에서 대책을 취하라고 제의했으나 박헌영은 그러한 사실이 없고, 있다고 해도 남로당은 강한 전투적 부대이기 때문에 문제 되지 않는다고 주장했다.

1950년 3월에는 노블 및 니콜스의 지휘 아래 안영달, 조용복 등을 시

켜 노동당 서울 지도부 책임자로 마지막까지 남아 있던 김삼룡을 체포·학살했다.

6·25 전쟁 초기 서울을 점령하고 있을 때 서울 임시인민위원장이었던 이승엽은 1950년 7월 초순 '토지조사위원회'를 조직해서 자기들의 비밀을 알고 있는 자들을 체포·학살하는 도구로 이용했다.

그해 7월 중순 상부에서 이 단체의 해산을 지시받자 이승엽은 범죄 활동을 계속하기 위해 자신이 지도하던 의용군 본부에 특수부를 설치해서 학살 행위를 계속했다.

1950년 7월 초순 서대문 감옥에서 석방된 남로당원들 사이에서 안영달이 김삼룡을 이승만 경찰에 밀고·체포하도록 한 사실이 유포되자 박헌영은 이승엽을 시켜 안영달을 남하하는 빨치산 부대에 배속시켜 비밀리에 살해했다.

③ 박헌영은 월북 직전인 1946년 9월 하지 사령관으로부터 월북해서 북한 노동당을 내부로부터 파괴하는 활동을 감행하라는 지령을 받았다.

박헌영은 하지의 지령을 수행하기 위해 남로당 출신 월북자들을 북조선 인민위원회, 해주 제1인쇄소, 강동 정치 학원 등에 잠입시켰다.

또한, 당 자금을 조달한다는 명목으로 동방상사, 영민공사 등을 경영하면서 사람들을 매수했다. 박헌영은 1951년 8월 노동당 중앙위원회에 연락부가 창설되자 연락부 담당 당 비서이던 이승엽을 통해 연락부장에 배철, 부부장에 박승원과 윤순달을 배치하고 연락부 산하 금강학원 원장에는 김응빈을 임명하여 연락부를 정권 전복 음모 활동의 참모부로 전환했다.

연락부와 함께 1951년 11월 경기도 인민위원회를 조직해서 정권 전복 활동의 근거지로 만들었다. 개성지구를 중심으로 한 해방지구를 만들어 그 지구에 신질서를 확립하려는 의도였다고 박헌영은 진술했다. 경기도 인민위원장에는 박승원이 임명되어 연락부 부부장을 겸임했다.

박헌영은 북한 정권을 전복한 후 미국의 비호 아래 지주, 자본가 정권을 수립하려고 했다. 박헌영의 음모에 따라 이승엽, 배철, 박승원 등은 무장 쿠데타를 시도했다.

1952년 9월 박헌영 집에서 이승엽, 배철, 박승원, 윤순달 등이 비밀리에 모여 새 정부, 새 당에 추대할 지도자들을 결정했다.

새 정부 수상에 박헌영, 부수상에 장시우·주녕하, 내무상에 박승원, 외무상에 이강국, 무력상에 김응빈, 선전상에 조일명, 교육상에 임화, 상업상에 윤순달, 노동상에 배철, 새 당의 총비서로 이승엽을 추대했다.

무장 폭동의 시기는 미군의 공세가 시작되는 시기로 정하고 무장 폭동 지휘부를 조직했다. 폭동 지휘부는 총사령관에 이승엽, 참모장에 박승원, 군사 조직 책임에 배철, 폭동 지휘 책임에 김응빈, 정치 및 선전 선동 책임에 임화와 조일명으로 구성했다.

그 후 폭동 지휘부는 연락부를 중심으로 유격대원을 양성·훈련한다는 구실 밑에 무장대 편성에 주력했다. 무장 폭동 참모장인 박승원은 "미군의 공세가 시작되어 평양 방면으로 진격해 오면 폭동 지휘부가 조직한 무장 부대들을 평양에 집결시켰다가 이승엽의 총지휘 아래 폭동 작전 계획에 따라 이동시킬 계획이었다"고 진술했다.

소련 및 중국의 박헌영 구명 노력과 실패

김일성이 박헌영 일파를 제거하는 방식은 소련 공산당의 베리야 숙청 방식과 유사한 측면이 있다. 베리야는 스탈린의 최측근으로서 1930년대 후반 대숙청을 주도한 인물 중의 한 명이다.

1953년 3월 5일 스탈린이 사망한 뒤에는 말렌코프(G. Malenkov), 흐루시초프(M. S. Khruschev) 등과 권력 투쟁을 벌이다 흐루시초프에 의해 제거됐다.

1953년 6월 총살될 때 그에게 적용된 죄목은 영국 정보기관의 스파이였으며, 소련에서 권력을 장악한 후 자본주의를 회복시키는 '반당·반국가적 종파·간첩 행위'를 저질렀다는 죄였다.

베리야 처형 직후인 1953년 7월 18일 북한에서는 노동당 중앙위 정치위원회가 열렸다. 베리야의 반당·반국가적 행위를 비판한 소련 공산당 중앙위 전원회의(1953.7)의 결정을 지지하기 위해서 개최된 회의였다.

이 회의에서 김일성은 "소련 공산당 내에 있는 반역자 베리야의 사건에 앞서 우리 당내에서는 박헌영의 비호하에 반국가적·반당적 간첩·암해·파괴·해독 활동들을 감행한 이승엽 도당들을 폭로했으며, 이로써 우리 당의 통일과 단결은 더욱 강화됐고 전투력은 일층 제고됐다"고 평가했다(백학순, 2010: 134-135). 김일성이 베리야의 숙청 방식을 모방했음을 알 수 있는 대목이다.

박헌영이 처형된 이후인 1956년 9월 18일 중국 마오쩌둥은 베이징에서 소련 공산당 대표와 조선노동당 대표단을 차례로 만났다.

이 자리에서 마오쩌둥은 소련 대표인 미코얀(Anastas I. Mikoyan)에게 김일성과 나누었던 대화를 소개했다. 마오쩌둥에 의하면 박헌영이 체포되어 8개월여 지난 1953년 11월 김일성을 자신의 방에서 만났다.

그때 김일성은 마오쩌둥에게 '박헌영의 반역죄 증거가 충분하지 않은데 어떻게 하는 것이 좋은지' 물었다고 한다.

그에 대해 마오쩌둥은 박헌영을 죽이는 데 반대하면서 '박헌영은 베리야가 아니다. 베리야는 많은 사람들을 죽였지만 박헌영은 일개 문인'이라고 강조하며 박헌영이 남로당의 영수임을 고려해야 한다고 강조했다(백학순, 2010: 137).

박헌영은 1953년 3월 11일 체포됐으나 2년 10개월 뒤인 1955년 12월 15일에 이르러서야 재판을 받았다. 박헌영을 제거하는 데 국내외적 압력 요인이 많았음을 보여 준다.

재판이 열리기 전 북한 주재 소련 대사는 김일성에게 박헌영을 소련으로 데려가고 싶다는 의사를 전달했다. 그러나 김일성은 박헌영 재판이 예정되어 있기 때문에 그 재판 결과에 따라 처리되어야 한다며 이를 거부했다.

또한, 김일성은 소련 대사가 박헌영과 접촉하는 것을 차단했다. 소련 대사는 김일성의 허락을 받아야만 박헌영을 만날 수 있었다(정창현, 2002: 247-251).

재판이 끝난 뒤에도 그의 목숨을 건지려는 소련 측의 노력이 계속됐다. 1956년 4월 19일 북한 주재 소련 대사 이바노프는 김일성을 만나 사형집행을 만류했다.

그러나 김일성은 '박헌영이 간첩이며 조선 인민은 한결같이 형 집행을 찬성하고 있다'고 반박했다.

박헌영의 임종에 대해서는 여러 설이 있다. 그에 따라 박헌영의 아들 원경 스님은 박헌영이 사형을 언도받은 12월 15일을 제삿날로 정했다.

현재까지 알려진 유력한 증언으로는 동독 주재 북한 대사와 북한 외무성 부상을 지낸 박길룡이 원경 스님에게 남긴 말이 유력하다.

박길룡의 증언에 의하면 김일성이 동유럽과 소련을 방문하고 귀국한 1956년 7월 19일 바로 그날 방학세에게 "그 이론가 어떻게 됐어?" 하고 물은 뒤 증거가 있건 없건 그날 안으로 죽이라는 명령을 내렸다고 한다.

박헌영을 처형 장소로 끌고 갈 때는 박길룡의 운전수가 운전을 했는데, 밤중에 허리까지 오는 잡풀 속을 헤치고 가서 방학세가 권총을 머리에 대고 두 발을 쏴서 죽이고 그 자리에 묻었다고 한다(임경석, 2004: 532).

박헌영 추종 세력의 숙청

김일성계는 박헌영, 이승엽, 이강국 일파를 차례로 체포한 다음 박헌영 지지 세력을 분해하는 작업을 벌였다.

금강정치학원 수용자 전원을 1953년 3월 11일 도보로 출발시켜 3월말경 평북 천마군 탑동리에 있던 중앙당학교 제1분교에 수용했다. 금강정치학원을 정식 해체한 것이다. 제1분교 수용인원은 7백여 명이었다.

금강정치학원 이외의 남로당계는 제2분교를 설치해서 수용했다. 제1분교에서 서북방 3킬로 정도 떨어진 곳에 만들어진 제2분교의 수용 인원은 9백여 명이었다.

이처럼 남로당계 핵심 분자들을 한곳에 집결시킨 것은 박헌영, 이승엽 등 남로당계 간부들을 숙청하는 과정에서 일어날지도 모르는 집단 행동과 도주를 막으려는 조치였다.

박헌영 일파에 대한 '죄상'을 찾아내고 남로당 지도부에 세뇌된 사상적 영향을 제거시키려는 당성 검토 회의가 매일 실시됐다.

이들은 박헌영을 제외한 이승엽, 이강국 등의 재판이 끝나는 8월 중순까지 이곳에 수용되어 있다가 재심사를 거쳐 대부분 사회로 방출되고 약 50명은 송도정치경제대학으로 배치됐다(김남식, 1984: 479).

송도정치경제대학은 휴전 직후인 1953년 9월 13일 설립됐다. 남한을 다시 공산화할 것에 대비, 남한 지역에서 활동할 당·정 간부와 대남공작원을 양성하는 것이 교육 목표였다. 개교 초기에는 남한 출신자만을 입교시켰으나 교육 자원이 모자라자 1960년 9월부터 북한 출신도 입교시켰다(중앙정보부, 1972: 116).

북에서 남로당 계열 지도부가 숙청되던 시기 남한의 지리산에 남아 빨치산으로 움직이던 남로당 계열도 점차 궤멸되어 갔다.

이처럼 1950년대 중반에 이르러 남한의 남로당 세력은 국군에 의해 토벌되고, 북한의 남로당계는 김일성 세력에 의해 분해되어 조직적으로 가동될 수 없는 상태에 빠졌다.

박헌영 간첩죄 인정설과 부정설

현재 진행되고 있는 박헌영 간첩 사건 진위 논란을 보면 북한 권력의 심층부에 있었던 인물들은 그 실체를 인정하는 입장을 보이고 있다.

박헌영 사건 당시 노동당 조직부장이었던 박영빈, 북한 최고검찰소 검사 출신으로 박헌영 재판을 참관했던 김중종, 북한 대남연락부 간부 출신으로 박헌영·이승엽 사건의 조사를 맡았던 박병엽 등이 대표적 인물이다.

이와 달리 학계에서는 이 사건이 조작됐다고 보는 것이 다수설이다. 정병준 이화여대 교수, 안문석 전북대 교수, 백학순 세종연구소장 등이 대표적 인물이다.

1) 간첩 인정설

박영빈 전 노동당 조직부장은 박헌영과 언더우드와의 관계를 의심하고 있다. 자신이 제1차 미소 공동위원회(1946.3.-5.월) 북한 대표로 서울에 체류할 때 언더우드의 요청으로 그를 만났다고 한다.

이때 박영빈은 "나를 어떻게 알았는가?"라고 물어보니 언더우드는 "박헌영이 소개해 주었다"고 대답했다는 것이다. 그 후 박영빈은 박헌영이 왜 자기를 언더우드에게 소개해 주었는지 이상하게 생각하고 있었다고 한다.

박헌영 재판을 참관했던 김중종은 1961년 대남공작원으로 남파되었다가 체포되어 28년을 복역하고 1989년 출소했다. 김중종은 북한 민족

보위성이 6·25 전부터 박헌영, 이승엽, 이강국 등 남로당 계열을 의심하고 있었다고 증언했다.

그 예로 노동당 서울 책임자였던 김삼룡·이주하가 체포되는 과정을 들고 있다. 전쟁 전 이승엽은 안영달에게 서울에 있던 김삼룡·이주하의 피신처를 알려 달라고 하여 이를 계속 거절하다가 이승엽의 강압에 못 이겨 안영달이 두 사람의 피신처를 알려 주었다. 그런데 이승엽 측에 은신처가 알려지자마자 김삼룡·이주하가 남한 경찰에 체포됐다.

박헌영 사건이 터진 결정적 계기도 남로당계 내부에서 일어났다고 한다. "해주에서 대남연락부 인쇄소 사장으로 있었던 임화가 자신들의 죄과를 거론하는 경기도 여맹 위원장 김경애를 죽이려 하자 중앙당에 긴급히 피신해서 구명을 요청하는 일이 있었다. 그러자 중앙당에서 왜 무고한 사람을 죽이려 했는지 임화를 불러 조사하니 이승엽, 이강국, 배철, 임화 등이 간첩 활동을 했다는 사실을 김경애가 알고 있었기 때문임이 발각됐다."고 김중종은 말했다.

당시 김경애가 알아챘던 해주의 대남사업 담당 남로당계 간부들의 간첩 행위는 남파되는 유격대 및 공작원의 통로와 접선지, 명단 등을 미국 정보기관에 넘겨준 것이었다고 한다(《말》, 1991년 5월호).

또한, 김중종은 박헌영이 자기 집 지하실에 대남사업용으로 설치한 무전기를 통해 간첩 행위를 했다고 주장했다.

소련으로부터 긴급히 전파 탐지기를 들여와 박헌영 집 주변에 배치했는데 승인되지 않은 무전이 계속 나가고 있었다고 한다. 이것이 결정적인 증거가 됐다고 김중종은 주장했다.

한편, 김중종은 박헌영이 미국 측에 포섭된 이유를 일제 시대 친일 경력 때문으로 봤다. 박헌영은 일제 때 체포된 뒤 정신병자 행세를 해서 병보석으로 출감한 적이 있는데 사실은 정신병이 아니라 일본 경찰과 짜고 나와서 일경의 정보원 노릇을 했다는 것이다.

해방 후 남한에 진주한 미군은 일제 시대 기록을 그대로 넘겨받았는데 박헌영의 이러한 취약점을 알고, 이를 이용해 박헌영을 위협해서 포섭했다는 주장이다.

박병엽은 재미 교포 공산주의자였던 현 앨리스와 이사민이 북한에 들어가는 과정과 입북 후 행적을 박헌영 간첩설의 유력한 증거로 제시하고 있다.

현 앨리스와 이사민은 전형적인 첩보원으로서 해방 직후 2년쯤 미군정에서 일하다 미국으로 돌아간 다음 1949년 1월 체코로 가서 북한으로의 망명을 요청했다.

그러나 체코 안전 기관과 북한 내무성은 이들의 망명 동기가 석연치 않은 점을 들어 망명을 허용하지 않았다.

그럼에도 당시 북한 외무상이었던 박헌영이 내무성의 판단을 무시하고 입국사증을 내주는가 하면 이들이 북에 도착했을 때 외무성 측이 나서서 환영 행사를 열어 주기까지 했다.

6·25 전쟁 직전인 1950년 3월경에는 이들이 구라파 여행을 신청했으나 내무성에서 허가하지 않았다. 그러자 박헌영이 다시 그해 4월 이들의 출국사증을 내줬다.

이들의 행적을 수상히 여겨 감시해 오던 내무성 안전국은 이들을 미행하다 모스크바 공항에서 불시 검문, 그들이 소지했던 짐 속에서 많은 비밀 자료들을 압수하고 북한으로 송환, 추궁한 끝에 미국 정보 요원임을 밝혀냈다고 박병엽은 증언했다(유영구·정창현, 2010: 331-333).

2) 간첩 부정설

정병준은 현 앨리스와 이사민 관련 박병엽의 증언이 사실과 맞지 않는 점을 들어 박헌영 간첩설을 부정한다. 현 앨리스가 실제 미군정에 근무한 기간은 6개월 미만이었으며 이사민은 미군정에서 일한 경력이 없다는 것이다.

북한의 기소장에 기록된 것처럼 현 앨리스가 주한 미24군 정보 참모부 산하 민간 정보 통신대 한국 지부(CCIG-K, Civil Communication Intelligence Group-Korea)에서 서울 제1지구대 인사과 부책임자로 1945년 12월 부임하여 6개월여간 근무한 것은 사실이나 현 앨리스는 공산 활동 혐의가 드러나 미국으로 추방됐다는 것이다.

미군 정보기관이 배척한 인물을 미국 첩보원으로 보는 것은 합당하지 않다는 논지다.

또한, 체코 안전 기관이 정치 망명의 불순한 점을 간파하고 망명을 불허하였다면 그에 관한 기록이 남아 있어야 하는데, 2013년 블라디미르 흘라스니 교수의 도움으로 체코 외무성, 비밀경찰국, 내무성 등 접근 가능한 모든 문서 보관소를 조사했으나, 이들의 입국과 관련해서 북한 정부와 체코 정부가 주고받은 문서는 발견하지 못했다는 것이다.

이와 함께 정병준은 현 앨리스가 재판정에 나타나지 않은 점을 주목한다. 박헌영, 이강국 등을 '미제의 고용 간첩'으로 규정하는데 가장 핵심적인 증인이자 그녀 자신도 '미제의 스파이'란 죄목을 받고 있었지만,

재판 과정에 소환되거나 증인으로 나오지 않았다는 점은 간첩설의 결함을 보여 주는 대목이라는 것이다(정병준, 2015: 304-311).

안문석은 해방 이전부터 박헌영이 KGB 요원이었던 서울 주재 소련 총영사관 부영사 샤브신의 조종을 받고 있었다는 점을 들어 미제 간첩설을 부인하고 있다(안문석, 2016: 189).

샤브신 부인의 증언에 따르면 샤브신은 해방 직후 거의 매일 박헌영을 만나 소련에서 내려오는 지침을 전달하며 공산 활동을 지도하고 있었는데, 박헌영이 미제 간첩으로 고용됐다는 주장은 신빙성이 떨어진다는 것이다.

백학순은 마오쩌둥의 언급을 들어 박헌영 간첩설을 부인하고 있다. 1956년 8월 김일성이 소련파와 연안파를 숙청하는 '8월 종파 사건'이 일어나자 이에 대해 소련과 중공이 개입하는 문제를 협의하기 위해 조선 노동당 대표와 함께 1956년 9월 18일 베이징에서 만났다.

그때 마오쩌둥은 조선 노동당 대표로 참석한 최용건에게 "당신들은 박헌영을 죽였다. 그는 남조선 인민의 지도자로서 절대로 죽여서는 안 되는 간부였다. 당신들은 그가 미국의 간첩이라고 하는데, 미국은 아직 그가 미국의 간첩인지도 모르고 있지 않은가?"라며 최용건을 몰아세웠다(백학순, 2010: 177-178). 이로 미루어 마오쩌둥 역시 박헌영 간첩설에 부정적 시각을 갖고 있었다.

해방 직후 KGB 요원으로 북한에 파견되어 일했던 재소 한인 김 이노겐치 역시 간첩설을 부정한다. 그는 1951년 소련으로 되돌아갔는데, 1955년 박헌영 사건 진상 조사단을 구성해서 입북했다. 조사 과정에서 높이 1m가 넘는 방대한 공판 기록을 점검했으나 간첩이라는 증거는 찾지 못했다고 한다(임경석, 2004: 534).

3) 이승엽 접촉 미 정보기관 협조자의 증언

박헌영·이승엽 사건의 판결문에는 '이승엽이 6·25 전쟁 당시 하지 미군 사령관의 최고 정치 고문이었던 노블과의 연락을 회복하기 위해 최모와 박모를 활동하게 했다'고 기록되어 있다. 그리고 활동 결과 '박모는 1951년 7월 피소자 이승엽에게 전달할 노블의 새로운 지령을 받아 가지고 입북하였다'고 판시했다.

이 판결문에 등장하는 박모는 전 남로당 경북도당 간부였던 박진목, 최모는 3·1운동 직후 국내에서 조직된 비밀 결사 '대동단' 간부였던 최익환으로 보인다.

이 두 명은 실제로 서울이 두 번째 인민군에 함락됐던 1951년 1월 25일 서울에서 이승엽을 접촉한 사실이 있다. 전쟁을 중지하라는 종전 운동을 전개하면서 이승엽을 만나 김일성에게 종전을 건의해 주도록 요청한 사실이 있다.

이 건의를 받은 김일성은 이승엽에게 전권을 위임했다고 박진목은 회고록에서 밝혔다. 또한, 이승엽은 이승만 대통령이나 미국 고위층으로부터 남측의 종전 협상 대표라는 신임장을 받아 오도록 이 두 사람에게 요구했다(박진목, 1994: 207-208).

이러한 거래가 오가는 중에 이승엽은 유엔군에 밀려 다시 북으로 올라가고 서울에 남아 있던 박진목과 최익환은 미국 측과 연결됐다.

하지 사령관 보좌관 출신인 이용겸을 통해 미국 정보기관 인물들과

한 권으로 읽는 국정원법 이야기

만났다. 미 정보기관 인물들은 평양에 가서 이승엽을 만나 종전 의지를 다시 확인하고 돌아오도록 요구했다.

박진목은 자신이 만난 미국 인사가 정보 요원인지 아닌지 정확히 밝히지 않았다. 하지만 박진목이 미군 제공 지프를 타고 미군 대령의 안내를 받아 북측으로 넘어갔다고 설명하고 있고, 남으로 내려올 때 국군에 의해 한때 구금되었으나 북으로 올라가기 전 미군이 발행해 준 증명서를 보이자 통과시켜 줬다는 것으로 보아 미 정보기관의 조정을 받은 점은 분명해 보인다.

북으로 올라간 박진목을 평양에서 다시 만난 이승엽은 이승만 대통령이나 미군 사령관의 신임장을 가지고 오지 않은 데 대해 실망감을 보였다.

그리고 이승엽은 박진목에게 남으로 내려가 정전을 위해 노력하라며 되돌려보냈다. 이승엽은 박진목과 헤어지면서 '김일성이 박진목의 종전 운동을 애국 운동이고 큰일이라고 하셨다.'고 격려했다(박진목, 1994: 264).

하지만 북에 머무르는 동안 박진목은 사회안전성으로부터 미국 정보 기관에서 보낸 사람인지 아닌지에 대해 여러 번 조사를 받았다.

사회안전성에서 조사한 내용이 결과적으로 '박진목이 이승엽에게 전달할 노블의 새로운 지령을 받아 가지고 입북한 것'으로 재판 기록에 기술된 것이다.

남로당 숙청 이후
대남공작 양상의 변화

해방 이후 남한 공산화를 주도하던 남로당계가 1950년대 중반 몰락함으로써 북한의 대남 정보 목표, 정보 조직, 정보 인물, 정보 활동의 측면에서 많은 변화가 일어난다.

대남공작 목표의 전환

북한 대남부서는 박헌영 세력이 제거된 후 남한 내 남로당 세력을 대체하는 지하 조직을 새롭게 구축하고, 평화 통일 공세를 강화하는 두 방향을 새로운 목표로 설정했다.

북한의 지령을 따르는 조직을 남한에 만들기 위해 새로 선발된 공작원들이 노동당의 각 도당·군당 조직과 당 세포를 재건하라는 밀명을 받고 남파됐다.

이 시기 북한이 보다 중점을 둔 분야는 평화 통일 공세였다. 이남의 '혁명 사업'을 구체적으로 전개하는 것이 아니라 평화 통일에 뜻을 같이하는 상층 인사들을 광범위하게 접촉하여 통일전선을 형성하는 임무를 받은 공작원을 내거 남파했나. 주로 여·야 및 제3 정치 세력의 정치인들과 연고 관계가 있는 공작원들을 남파시켰다(유영구, 1993: 107-108).

평화 통일 공세는 이승만 정부가 북진 무력 통일을 내세우는데 맞대응하는 효과도 있었고, 휴전과 함께 광범위하게 확산되고 있던 전쟁 혐오 심리에 편승하려는 의도도 있었다.

더욱이 당시 남측에서 혁신 세력이 평화 통일론을 정치 강령으로 내세우고 있어 북한으로서는 남측의 국론을 분열시키는 효과도 거둘 수 있었다.[6]

당시 북한의 대남 노선은 박헌영에게 사형을 선고한 직후 열린 제3차 조선노동당 대회에서 행한 김일성의 연설에 잘 나타난다.

1956년 4월 열린 제3차 조선 노동당 대회는 박헌영 일파를 숙청함으로써 생긴 당 운영의 공백을 재정비하는 데 주요한 목적이 있었다.

국제적으로는 1953년 3월 스탈린 사망 후 새롭게 집권한 소련의 흐루시초프가 1956년 2월 열린 소련 공산당 20차 대회에서 스탈린 격하와 평화 공존을 주창하고 나섬으로써 소련 공산당과의 보조를 맞추기 위한 노선 조정도 요구되고 있었다.

이러한 국내외 정세에 맞춰 김일성은 평화적 통일을 대남 노선으로 채택했다. 김일성은 "현 단계에 있어서 조선 혁명의 기본 임무인 조국의 민주주의적 통일을 평화적으로 달성하기 위한 우리 당의 방침은 조성

---

6 1955년 12월 22일 창당된 진보당은 평화 통일을 당의 정책으로 채택했다. '무력 통일은 이미 불가능하며 민주 세력의 대동단결을 추진하고, 민주 세력이 결정적 승리를 거둘 수 있는 평화적 방식에 의한 조국 통일의 실현을 기한다'는 내용을 강령에 담았다. 1956년 5월 15일 제3대 정·부통령 선거에 출마한 진보당 당수 조봉암도 '조국의 평화적 통일'을 공약으로 내세워 2백 16만여 표를 획득했다.

된 국내외 형편에서 유일하게 가능하고 정당한 노선"이라고 주장하면서 "남북조선의 전체 애국적 정당, 사회단체, 민족적 양심을 가진 모든 개별적 인사들을 망라한 통일 전선을 결성하기 위하여 남북조선의 정당, 사회단체들의 연석회의를 소집할 것"을 제안했다(국토통일원, 1980: 337-339).

또한, '당의 목적과 과업에 대한 명확한 규정은 당 사업에 정확한 목적 지향성을 부여하며 당 단체들과 당원들로 하여금 사업에서 전망을 옳게 파악하고 최후 승리를 향하여 자신 있게 전진할 수 있도록 한다'는 목적으로 당의 당면 목적과 최종 목적을 당 규약에 새롭게 명기했다.

이때 개정된 당 규약 제1장의 1은 '조선 로동당의 당면 목적은 전국적 범위에서 반제, 반봉건적 민주 혁명의 과업을 완수하는 데 있으며, 최종 목적은 공산주의 사회를 건설하는 데 있다'고 규정하고 있다.

그리고 '조선 노동당은 남북조선의 광범한 인민대중을 자기의 주위에 튼튼히 단결시키며, 노농 동맹을 기초로 한 전 조선의 각계각층 애국적 민주 역량들과의 통일 전선을 강화함으로써 우리나라 남반부를 미 제국주의 침략 세력과 국내 반동통치로부터 해방하고, 민주주의적 기초 위에서 조국의 완전한 통일을 달성하기 위하여 투쟁한다.'고 명시함으로써 통일 전선 강화가 주요한 공작 방침임을 분명히 밝히고 있다.

대남공작 조직의 개편

박헌영 일파가 숙청된 후 1956년 말경 약 40명의 북한 정보 업무 담당

자들이 소련의 정보 수집 및 공작 기구, 해안 성비 및 치안 체제 등을 시찰하고 돌아와서 정보 조직을 재편성했다.

① 1957년 1월경 내각정보위원회를 국가정보위원회로 개칭하고, 내각 수상을 위원장으로 하는 성급의 비상임 기구로 개편했다.

1949년 6월 설치된 내각정보위원회는 각종 대남공작 기구에서 수집한 정보를 바탕으로 국가 정책 및 비상 대책을 수립하는 기능을 가지고 있었다.

그 외 국가 정보 활동의 기획·지도 및 정보기관의 신설과 해체 등 중요 정보 활동의 방향을 심의·결정했다. 공산권 국가들과의 정보 협력도 중요한 기능이었다.

국가정보위원회로 개칭하면서 산하에 실무 업무를 처리하는 내각정보총국을 설치했다. 내각정보총국은 정보종합연구처, 군사정보처, 일반정보처 등의 조직을 지니고 있었다. 여러 정보기관을 통합·조정하고 수집 정보를 종합·분석하는 업무를 담당했다(중앙정보부, 1972: 133-136).

내각정보총국은 1960년 노동당 연락부가 개편될 때 노동당 연락부로 흡수됐다.

② 1956년 7월에는 문화부를 신설했다. 대남 선전·선동을 전문적으로 수행하는 이 기구는 노동당 중앙위원회 산하 기구로 설치됐는데 대남 방송·선전 팸플릿 제작과 조총련 지도, 한국 정세 자료 분석 및 대책 수립 등이 주요한 기능이었다.

이 조직을 처음 만들 때 명칭을 대외선전부로 할 것인가, 문화부로 할 것인가를 놓고 논란을 벌이다 김일성이 문화부로 이름을 지었다.

1977년부터는 통일전선공작부로 개칭됐다. 당시 문화부는 조총련 정보, 세계 각국 및 남한 방송의 청취·분석, 무선 통신에 이르기까지 공개 정보 출처를 가장 많이 관리하고 있었다(유영구, 1993: 232).

③ 대남사업의 특수성을 감안, 극비 업무를 취급하는 비공개 기구만 따로 한자리에 모아 둔다는 취지로 1955년 중반부터 노동당 중앙위원회 본 청사 이외 대남공작부서가 들어갈 청사를 별도로 지었다.

본 청사가 전쟁 중 일부 파손되어 휴전 후 정부 사무실이 부족해지자 본 청사 옆에 5층짜리 청사를 하나 더 지었는데, 이 건물을 '2호 청사'라고 불렀다.

대남공작부서가 입주하는 건물은 전쟁 시기 일부 무너진 전승동의 김일성종합대학 기숙사 건물을 1955년 중반부터 1956년 초까지 수리해서 1956년 2월 여기저기 흩어져 있던 연락부를 한자리에 모아 입주시켰는데, 이것을 '3호 청사'라고 불렀다.

3호 청사에는 문화부가 새로 생기면서 입주하고, 1963년 창설된 조사부도 들어오면서 5-6층 규모 6개 동으로 이뤄진 청사에 수천 명이 모여 일하는 규모로 확대됐다(유영구, 1993: 187-188).

④ 1956년 7월 2일에는 6·25전쟁 당시 납북한 인물들로 재북평화통일촉진협의회를 결성했다. 대남 평화 통일 공세에 납북인사들을 활용하려는 의도였다.

조소앙, 안재홍, 김약수 등이 동원됐다. 이승만의 북진 통일에 대응하여 평화 통일을 주장하며 이를 선전하기 위해 '평화와 행복'이라는 잡지를 만들어 선전 도구로 활용했다.

대남공작 인물 및 활동 방법의 교체

대남연락부장 배철이 박헌영·이승엽 사건으로 처형된 후 1953년 말부터 1954년 10월까지는 박금철, 1954년 10월부터 1956년 4월까지는 박일영, 그다음 임해가 1958년 10월경까지 대남연락부장을 맡았다.

박일영은 일제 때 소련 공작원으로 조선에 파견되어 활동했던 인물이다. 내무성 정보국 부국장·국장과 대남연락부 부부장을 거쳤다.

동백림 사건이 일어나는 1960년대 중반에는 주동독 북한 대사로 일하고 있었다. 당시 평북 의주 출신인 최덕신 주 서독 대사의 전향 공작을 주도한 인물이다.

1958년 10월경 이후 부장을 역임한 사람은 어윤갑이었다. 어윤갑은 함북 청진 출신으로 평양학원 1기를 졸업하고 6·25전쟁 때 노동당 공작대 책임자로 일하면서 대남공작 부문과 연결됐다. 노동당 공작대는 전쟁 초기 남한 점령 지역에서 당을 만들고, 인민 정권을 세우는 역할을 했던 기구였다.

전쟁이 끝난 후 군단 정치부장으로 옮겼다가 박헌영·이승엽 사건으로 연락부 인원이 대거 물갈이될 때 부부장으로 발탁됐다. 어윤갑이 부부장으로 있을 때 박금철, 박일영, 임해 등이 부장으로 거쳐 갔다.

1956년 7월에는 문화부가 창설되면서 김중린이 북한의 정보 계통에 인입됐다. 평북 출신인 김중린은 일제 때 초등학교 교사를 하다가 해방 후 당 중앙의 지도원, 과장, 부부장 등을 거쳤다.

대남연락부의 실무 간부들도 이북 출신들로 새롭게 충원됐다. 이들은 중국, 소련에 파견되어 몇 달 동안 지하 공작 경험과 원칙들을 학습한 후 대남공작의 교안을 만들었다. 대남공작의 원칙, 노선, 규율, 방침 등이 완전히 새롭게 바뀐 것이다.

결과적으로 이들은 교과서적인 이론으로 무장됐으나 실제로 대남공작을 해 본 경험이 없어 공작 현장의 어려움을 이해하지 못했다. 일제 때부터 지하 공작을 한 경험이 있어 공작 현장의 어려움을 이해하고 있던 부장급 고위 간부들과는 인식 차가 컸다.

이처럼 대남 정보 활동의 전환 단계에서 발생한 대표적 사건이 박정호 사건이다. 박정호는 해방 후 북쪽에서 공산당이 창당될 때 경리 업무를 도맡았던 인물이다.

6·25전쟁 전후에는 북한 내무성 산하 남북 교역 상사의 사장을 지냈다. 이때 내무성 정보국장으로 일하던 박일영과 연결됐다.

박일영은 연락부가 박헌영 사건으로 어수선하던 시기인 1953년 말 박정호를 대남공작원으로 선발해서 남파시켰다. 박정호에게 부과된 임무는 근로인민당 관계자, 남북협상파 인물들에게 접근하여 정치 정보를 수집하는 것이었다. 남한에 안착시키는 방법으로는 위장 자수의 방법을 썼다.

그 후 박일영이 대남연락부장으로 전출 가고 박정호를 내려보냈던 내무성 정보국 실무자들도 모두 교체되면서 업무 인계가 제대로 이뤄지지 않아 내무성 정보국의 후임자들은 박정호를 실제로 자수한 '변절자'로 취급했다.

그런데 대남연락부장으로 자리를 옮긴 박일영이 '박정호가 남한에서 북한을 위한 첩보 활동을 하고 있다'는 첩보를 입수하고, 공작원을 남파시켜 확인한 결과 박정호가 '변절'하지 않은 사실을 확인했다.

그러니 박정호는 북한이 공작금으로 내려보낸 딜러를 환전하다가 남한 수사당국에 체포되어 처형됐다.

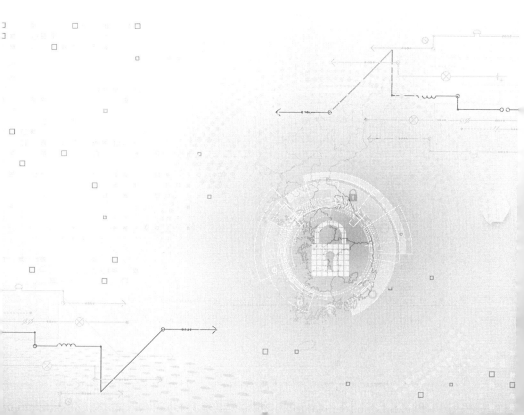

3장

북한 대남공작 관련 법령

대남공작 규율 법
구조와 내용의 변천

매년 10월 10일은 북한이 노동당 창건일로 기념하는 날이다. 원래 10월 10일은 조선공산당 북조선 분국이 설치된 날이다. 1945년 10월 10일부터 13일까지 평양에서 열린 조선공산당 '북조선 5도당 책임자 및 열성자 대회'에서 조직됐다.

그 후 북측에서는 공산 계열 정당이 통합하여 1946년 8월 북조선 노동당(북로당)을 창당했다. 그해 11월 남측에서는 남조선 노동당(남로당)이 창당됐다.

남북의 노동당은 1949년 6월 통합됐다. 북한에서는 1946년 8월의 북로당 창당대회를 제1차 당 대회로 지칭하고 있다. 제2차 당 대회는 1948년 3월 열렸다. 이 과정을 날짜 순으로 정리하면 아래 표와 같다.

1945.10.10.	1946.8.29.	1946.11.23.	1948.3.	1949.6.
조선공산당 북조선 분국 설치	북로당 창당 * 제1차 당 대회	남로당 창당	제2차 당 대회	남북 노동당 통합

노동당 창건일은 심일성·김정일 생일, 정권 수립일과 함께 그들의 4대 명절 가운데 하나다. 그만큼 북한 내부에서 노동당이 차지하는 위상이 높다.

그들의 표현에 따르면 '조선 노동당은 근로 인민대중의 모든 정치 조직들 가운데서 가장 높은 형태의 정치 조직이며 정치, 군사, 경제, 문화를 비롯한 모든 분야를 통일적으로 이끌어 나가는 사회의 영도적 정치 조직이며, 혁명의 참모부, 조선 인민의 모든 승리의 조직자이며 향도자'[7]이다.

이러한 노동당의 위상에 따라 북한 노동당 규약은 북한의 헌법까지도 '영도'하는 최고 법령이다. 그리고 노동당 규약 위에 김일성 수령의 교시, 김정일 장군의 방침(말씀)이 위치하고 있다.

김일성-김정일 시기, 김일성 수령의 교시와 김정일 장군의 방침(말씀)은 '당 규약 > 헌법 > 법률로 이어지는 법질서의 최고 상위에 위치하고 있었다. 이러한 구조는 김정은 시대에도 그대로 이어졌다.

북한의 대남정책은 노동당 규약의 전문에 구체적으로 명시되어 있다. 2016년 5월 9일 열린 제7차 당 대회에서 개정된 노동당 규약은 노동당의 당면 목적과 최종 목적을 다음과 같이 명시하고 있다.

"조선 노동당의 당면 목적은 공화국 북반부에서 사회주의 강성 국가를 건설하며 전국적 범위에서 민족 해방 민주주의 혁명의 과업을 수행하는 데 있으며, 최종 목적은 온 사회를 김일성-김정일주의화하여 인민

---

7 2016.5.9. 제7차 당 대회에서 개정된 노동당 규약 전문.

대중의 자주성을 완전히 실현하는 데 있다(법무부 법무실 통일법무과, 2018: 25)."

대남공작의 목표를 당면 목적과 최종 목적으로 구분해서 사용하는 방식은 1956년 4월에 열린 노동당 제3차 당 대회 때부터 당 규약에 포함되기 시작했다(동아일보사, 1989: 419-420).

그 이전에는 김일성이 각종 연설을 통해 남측에 대한 인식을 드러냈다. 1946년 8월 북로당 창당대회(1차 당 대회) 때는 북한을 민주 기지라고 내세우며 북한의 공산주의 개혁을 전국적으로 확산시켜야 한다고 주장했다.

우리 당의 총적 임무는 두말할 것도 없이 하루바삐 통일적 민주주의 완전 독립 국가를 세우는 데 있는 것입니다. 그러기 위하여 우리는 그를 장애하는 일체 봉건적, 친일적 반동 세력을 철저히 소탕하기 위하여 싸울 것입니다. 진정한 인민의 정권 북조선 임시인민위원회를 더욱 가강하여 전 조선적으로 조선 인민의 주권을 인민위원회에 넘겨 가지기 위하여 투쟁할 것입니다. 북조선에서 이미 실시된 토지 개혁, 노동법령, 남녀 평등권, 중요 산업 기관 국유화, 인민 교육의 민주주의적 개혁 등의 승리를 더욱 공고히 하며 이를 전국적으로 실현하기 위하여 투쟁할 것입니다(돌베개 편집부, 1988: 23).

유엔 주도로 정부 수립을 위한 남한 지역 총선거(1948.5.10.)가 실시된 직후 열린 남북 정당·사회단체 지도자협의회에서는 남한을 미 제국주의 식민지라고 규정하고 남한을 식민지에서 해방시켜야 한다고 강조했다.

우리는 미 제국주의자들이 우리 조국의 남반부를 영원히 식민지로 만드는 것을 앉아서 보고만 있을 수 없습니다. 우리는 또한 친일파, 민족 반역자들이 조국과 민족을 또다시 미 제국주의자들에게 팔아먹는 망국 행위를 논죄만 하고 있을 수 없습니다. 이러한 소극적 행동과 방관적 태도는 미 제국주의자들과 그 앞잡이들에게 투항하는 것을 의미합니다(이 한, 1989: 58).

6·25전쟁이 끝나고 열린 1956년의 제3차 당 대회에서 개정된 당 규약부터 대남정책이 구체적으로 명기된 것은 박헌영 간첩 사건과 관련이 깊다.

박헌영은 1955년 12월 미국 고용 간첩 혐의로 사형 선고를 받고 처형됐다. 무력으로 한반도 전체를 적화시키려던 6·25전쟁이 실패한데다, 대남정책의 상징적 존재였던 박헌영 일파에게 전쟁의 책임을 뒤집어씌워 처형한 이후 앞으로의 대남정책에 대해 김일성으로서는 뚜렷한 입장 표명이 필요했던 것이다.

그 후 여러 번 당 규약이 개정되면서 문구가 조금씩 바뀌었으나 남한을 적화하겠다는 당면 목적과 최종 목적의 큰 원칙에는 변함이 없다.

다만, 2010년 9월 30년 만에 당 규약을 개정하면서 '공산주의'라는 표현을 삭제했다. 대신 '인민대중의 자주성을 완전히 실현'이라는 표현을 썼다.

그러나 북한의 「철학사전」(1985년판)과 「주체사상 총서 5권」(1985년판)

은 "공산주의 사회는 인민대중의 자주성이 완전히 실현되는 사회"라고 정의하고 있다. 개념의 내용에 변화가 없는 것이다. 3차 당 대회 이후 당 규약 전문의 변화를 표로 정리하면 아래와 같다.[8]

대회명	당면 목적	최종 목적
제3차 당 대회 (1956.4월)	전국적 범위에서 반제, 반봉건 민주주의 혁명 완수.	공산주의 사회 건설
제4차 당 대회 (1961.9월)	공화국 북반부에서 사회주의의 완전한 승리를 보장하며 전국적 범위에서 반제, 반봉건적, 민주주의적 혁명의 과업을 수행	공산주의 사회 건설
제6차 당 대회 (1980.10월)	공화국 북반부에서 사회주의의 완전한 승리를 이룩하여 전국적 범위에서 민족해방과 인민 민주주의의 혁명 과업을 완수	온 사회의 주체사상화와 공산주의 사회 건설
제3차 당 대표자회 (2010.9월)	공화국 북반부에서 사회주의의 강성대국을 건설하며, 전국적 범위에서 민족해방과 민주주의 혁명과업 수행	온 사회를 주체사상화하여 인민대중의 자주성을 완전히 실현
제7차 당 대회 (2016.5월)	공화국 북반부에서 사회주의 강성국가를 건설하며 전국적 범위에서 민족 해방 민주주의 혁명의 과업을 수행.	온 사회를 김일성-김정일주의화하여 인민대중의 자주성을 완전히 실현
제8차 당 대회 (2021.1월)	공화국 북반부에서 부강하고 문명한 사회주의 사회를 건설하며 전국적 범위에서 사회의 자주적이며 민주주의적인 발전을 실현	인민의 리상이 완전히 실현된 공산주의 사회 건설

---

8 중앙정보부, 『북한대남공작사(제1권)』(중앙정보부, 1972), p. 72.; 김계동·김근식 등, 『북한체제의 이해- 제도와 정책의 지속과 변화』(명인문화사, 2009), p. 394.; 민주사회를 위한 변호사 모임 국가보안법 연구 모임 편, 『2008~2010 국가보안법 보고서』(민주사회를 위한 변호사 모임, 2011), p. 62.; 법무부 법무실 통일법무과, 『통일법무 기본자료(북한법제)』(법무부, 2018), p. 25. 참조

한 권으로 읽는 국정원법 이야기

북한의 대남정책 관련 법규는 우리의 국가 보안법, 군사 기밀 보호법 등 안보 형사법과도 밀접한 관련이 있다.

우리 법원은 '북한은 조국의 평화적 통일을 위한 대화와 협력의 동반자이나 동시에 남북한 관계의 변화에도 불구하고, 적화 통일 노선을 고수하면서 우리의 자유 민주주의 체제를 전복하려고 획책하는 반국가 단체'로 북한을 보고 있다.

그리고 그 이유로 북한이 노동당 규약을 통해 적화 통일 노선을 명문으로 선언하고, 이에 변경을 가할 징후를 보이지 않는 점을 들고 있다.[9]

그러므로 북한이 남북 관계의 발전에 따라 더는 우리의 자유 민주주의 체제에 위협이 되지 않는다는 명백한 변화를 보이고, 그에 따라 북한 법률이 정비되지 않는 한, 국가 안전과 국민의 생존 및 자유 확보를 목적으로 하는 국가 보안법 등 우리 안보 형사법의 규범력이 훼손되어서는 안 될 것이다.

---

9 대법원 2008.4.17. 선고 2003년도 758 전원합의체 판결.

대남연락부의 4·19 정세 오판과
김일성의 힐책

4·19 전후 김일성은 남한정세를 어떻게 보고 있었을까?

그에 대해서는 당시 북한의 대남연락부 간부로 있었던 박병엽이 자세한 증언을 남겼다.

박병엽은 1980년대 초 제3국에서 검거된 후 1998년 사망할 때까지 한국에 살면서 서용규, 신경완, 신평길, 황일호, Q씨, S씨 등의 가명으로 많은 증언을 남겼다.

그의 증언에 대해서는 학계와 언론계에서도 사실성과 정확성이 높은 것으로 평가받고 있다.

박병엽의 증언에 따르면 1960년 3·15 부정 선거에 반발하는 남한의 시위가 확산되자 북한도 남한 정세를 제대로 전망하는 데 고심했다.

어윤갑 대남연락부장의 '학생 운동만으로는 정권 전복 불가론'과 김중린 문화부장의 '학생 운동만으로도 정권 전복 가능론'이 팽팽하게 맞서 결론을 내리지 못하고 있었다.

급기야 4.16-18 간 노동당 본청사 대회의실에서 대남 부문 관계자 450여 명 전체가 모이는 토론회가 열렸다. 김일성도 참석해서 회의 절반 정도를 지켜봤다. 집중 토론 결과, 4월 18일 밤 10시 "학생 운동이 이승만 정권 타도에는 실패할 것"이라는 결론을 내렸다. 연락부의 의견이 반영된 결론.

하지만 바로 다음 날인 4월 19일 경찰의 총격으로 100여 명 이상의 학생이 거리에서 사망하고 비상 계엄령까지 선포되자 4월 20일 노동당 정치위원회가 소집됐다.

이 자리에서 김일성은 "벌써 두 번 때를 놓쳤다. 한번은 해방전쟁 시기에 때를 놓친 것이고 이번(4·19 혁명)에도 대응책을 세우지 못했다. 전쟁 시기에는 남로당을 다 말아먹은 박헌영의 잘못으로 때를 놓쳤고, 이번에는 어윤갑을 비롯한 박일영, 임해 등 전 대남연락부장들이 잘못해서 때를 놓쳤다"고 질책했다.

그러면서 김일성은 "결국 우리 모두의 잘못으로 때를 놓쳤다. 뼈아픈 교훈을 바탕으로 시급히 대책을 강구하라. 이제 좋은 정세가 도래했으니 이에 대비하라"고 강조했다.

이날 정치위원회에서는 위장 평화 공세를 강화하고 지하 공작을 활성화하며, 조총련을 대남공작에 적극 활용한다는 방침도 결정됐다.

이 같은 결정에 따라 문화부는 밤을 꼬박 새워 노동당 중앙위원회 명의로 '4·19혁명을 지지하며 평화 통일을 위해 남북 제정당 및 사회단체 연석회의를 열자'는 호소문을 작성해서 다음 날인 4월 21일 아침 방송으로 발표했다(유영구, 1993: 189-192).

북한 3호 청사의
5·16 예측 실패

북한 대남공작 부서는 5·16을 전혀 예측하지 못했다.

그 당시 대남연락부에서 근무했던 귀순자 박병엽에 따르면 북한은 4·19 후 통일 운동이 계속 확산될 것으로 보고, 5·16이 일어날 때까지 남북 학생 회담과 정당·사회단체 협상 준비에 전력을 기울였다고 한다.

5월 초에 개최된 노동당 정치위원회에서는 군부 동향이 심상치 않다는 보고가 있었다. 하지만, 남한 군대가 미군에 예속된 상태에서 군부 쿠데타는 불가능하다는 결론이 내려졌다고 한다.

5월 16일 그날 김일성은 흥남 비료 공장에 현지 지도 나가 있었다.

점심을 먹다가 문화부장 김중린으로부터 쿠데타 보고를 받은 김일성은 급히 평양으로 돌아왔다. 김중린에게 쿠데타 발발 소식을 가장 먼저 전한 건 재일 조총련 공작부서였다.

김중린의 보고를 받은 김일성은 두 가지 지시를 내렸다.

하나는 3호 청사의 모든 정보망을 가동해서 쿠데타의 진상을 정확히 파악하라는 것이었다. 3호 청사는 대남공작부서인 연락부와 문화부가 입주해 있던 건물.

북한 대남공작기구를 총칭하는 용어로 사용됐다. 1963년에는 조사부가 생기면서 조사부도 3호 청사에 입주했다.

김일성의 다른 지시 하나는 다음날(5.17) 평양 중앙당에서 정치위원회를 긴급 소집 하라는 것.

5월 17일 열린 노동당 정치위원회에서 김중린이 남한 정세를 보고했다. 그러나 수집 정보가 빈약해서 김일성의 질문에 제대로 대답하지 못하고 끙끙댔다.

쿠데타 주체 세력이 누구냐는 물음에 김중린은 "박정희 소장과 육사 8기 출신의 소장 장교들이 움직였다는 정보가 있다"며 두루뭉술하게 답변했다. 그 사람들이 어떤 사람들이냐는 추가 질문에는 말을 잇지 못했다.

화가 난 김일성은 "이미 이전의 정치위원회에서 군부 동향이 심상치 않다는 보고가 있었고, 이를 둘러싸고 토론도 많이 했으며 '더 구체적으로 잘 연구하라'는 결론이 내려졌다. 그런데도 대남공작 관련 부서들은 이남의 대북 군사 도발이 있을 경우를 대비해 기선을 제압하는 방법을 강구하는 데만 신경을 썼지 정작 군사쿠데타의 가능성에 대해서는 제대로 파악하지 못했다."고 질책하며 "이전에 우리가 내린 결론 자체도 잘못된 것이지만 관계자들이 그 뒤 계속 연구하여 동향 파악에 심혈을 기울였어야 하지 않았는가." 하며 난감한 태도를 보였다.

그날 회의에는 김책의 차남인 민족보위성 정찰국장 김정태도 참석했는데 정변 정보에 대해 전혀 답을 못하자 김일성은 "도대체 뭘 하고 밥 먹는 거냐. 너의 아버지는 그렇지 않았는데 도대체 일 본새가 왜 그 모양이냐"며 몰아세웠다고 한다(《월간중앙》, 1991.9월호).

김일성의 '맑스-레닌주의적 혁명당' 결성 촉구

1963년 한일 국교 정상화 회담에 반대하는 데모가 대학가에 확산됐다. 이른바 '6·3사태'이다. 중앙정보부는 6·3사태를 지켜보며 새로운 특이점을 발견했다.

학생 데모대의 선전문에서 그 이전에는 볼 수 없었던 '매판 자본가', '피어린 항쟁' 같은 북한 선전물에 등장하는 용어들이 나타나고 있었다.

이것은 데모를 배후 조종하는 인물 가운데 북한과 연결된 세력이 있다는 것을 의미했다.

이러한 특이점을 추적하던 중앙정보부 제5국(국장: 홍필용)은 1962년 1월 북한 노동당 지령에 의해 남한에 인민혁명당이라는 비밀 지하 조직이 결성됐고, 이들은 혁신계 정치인, 현직 언론인 및 대학 교수, 학생들로 구성되었으며 이 조직이 6·3사태에 개입했다는 정보를 입수했다(김형욱·박사월, 1985: 131).

이 사건의 실무 담당 과장은 제5국 대공과장 이용택이었다.

김형욱 부장은 1964년 8월 14일 기자 회견을 갖고 사건 전모를 이렇게 발표했다.

1962년 1월 서울 남대문구 부암동의 우동읍 집에서 북괴로부터 특수 사명을 띠고 남하한 간첩 김영춘 사회로 통일민주청년동맹 중앙위원장 이던 우동읍과 민주민족청년동맹 경북도 간사장이던 도예종 등이 발기 인회를 갖고 외국군 철수와 남북 서신, 문화·경제 교류를 통한 평화 통일을 골자로 한 북괴 노동당 강령·규약을 토대로 발족한 「인민혁명당」 은 북괴 지령에 따라 한일 회담 반대 학생 데모를 조직적으로 일으키는 방향으로 개편, 강화하여 3·24 학생 데모가 일어나자 「불꽃회」 간부 등을 포섭, 학생 데모를 배후 조종함으로써 현 정권을 타도, 국가 변란을 음모했다(《서울신문》, 1964.8.14).

이 사건은 사법 처리 과정에서 일부 검사들이 증거 부족을 이유로 기소를 거부하는 등 조작 논란이 일었다.

김형욱 역시 그의 회고록에서 중앙정보부장으로 재직했던 7년 동안 가장 곤란하고 다루기 어려운 사건이었다고 고백했다. 심증은 뚜렷하나 물증이 없었기 때문이다.

그러면서 김형욱은 수사 도중 월북한 인민혁명당 총책 김배영(발표 당시에는 '김영춘'이란 가명 사용)이 간첩 교육을 받고 1967년 다시 남파되었다가 체포된 사실을 들어 사건의 진실을 강조했다.

1967년 체포되었을 당시 김배영은 비밀 연락을 위한 무전기와 난수표, 그리고 권총과 공작금을 소지하고 있어 간첩 혐의를 벗어나기 어려웠다.

당시 수사 실무자였던 이용택은 2004년 월간조선과의 인터뷰에서 "김배영이 권총 여섯 자루에 실탄 300여 발을 소지한 채 부산 다대포로 침투했다가 검거됐는데, 진해 별장에 내려오는 박정희 대통령을 살해하라는 지령을 받고 내려왔었다"고 설명했다(《월간조선》, 2004.4).

또한, 김형욱 부장은 발표문에서 '남조선을 혁명시킬 당이 필요하다'는 김일성의 지령에 따라 인민혁명당이 결성되었다고 밝혔다.

발표문을 보면 당시 중앙정보부는 1961년 9월 있었던 김일성의 연설문을 입수하여 그 추이를 지켜보고 있었던 것으로 보인다.

훗날 발굴된 자료에 따르면 1961년 9월 11일 평양에서 개최된 북한 노동당 제4차 대회에서 김일성은 이렇게 연설했다. 관련 부분을 원문 그대로 옮겨 본다.

… 남조선 인민들이 반제 반봉건 투쟁을 성과적으로 진행하며 이 투쟁에서 승리를 쟁취하기 위하여는 맑스-레닌주의를 지침으로 하며 로동자, 농민을 비롯한 광범한 인민대중의 리익을 대표하는 혁명적 당을 가져야 합니다. 이러한 정당이 없이는 인민대중에게 명확한 투쟁 강령을 줄 수 없으며, 혁명 군중을 굳게 결속할 수 없으며, 군중 투쟁을 조직적으로 전개할 수 없습니다. 혁명적 당이 없었고 명확한 투쟁 강령이 없었으며, 따라서 기본 군중인 로동자, 농민이 항쟁에 광범히 참가하지 못하였기 때문에 4월 봉기(4·19혁명 지칭, 필자)는 철저히 조직적으로 전개되지 못하였으며 남조선 인민들은 그들이 흘린 피의 대가를 미제의 다른 주구들의 손에 빼앗기지 않을 수 없었습니다. 역시 혁명적 당의 령도가 없었으며 로동자, 농민, 병사 대중의 각성이 부족하였기 때문에 남조선 인민들은 군부 상층의 파쑈 분자들에 의한 권력 탈취를 막지 못하였으며 민주주의적 권리에 대한 적들의 공격을 반대하여 효과적인

반격을 조직하지 못하였습니다. 남조선 인민들은 이 쓰라린 경험에서 반드시 교훈을 찾아야 합니다. 남조선 인민들은 광범한 군중 속에 깊이 뿌리박은 로동자, 농민의 독자적인 당을 가져야 하며, 그 합법적 지위를 쟁취하여야 합니다(돌베개 편집부, 1988: 225~226).[10]

김일성의 3대 혁명 역량
강화 지시

　김일성은 노동당 제4차 대회에 이어 1964년 2월 27일 열린 조선 노동당 중앙위원회 제4기 제8차 전원회의에서도 남한 내 지하 공산당 건설을 강조했다.

　이날 연설에서는 한반도 전체를 공산화하기 위한 방안을 보다 구체화해서 세 가지 역량의 강화를 제시했다.

　'조국 통일 위업을 실현하기 위하여 혁명 역량을 백방으로 강화하자'라는 제목으로 연설한 김일성 연설의 주요 부분을 발췌하면 아래와 같다.

　… 우리나라에서 미 제국주의자들을 몰아내고 민족 해방 혁명을 완수하기 위하여서는 어떤 혁명 력량이 필요합니까? 우리 혁명이 승리하기 위하여서는 세 가지 혁명 력량이 잘 준비되어야 합니다. 그 첫째는 북조선의 혁명 력량이며, 둘째는 남조선의 혁명 력량이며, 셋째는 국제적 혁명 력량입니다. 미 제국주의자들을 우리 강토에서 몰아내고 조국을 통일하는 것은 남북 조선 전체 인민의 공동의 투쟁 과정입니다. 그러므로 미 제국주의자들의 강점 밑에 있는 남조선 인민들은 물론, 북조선 인민들도 혁명 력량을 길러야 하며 조국 통일을 위하여 간결히 투쟁

하이야 합니다. … 요즘 박정희란 놈은 '선 선설 후 통일'이라는 구호를 들고 있는데, 이것은 남조선을 북조선보다도 더 잘 건설한 다음에 통일 해야 공산주의자들을 이길 수 있다는 뜻입니다. 그러나 미제의 식민지 통치 밑에서는 놈들의 이와 같은 꿈은 절대로 실현될 수 없습니다. 우리는 경제를 더욱 발전시켜 도시와 농촌에서 근로자들이 더 부유하고 문명한 생활을 누릴 수 있도록 만들어야 하겠습니다. 이렇게 하여 북조선의 경제력이 강화되고 남북조선 인민들의 생활에서의 차이가 락원과 지옥같이 더욱 뚜렷하여질 때 남조선 인민들은 더욱더 공화국 북반부를 동경하게 될 것이며 미제의 식민지 통치를 반대하여 용감하게 일떠설 것입니다. … 그러면 남조선의 혁명 력량을 어떻게 길러내야 할 것입니까? 무엇보다도 먼저 혁명의 주력군을 튼튼히 꾸리는 문제가 중요합니다. 혁명의 주력군이란 혁명에 동원될 수 있는 기본 계급과 그 속에 뿌리박은 맑스-레닌주의당을 의미합니다. 맑스-레닌주의당의 령도 밑에 사회의 기본계급인 로동자, 농민이 동원되어야만 혁명이 승리할 수 있는 것입니다. … 다음으로 남조선의 혁명 력량을 꾸리는 데서 중요한 문제는 각계각층 군중을 통일 전선에 묶어 세우는 것입니다. 남조선의 인테리들과 청년 학생들, 도시의 소시민들과 량심적인 민족 부르조아지를 비롯한 민주주의를 지향하는 각계각층 군중은 통일 전선에 망라되어야 합니다. 통일전선 사업을 잘해야 할 필요성은 어디에 있습니까? 이 사업을 잘하면 첫째로, 혁명의 주력군을 키우는 데 아주 유리한 조건을 마련할 수 있습니다. 광범한 군중을 통일 전선에 묶어 세워야만 반혁명 세력을 더욱 고립시키고 혁명의 주력군에 대한 적의 공격을 약화시킬 수 있으며 혁명 력량을 보호하고 끊임없이 확대·강화할 수 있습니다. 둘째로, 혁명의 주력군을 보조할 수 있는 힘 있는 부대를 만들어 낼 수 있습니다. 각계각층 군중은 혁명의 주력군으로는 될 수 없으나 로동자, 농민과 힘을 합할 때에는 적에게 큰 타격을 줄 수 있는 중요한 보조적 력량으로 됩니다. 그러므로 혁명의 주력군을 튼튼히 꾸리는 한편, 각계각층 군중을 혁명의 편으로 끌어들이도록 통일 전선 사업을 잘해야 합니다. … 우리는 남북조선에서 혁명 력량을 끊임없이 축적하는 한편, 국제 혁명 력량을 강화하기 위하여 투쟁하여야 합니다. 국제 혁명 력량과의 련대성을 더욱 강화하여야 하며 미 제국주의를 고립시키며 그 침략 정책을 파탄시키기 위하여 억센 투쟁을 벌여야 합니다. 우리는 모든 사회주의 나라 인민들과 굳게 단결하여야 하며 제국주의의 예속에서 벗어나기 위하여 투쟁하고 있는 아세아, 아프리카, 라틴아메리카 인민들을 적극 지지 하며 그들과의 단결을 강화하여야 합니다. … 우리는 미 제국주의를 반대하는 세계의 모든 인민들과 단결하여야 하며 그들의 반미투쟁을 적극 지지 하여야 합니다. 또한 미 제국주의자들과 프랑스나 일본 그밖에 다른 제국주의자들 사이의 갈등과 모순도 이용해야 합니다. 이리하여 국제 무대에서 미 제국주의를 최대한으로 고립시키며 그들이 세계의 이르는 곳마다에서 막다른 골목에 빠지도록 하여야 합니다(이한, 1989: 246-256).

김일성의
'결정적 시기' 준비

김일성은 1966년 10월 노동당 대표자 회의에서 「현 정세와 우리 당의 과업」이라는 제목으로 연설했다. 1960년대 중반 김일성의 대남공작 인식을 확인할 수 있는 자료이다. 이 연설에서 김일성은 '남조선 혁명의 기본 임무는 미제의 식민지 통치를 청산하고 남조선 사회의 민주주의적 발전을 보장하며 북반부의 사회주의 역량과 단합하여 나라의 통일을 달성하는 데 있다.'고 강조했다. 이날 연설의 주요 부분은 아래와 같다.

남조선의 소위 '대한민국 정부'는 미 제국주의자들이 만들어 낸 괴뢰 정권으로서 그들의 식민지 통치를 가리는 위장물이며, 미국의 침략 정책을 충실히 집행하는 도구에 지나지 않습니다. 미제의 남조선 강점과 그의 식민지 통치는 남조선 인민들이 겪고 있는 모든 불행과 고통의 근원이며 우리 조국의 통일을 가로막고 있는 기본 장애입니다. 남조선에서 미 제국주의자들의 식민지 예속화 정책을 지지하며 그에 추종하고 있는 자들은 한 줌도 못 되는 지주, 매판 자본가, 반동 관료배들입니다. 그들은 미국 침략자들과 결탁하여 남조선 인민들에게 식민지 노예 생활을 강요하고 있으며 침략자들의 온갖 전횡과 약탈 행위를 적극 옹호하고 있습니다. 그들은 미 제국주의자들의 비호 밑에 인민들을 억압하고 착취하며 조국과 민족의 이익을 희생으로 하여 권세와 향락을 누리고 있습니다. 남조선 인민들은 미국 침략자들을 반대하여 투쟁하는 동시에 그의 주구로서, 안내자로서 복무하고 있는 지주, 매판 자본가, 반동 관료배들을 반대하며 그들을 타도하기 위하여 투쟁하여야 할 것입니다. 남조선 인민들은 자기들이 전개하고 있는 당면한 모든 투쟁을 미제의 식민지 통치를 청산하고 지주, 매판 자본가, 반동 관료배들을 타도하며 정권을 전취하기 위한 투쟁으로 발전시켜야 합니다. 남조선 인민들은 각계각층을 망라하는 인민 정권을 수립할 때에만 오늘의 저주로운 처지에서 완전히 벗어날 수 있으며 진정한 자유와 해방을 달성할 수 있습니다. 현 단계에서 남조선 혁명의 기본 방침은 적들의 탄압으로부터 혁명 역량을 보존하는 동시에 그것을 부단히 축적하고 장성시킴으로써 혁명의 결정적 시기를 맞이하기 위한 준비를 하는 데 있습니다. 혁명 역량은 투쟁이 없이 저절로 준비될 수 없으며 오직 간고한 투쟁을 통해서만 장성될 수 있습니다. 투쟁의 시련 속에서 혁명의 지도자들과 핵심들이 나오고 인민대중이 각성되며 혁명 역량이 장성되는 것입니다. 남조선의 혁명 조직들과 혁명가들은 혁명의 결정적 시기를 앞당기며 미제의 식민지 통치를 분쇄하기 위하여 사상적 및 조직적 역량을 부단히 강화하여야 하며 폭력적 및 비폭력적인 모든 형태의 혁명 군중을 준비시켜야 할 것입니다(돌베개 편집부, 1988: 473-480).

북한「조평통」과
「통전부」

2018년 2월 열린 강원도 평창 올림픽을 계기로 북한의 위장 평화 공세가 조국평화통일위원회(조평통)과 통일전선부(통전부)를 중심으로 대대적으로 전개됐다.

두 단체는 우리에게 낯설지는 않으나 별로 익숙하지도 않다. 따라서 두 조직의 성격을 정확히 이해하는 것도 한국을 둘러싼 국가 정보 현상을 올바로 이해하는 데 도움을 줄 것이다.

조평통과 통전부 모두 대남 심리전 전문 조직이다. 다만, 조평통은 공개적으로 북한 체제를 선전·선동하는 표면적인 조직인 데 비해 통전부는 남측과의 물밑 협상과 대화를 통해 자신들의 전략적 목적을 관철한다는 점에서 다소 차이가 있다. 이 두 조직 이외 연락부, 조사부 등의 대남·해외 공작기구가 명멸하다 2009년 2월 정찰총국으로 통합됐다.

양 기구의 특성을 좀 더 자세히 이해하기 위해서는 두 조직이 설립되는 배경과 변화 과정을 살펴볼 필요가 있다.

조평통은 남한의 4·19를 계기로 생긴 조직이다. 북한은 1960년 부정선거에 항의하는 남한 학생들의 시위가 확산되자 이러한 사태가 이승만 정권의 붕괴로까지 나아갈 것인지 아닌지를 놓고 판단을 내리지 못해 전전긍긍하고 있었다.

급기야 대남공작 전문가들은 1960년 4월 16일부터 18일까지 사흘간 모여 대대적인 토론을 벌였다. 그리고 그 결론은 이승만의 퇴진으로까지는 나아가지 않는다는 것이었다. 그 자리에는 김일성도 있었다. 그러나 이승만은 다음 날인 4월 19일 하야했다.

당황한 김일성은 4월 20일 노동당 정치위원회를 열어 정세를 오판한 대남공작 관계자들을 신랄하게 비판했다.

그리고 위장 평화 공세, 지하 공작 활성화, 조총련의 적극 활용 등을 대남공작 지침으로 제시했다.

이 시기 만들어진 기구가 조평통이다. 설립 준비 과정을 거쳐 남한에서 5·16이 일어나기 직전인 1961년 5월 13일 정식 창설됐다.

통전부는 그 뿌리를 문화부에 두고 있다. 문화부는 노동당 중앙위원회 상설 기구로, 1956년 7월 만들어진 기구다. 대남 선전선동 자료 제작, 남한 정세 분석, 조총련 지도 등이 주요 임무였다(유영구, 1993: 188).

문화부는 김정일로 권력을 이양하는 과정에서 1977년 10월 통일전선공작부라는 이름으로 개칭됐다. 1975년 12월 문화부를 일시 해체 한 후 그 기능을 연락부, 국제부 등으로 분산시켰다가 통합 필요성이 제기되어 다시 통일전선공작부라는 이름으로 부활시켰다. 그 후 공작이라는 단어가 빠지고 통일전선부라고 지칭되고 있다.

대남 조직을 재정비한 김정일은 "남북 대화를 미국에 대한 남한의 예속성을 낱낱이 까발리는 정치 투쟁의 장으로 이용하고 남조선 재야·학생 세력을 간접적으로 옹호·엄호하는 데 초점을 맞추라"고 지시했다(신평길, 1996: 206).

　　　　　　　　　　　　　한 권으로 읽는 국정원법 이야기

조평통과 통전부는 이런 과정을 거쳐 생겨났다. 김정은 시대에 이르러서도 두 기구는 잔존하고 있다. 다만, 2016년 6월 통전부 외곽 기구였던 조평통을 내각 소속 국가 기구로 승격시킨 점이 조그마한 변화다. 평창 올림픽에서의 대남 심리전 활동은 정부 기구로 승격된 조평통의 첫 작품인 셈이다.

남북대화 국면에서 두 단체는 선전의 기조를 조금씩 달리했다. 하지만 아무리 시대적 상황이 바뀔지라도 그들의 교조적 원칙인 김일성의 '교시'는 변하지 않을 것이다. 그런 점에서 1972년 8월 제1차 남북 적십자 회담 대표들에게 언급한 다음과 같은 김일성의 말은 시사하는 바 크다.

"우리가 남조선 당국자들과 대화를 하는 것은 대화를 통해서 유리한 고지를 점령하자는 데 목적이 있는 것이지 그들과 타협을 해서 현상을 유지하자는 것이 아닙니다. 그리고 대화가 결렬될 경우에는 그 책임을 적들에게 넘겨씌워야 합니다. 동무들은 항상 이 점을 명심해야 합니다.(김용규, 2013: 230)"

※ 붙임: 북한 대남공작 조직의 생성과 변천

<붙임>

북한 대남 공작 조직의 생성과 변천

조직명	설립	주요 기능	비 고
연락부	1947	북로당 산하기구, 남로당과의 연락 관장	대남공작 본산 * 1956.2부터 각종 대남 공작 조직 '3호 청사' 건립 입주
내각정보 위원회	1949.6	대남공작기관 조정, 대남공작 지원	1957.1 '국가정보위원회' 로 개칭
문화부	1956.7	대남 심리전, 남한 정세 분석 연구	1975.12 해체, 기능 분산 * 3호 청사 입주
내각정보 총국	1957.1	각종 정보 통합, 국가정보위 보고	1960 연락부 편입
남조선국	1960	연락부 및 문화부 통합지도, 대남 사업 총괄	1961.11 해체
조국평화 통일위원회	1961.5	통일 전선 구축, 남한 혁신 세력 지원	초대위원장:홍명희 * 2016.6 내각 기구 격상
대남사업 총국	1963	연락부·문화부·조사부 통합 지도, 1961.11 해체된 '남조선국' 기능 부활	1968.11 해체
조사부	1963	해외 공작거점 운영, 대남우회 침투 공작	대외조사부, 대외정보 조사부 등으로 개칭 * 3호 청사 입주
대남 비서	1966.10	대남사업 총책, 김일성 대남사업 직접 관장	1975 폐지, 김정일대남 사업 장악
124군 부대	1967.4	대남 기습 작전, 단기 침투공작	1968 1.21 청와대 기습 사건 유발

통일전선 공작부	1977.10	1975.12 해체된 문화부 업무 부활	대남 지하 공작, 심리전 주도
정찰총국	2009.2	대남·해외 공작 업무 총괄 * 노동당 작전부와 대외정보조사부 (35호실), 인민무력부 정찰국 통폐합	인민무력부 산하

* 출처: 신평길 편, 『김정일과 대남공작』(북한연구소, 1996); 유영구, 『남북을 오고 간 사람들』(글, 1993); 중앙정보부, 『북한대남공작사(제1권)』(중앙정보부, 1972); 정규진, 『한국정보조직 – 암행어사에서 중앙정보부까지』(한울, 2013); 김용규, 『영웅칭호를 받은 남파공작원의 고백-태양을 등진 달바라기』(글마당, 2013).

4장

중앙정보부법의
제정과 변천

김종필의 중앙정보부 창설과
부훈의 제정

박정희 정부는 세 가지의 정치 체제를 운영해 봤다. 군정(軍政), 민정 (民政), 유신 체제이다.

이 가운데 군정을 이끈 두 개의 축이 국가재건최고회의와 중앙정보부 였다.

1961년 5월 16일부터 1963년 12월 16일까지 2년 7개월간 운영된 국가 재건최고회의는 행정·입법·사법 3권을 장악한 최고 통치 기구였다. 그 리고 중앙정보부는 그 직속 기구였다.

박정희·김종필·이석제 등 3명이 5·16을 준비하면서 정변 이후의 정 책을 구상할 때 두 개의 기구를 만들기로 이미 합의가 되어 있었다.

이석제의 증언에 따르면 중앙정보부 설치는 박정희와 김종필의 아이 디어였다.

정보 장교 출신인 그들이 육군 본부 정보국에서 오래 근무하며 국가 운영에서 정보가 차지하는 중요성을 잘 알고 있었기 때문에 혁명 후 강 력한 정보기관을 창설하기로 혁명 계획에 포함시켰다고 한다.

그리고 구체적인 창설 계획이나 조직, 전반적인 추진은 모두 김종필이 주도하고 자신은 거기에 개입하지 않았다고 한다(이석제, 1995: 80).

김종필은 중앙정보부 창설의 아이디어를 미국 중앙정보국(CIA)에서 따왔다고 밝혔다. 그에 의하면 그는 한국형 CIA를 만들겠다는 구상을 1958년 육본 정보국 행정과장 시절부터 갖고 있었다. 당시 CIA 소속 스미스(가명) 대령이 특별 강의를 하면서 CIA 기능과 활동 방식을 설명했다.

그 강의를 들으며 국가의 모든 정보기관을 총괄·조정하고 수집 첩보를 조사·분석하여 고급 정보로 숙성시켜 대통령에게 보고하는 CIA 같은 정보기관이 한국에도 필요하다는 것을 절감했다고 한다(김종필, 2016: 135).

그와 함께 김종필은 신설 중앙정보부에 수사권을 부여하기로 결심했다. 군정에 저항하는 세력을 억제하고 북한의 간접 침략에 대응하기 위해 수사권을 가지기로 고심 끝에 결론을 내렸다고 한다.

조정권과 수사권이 신설되는 중앙정보부의 핵심 권한이었다.

김종필은 신설 중앙정보부가 이후락의 중앙정보연구위원회를 참고했다는 주장을 부인했다. 이후락이 운영하던 중앙정보연구위원회에 대해 "(이후락이) 정보 경험이 있는 사람이라고 (장면 총리가) 옆에 놓고 있었지만 제대로 된 정보 기능이 아니라 사적인 활동 수준이었다."고 평가 절하 했다(김종필, 2016: 139).

김종필은 중앙정보부의 부훈(部訓)을 '우리는 음지에서 일하고 양지를 지향한다'로 자신이 직접 지었다. 그 의미에 대해 그는 이렇게 설명했다.

나는 정보기관이 무엇을 하고 어떤 곳인지를 간결하게 표현하기로 했다. 중앙정보부는 근대화 혁명의 숨은 일꾼이어야 한다. 정보부원은 자꾸 나타나려고 하면 안 된다. 숨어서 정부를 뒷받침해야 한다. 밖으로 드러나는 건 사람이 아니라 그 성과여야 한다. 응달에서 묵묵히 일하는 걸 몰라줘도 좋다. 우리가 만든 정보를 국정 책임자가 사용해서 국가 발전에 이바지하면 그게 바로 양지를 사는 것이다. 그런 원칙과 철학을 담았다(김종필, 2016: 136).

중정 창설 주도
육사 8기 엘리트들

1961년 6월 10일 창설된 중앙정보부는 부장 아래 두 차장과 4개국을 두었는데 초대 부장은 김종필, 행정차장은 이영근, 기획운영차장은 서정순, 제1국장(총무)은 강창진, 제2국장(해외)은 석정선, 제3국장(수사)은 고제훈, 제5국장(교육)은 최영택이 맡았다. 모두 육사 8기 출신이었다.

육사 8기, 그들은 입학 당시 10대 1의 높은 경쟁률을 뚫고 합격된 데다 정부 수립 후 최초로 배출된 장교라는 점, 그 시기 다른 기수에 비해 교육 기간이 비교적 길었던 6개월이었으며, 6·25전쟁 때 대부분 야전 부대 소대장 및 중대장으로 참전하여 실전 경험이 풍부, 다른 기수와 달리 단합이 잘된다는 평을 듣고 있었다(강창성, 1991: 349).

1,335명이 졸업하던 1949년 5월 23일, 1등으로 졸업한 이헌영은 육사 교장의 부관, 2등에서 5등까지는 육군 본부의 요직, 6등에서 35등까지 30명은 육군 본부 정보국에 배치받았다(이영근, 2003: 107).

1949년 들어 북한의 빈번한 게릴라 침투로 정보 업무의 중요성이 증가해지자 우수한 요원을 육본 정보국에 배치해서 정보국 기능을 대폭 강화하려는 당시 육본 정보국장 백선엽, 차장 계인주 등의 인사 방침이었다.

선발된 30명 가운데 15명은 전투정보과에, 나머지 15명은 첩보과
(HID)에 배치했다(계인주, 1999: 138~139).

이희성(중앙정보부장 서리 역임), 석정선, 이병희(전 중앙정보부 서울지부장),
최영택, 전재구 등이 첩보과에 발령받은 것으로 확인되고 있다.

정보국에 임용된 30명은 다시 청량리 정보학교에 입교하여 3주간 정보
교육을 받고 1949년 6월 20일부터 정식 업무를 시작했는데, 이들은 청량
리의 '淸'자와 정보학교의 '情'자를 따 '淸情会'란 모임을 만들었다. 2003년
기준으로 청정회의 생존자는 고제훈, 김영민, 전창희 등 10명이다.

훗날 중앙정보부 창설을 주도한 인물들은 대부분 육본정보국 산하
전투정보과에 발령받은 사람들이다.

당시 전투정보과에는 박정희 전 대통령이 남로당에 가입한 혐의로 강
제 예편되어 군복을 벗은 채 문관으로 근무하고 있었고, 5·16 후 경호
실장을 오랫동안 역임했던 박종규가 하사관으로 근무하고 있었는데, 청
정회 멤버 중 김종필·엄용승·김진구·김진성 등은 북한반에, 이영
근·서정순·전재덕·함덕윤 등은 남한반으로 발령받았다.

1961년 5·16 직후 중앙정보부장으로 임명받은 김종필은 이영근, 서정
순, 김병학, 고제훈, 석정선 등 육본 정보국에서 함께 일했던 육사 8기
동기생들을 끌어모았다. 머리가 좋은 친구들이었기 때문이라고 한다.

이렇게 시작된 중앙정보부 창설 팀은 서울 시내 여관을 전전하며 일
하다 1961년 5월 23일 태평로 서울신문사 옆 국회 별관(지금의 파이낸스
센터 빌딩)에 정식으로 사무실을 열었다(김종필, 2016: 135).

5·16 직후 처음 김종필과 연결된 청정회 멤버는 최영택 중령이다.

정변 당시 그는 육군첩보부대(HID) 첩보과장으로 근무하고 있었다.

주체 세력에서 제외되어 있었던 그는 5·16 아침 총소리를 듣자마자 박정희와 김종필이 일을 벌였을 거라는 생각에 김종필을 만나러 용산의 육군본부로 달려갔다.

거기서 동기 길재호로부터 지금 남산 KBS에 있을 거라는 얘기를 듣고 다시 남산으로 갔다.

남산 KBS 마당에서 최영택을 만난 김종필은 무척 반가워하며 "우리가 정보국에 있을 때 평소 생각했던 미국의 CIA 같은 기구를 창설해야겠어. 넌 이제부터 이 작업 좀 해야겠다. 지금부터 착수하자."며 일을 맡겼다(조갑제a, 2006: 219).

최영택이 김종필을 만나고 지금의 남산 하얏트 호텔 자리에 있던 첩보 부대로 돌아오자 부대 간부들이 최영택의 말을 듣기 위해 모여들었다.

최영택은 이제부터 김종필과 일을 해야겠다며 김종필이 타고 다닐 지프차와 운전병, 김종필이 차고 다닐 권총을 요청해서 지원을 받았다.

훗날 김종필은 최영택이 첩보 부대에 근무하고 있었기 때문에 보안을 유지하는 데 최적임자라고 생각해서 최영택에게 중앙정보부를 조직하는 일을 맡겼다고 술회했다(김종필, 2016: 126).

이처럼 중앙정보부 창설 작업은 비밀리 추진됐다.

5월 17일 김종필은 최영택에게 "우리 동기들을 불러오자. 우선 서정순, 이영근 그리고 제대한 뒤 대구에 내려가 있는 고제훈을 불러와."라고 했다. 모두 청정회 멤버였다.

이영근은 5월 17일 아침 최영택으로부터 김종필 중령이 만나고 싶어하니 정동호텔 5호실로 열두 시 정각에 나오라는 전화를 받았다.

거사 다음 날 그 바쁜 시간에 김종필 중령이 자신을 만나자는 것으로 보아 매우 중요한 문제를 논의할 것 같다는 생각을 가지고 지성된 곳으로 가 보니 거기에는 서정순, 석정선도 나와 있었다(이영근, 2003: 183).

조갑제 기자는 이들이 만난 날짜를 18일, 회동한 장소를 구 러시아 공사관 근처 하남호텔로 기록하고 있으나 이영근은 17일, 정동호텔로 기억했다.

이영근도 5·16 주체 세력에는 끼지 못했다. 5·16 아침 습관적으로 라디오 뉴스를 듣다가 정변이 일어난 걸 알고 깜짝 놀랐다.

임관 이후 정보 계통에서만 근무해 온 그는 라디오를 듣는 게 습관화되어 있었다. 당시 라디오가 가장 빠른 정보 매체였기 때문에 정보 업무에 종사하는 사람들은 틈만 있으면 라디오에 귀를 기울이는 것이 공통적인 습관이었다고 한다.

5월 17일 정동호텔에서 김종필과의 만남을 이영근은 이렇게 기록했다.

조금 있다가 카키복 차림의 김종필 중령이 달려왔다. 우리는 우선 혁명 거사의 용단을 칭찬하고 그 성공을 축하하면서 자리를 잡았다. 그러자 김 중령이 입을 열었다. "혁명 과업을 중추적으로 추진해 나갈 혁명의 핵심적인 기구를 만들어야 하겠는데, 그 기구의 구성안을 최단 시일 내로 만들어 주어야겠어." 김 중령이 우리를 만나고자 한 뜻은 그 부탁을 하기 위해서였다(이영근, 2003: 184).

중앙정보부법의
탄생

군정(軍政), 민정(民政), 유신 체제(維新体制)를 운영해 봤던 박정희 정부.
군정 시기(1961.5-1963.12)를 이끈 두 개의 마차가 국가 재건 최고 회의
와 중앙정보부.

1961년 5월 16일 새벽 5시 KBS 라디오를 통해 전국에 방송된 '혁명
공약' 발표의 명의는 군사혁명위원회 의장 겸 계엄 사령관 장도영 육군
참모총장이었다.

사실 그때까지 군사혁명위원회는 실체가 없었고, 장도영도 혁명에의
참여 여부를 결심하지 않은 상태였다.

방송이 나간 후 박정희는 장도영에게 참여를 설득했다. 하지만 장도영
은 10여 시간 수락을 미루다 윤보선 대통령과 매그루더 주한미군 사령
관을 만나고 와서 5월 16일 오후 4시 30분 혁명 지지 의사를 밝혔다.

장도영이 결심을 못 하고 우물쭈물하는 사이, 군사혁명위원회 의장
장도영 육군 중장의 이름으로 군사혁명위원회령 제1호에서 제4호가 공
포됐다.

제1호는 1961년 5월 16일 오전 9시 현재로 대한민국 전역에 걸쳐서 비
상 계엄을 선포한다는 내용이었고, 제2호는 계엄부사령관 박정희와 각

지역 계엄 사령관의 명단, 제3호는 군사위원회 위원 30명의 명단이었다.

5월 17일 군사혁명위원회 구성이 끝나고 5월 18일 장면 국무총리의 비상 계엄령 추인과 국무 위원 총사퇴가 결의됐다. 다음 날인 5월 19일 아침 9시경 육군 본부 소회의실에서 군사혁명위원들을 대상으로 통치 기구와 '혁명 정부'를 설명하는 첫 회의가 열렸다.

브리핑을 맡은 자는 김종필.

그날 회의에 참석했던 김윤근은 그때의 인상을 다음과 같이 기록했다.

브리핑 내용은 혁명 정부가 가져야 할 혁명적인 통치 기구에 관한 것이었다. 김씨가 설명한 통치 기구의 구상은 스케일이 크고 새로운 착상이어서 브리핑에 참석했던 사람들은 모두 적지 않은 감명을 받았다. 혁명적인 통치 기구에 관한 구상이 김씨의 단독 구상인지 다른 사람과의 공동 작품이었는지 알 수 없으나, 그가 능란한 화술로 설명했기 때문에 브리핑 내용을 크게 돋보이게 했고, 그것을 담당한 사람까지도 덩달아 돋보이게 했다.

… 통치 기구에 관한 브리핑을 받고 그에게서 받은 인상은 '원대한 비전을 가진 사람이구나' 하는 것이었다. 그때 김씨가 해 준 브리핑 내용을 간추려 보기로 한다. 첫째, 군사혁명위원회는 이름이 군대식이므로 너무 딱딱하다. 좀 부드럽고 국민에게 새로운 이미지를 줄 수 있는 국가 재건 최고 회의라는 명칭으로 바꾸어야 한다. 국가 재건이란 말은 진정한 민주 국가를 재건하겠다는 의지를 표시하는 것이고, 최고 회의는 문자 그대로 나라를 통치하는 최고의 회의체 기관이라는 뜻이다. 또한 최고 회의는 행정·사법·입법의 3권을 장악하고 행정부와 사법부에

한 권으로 읽는 국정원법 이야기

대해서는 감독권만 행사하고 입법 기능은 직접 관장한다.

그의 안(案)대로 군사혁명위원회는 국가 재건 최고 회의로, 군사혁명 위원은 국가 재건 최고 회의 최고위원으로 개칭하게 된다.

둘째, 최고 회의의 직속 기관으로 중앙정보부를 신설해서 국가 안보에 관한 국내외의 정보를 수집하고 범죄 수사와 군·검·경의 대공 사찰 기능을 조정·통제하게 해서 노력의 중첩과 낭비를 방지케 한다. 사실 그때까지 대공 사찰 업무는 군·검·경 세 기관에서 서로 공을 다투어 가며 경쟁했기 때문에 많은 노력의 중첩과 낭비가 있었고, 때로는 불필요한 마찰도 있었던 게 사실이다.

셋째, 국민정신과 생활을 혁신하는 국민운동을 전개하기 위해서 최고 회의 직속으로 재건국민운동본부를 설치한다. 각 도에는 지부를 설치하고 각 군, 각 면, 각 동리에는 촉진회를 두어서 거국적인 운동을 전개한다. 본부장에는 유진오 박사와 같은 국민의 존경을 받고 있는 저명 인사를 추대해야 한다. 김종필 씨의 브리핑대로 세 기관의 설치법이 제정되었고 곧바로 세 기관은 설립되었다(김윤근, 1987: 101~103).

국가 재건 최고 회의 설치 근거법이 1961년 6월 6일 공포된 국가재건 비상조치법이다. 군정 기간 시행된 임시 헌법.

이 법(제1조)은 "대한민국을 공산주의의 침략으로부터 수호하고 부패와 부정과 빈곤으로 인한 국가와 민족의 위기를 극복하여 진정한 민주 공화국으로 재건하기 위한 비상조치로서 국가 재건 최고 회의를 설치한다."고 했다.

이어 존속 기간에 대해 "국가 재건 최고 회의는 5·16 군사 혁명 과업

완수 후에 실시될 총선거에 의하여 국회가 구성되고 정부가 수립될 때까지 대한민국의 최고 통치 기관으로서의 지위를 가진다."고 同法 제2조는 밝혔다. 1963년 12월 17일 제3공화국이 출범할 때까지 2년 7개월간 운영됐다.

국가재건비상조치법이 공포되고 나흘이 지난 1961년 6월 10일 공포된 국가재건최고회의법(제18조 1항)은 "공산 세력의 간접 침략과 혁명 과업 수행의 장애를 제거하기 위하여 국가 재건 최고 회의에 중앙정보부를 둔다."고 했다.

중앙정보부 설치의 목적이 '공산 세력의 간접 침략' 제거와 '혁명 과업 수행의 장애' 제거 두 가지라는 점을 분명히 하고 있다.

하지만 같은 날 6월 10일 공포된 중앙정보부법(제1조)은 그 기능을 "국가 안전 보장에 관련되는 국내외 정보 사항 및 범죄 수사와 군을 포함한 정부 각부 정보 수사 활동을 조정 감독 하기 위하여 국가 재건 최고 회의 직속하에 중앙정보부를 둔다."고 했다.

국가재건최고회의법에 명기된 중앙정보부 설립 목적의 하나인 '혁명 과업 수행의 장애 제거'가 중앙정보부법에는 빠져 있다.

그러면 왜 이런 현상이 일어난 걸까?

그 이유는 두 법률의 제정자가 다르기 때문이다.

국가재건비상조치법과 국가재건최고회의법의 제정은 당시 서울대 교수였던 한태연과 이병두 변호사가 맡았다. 5·16을 준비할 때 행정반 책임을 맡았던 이석제가 영입했다. 한태연은 국가재건비상조치법을, 이병두는 국가재건최고회의법을 만들었다(이석제, 1995: 127).

이와는 달리 중앙정보부법은 청정회 멤버인 이영근, 서정순 등이 법률 초안을 만들어 신직수 변호사의 검토를 거쳤다.

제정 중앙정보부법은 조문 전체가 9개에 불과했다.

이 법의 핵심은 조정권과 수사권.

김종필은 5·16 혁명을 뒷받침할 무서운 기관이 필요했기 때문에 중앙정보부를 만들 때 부문 정보기관 조정권과 함께 수사권을 부여했다고 밝혔다(김종필, 2016: 135).

제정 중앙정보부법의 전문은 아래와 같다.

제1조(기능)

국가 안전 보장에 관련되는 국내외 정보 사항 및 범죄 수사와 군을 포함한 정부 각부 정보 수사 활동을 조정 감독 하기 위하여 국가 재건 최고 회의(이하 최고 회의라 칭한다)직속하에 중앙정보부를 둔다.

제2조(본부와 지부)

중앙정보부는 서울특별시에 본부를 두고 필요에 따라 지부를 둔다.

제3조(직원)

① 중앙정보부에 부장 1인과 기획 운영 차장, 행정 차장 각각 1인을 두고 지부에 지부장을 두며 본부와 지부에 수사관을 둔다.

② 부장과 기획 운영 차장, 행정 차장은 최고 회의의 동의를 얻어 최고 회의 의장이 임명하고 지부장은 부장의 제청으로 최고 회의 의장이 임명한다.

③ 수사관은 전형에 의하여 부장이 임명한다.

제4조(직원의 권한, 의무)

① 부장은 최고 회의 의장의 명을 받아 중앙정보부의 업무를 장리(掌理) 하고 소속 직원과 제1조에 규정된 정보 수사에 관하여 국가의 타 기관 소속 직원을 지휘 감독 한다.

② 기획 운영 차장은 중앙정보부 전반에 대한 기획 및 운영 부문에 대하여 부장을 보좌한다.

③ 행정 차장은 중앙정보부 전반에 대한 인사, 행정, 재정 시설 부문에 대하여 부장을 보좌한다.

④ 지부장은 부장의 명을 받아 지부 업무를 장리하며 소속 직원을 지휘 감독 한다.

제5조(협의 기관) 중앙정보부에 정보위원회와 기타 필요한 협의 기관을 둘 수 있다.

제6조(수사권)

① 중앙정보부장, 지부장 및 수사관은 소관 업무에 관련된 범죄에 관하여 수사권을 갖는다.

② 전항의 수사에 있어서는 검사의 지휘를 받지 아니한다.

제7조(타 기관의 협조)

① 중앙정보부의 직원은 그 업무 수행에 있어 필요한 협조와 지원을 전 국가기관으로부터 받을 수 있다.

② 전항의 직원은 그 신분을 증명하는 표식(標識)을 소지하여야 한다.

제8조(준용 규정) 경찰관 직무 집행법 제7조의 규정은 부장이 인가하는 중앙정보부 수사관에 이를 준용한다.

한 권으로 읽는 국정원법 이야기

제9조(위임 규정) 본 법 시행에 관히여 필요한 사항은 국가 재건 최고 회의 규칙으로 정한다.

부칙

① 본 법은 공포한 날로부터 시행한다.

② 본 법 시행 당시의 국가 재건 최고 회의 중앙정보부는 본 법에 의하여 설치된 것으로 간주한다.

민정 이양 대비
중앙정보부법의 전면 개정

1962년 12월 17일 제3공화국 헌법이 국민 투표에 부쳐져 78%의 찬성으로 통과되고 이어 12월 26일 공포됐다.

새 헌법이 발효되어 제3공화국이 탄생하는 1963년 12월 17일 제3공화국이 출범하고 신임 대통령이 취임하는 정치 일정이 시작됐다.

1963년 7월 13일 김형욱 부장이 취임하고 14일이 지난 7월 27일 박정희 의장은 민정 이양을 위한 정치 스케줄을 발표했다. 대통령 선거일이 1963년 12월 15일, 국회 의원 선거일이 그해 11월 26일로 잡혔다.

군정 기간 헌법 기능을 대신했던 국가재건비상조치법(부칙 6항)은 1962년 12월 26일에 공포된 개정 헌법의 시행과 동시에 효력을 상실한다고 규정하고 있었다.

국가재건비상조치법에 따라 설치된 최고 통치 기관인 국가 재건 최고 회의는 1963년 12월 16일까지만 존속할 수 있었다.

그에 따라 군정 기간 국가 재건 최고 회의 산하 기관의 지위에 있었던 중앙정보부로서는 제3공화국 출범 이후에도 활동할 수 있는 근거 법률이 필요했다.

이러한 환경 변화에 부응하기 위해 창설 당시 제정된 중앙정보부법이 새정비됐다.

국가 재건 최고 회의에서 1963년 12월 14일 자로 개정 공포한 중앙정보부법의 특징은 민정 시대에 걸맞는 중앙정보부 체제의 수립이었다.

5·16 군정이라는 '혁명적' 상황에 맞춰 제정된 창설 중앙정보부법이 민정 시대에 부응하는 민주적 법률 체계로 전환됐다.

개정 법률의 특징을 보여 주는 대표적인 조항이 임무 및 기능 조항이다.

제정 중앙정보부법(1조)은 중앙정보부의 기능을 "국가 안전 보장에 관련되는 국내외 정보 사항 및 범죄 수사와 군을 포함한 정부 각부 정보 수사 활동을 조정 감독 하기 위하여 국가 재건 최고 회의 직속하에 중앙정보부를 둔다."고 규정하고 있었다.

이에 반해 개정 중앙정보부법은 중앙정보부의 기능을 다섯 가지로 제한했다. 정치 개입, 직권 남용 시비를 억제하려는 조치였다.

개정 중앙정보부법의 다섯 가지 기능을 보면

① 국외 정보 및 국내 보안 정보(대공 및 대정부전복)의 수집·작성 및 배포

② 국가 기밀에 속하는 문서·자재 및 시설과 지역에 대한 보안업무

③ 형법 중 내란의 죄·외환의 죄·군형법 중 반란의 죄·이적의 죄·군사기밀누설죄·암호부정사용죄·군사기밀보호법·국가보안법 및 반공법에 규정된 범죄의 수사

④ 정보부 직원의 범죄에 대한 수사

⑤ 정보 및 보안 업무의 조정·감독 등이다.

정치개입을 방지하기 위해 '부장·차장 및 기획조정관은 정당에 가입하거나 정치 활동에 관여할 수 없다'는 조항(8조)을 신설했다.

직권 남용을 방지하기 위해 제정 중앙정보부법에 담겨 있던 '수사에 있어서는 검사의 지휘를 받지 아니한다'는 조항(6조 2항)과 '중앙정보부의 직원은 그 업무 수행에 있어 필요한 협조와 지원을 전 국가 기관으로부터 받을 수 있다'는 조문(7조 1항)을 삭제했다.

민정 이양을 앞두고 중앙정보부법이 전면 개정되면서 하위 법령도 정비됐다.

새 정부가 출범한 직후인 1964년 3월 10일 정보 및 보안 업무 조정 감독 규정과 정보위원회 규정, 보안 업무 규정 등 3개 시행령이 새롭게 제정됐다.

정보 및 보안 업무 조정 감독 규정은 그 후 중앙정보부 내외에서 광범위하게 쓰인 '국내 보안 정보'란 용어에 대해 정의를 내리고 있다.

"간첩 기타 반국가 활동 세력과 그 추종 분자의 국가에 대한 위해 행위로부터 국가의 안전을 보장하기 위하여 취급되는 정보를 말한다"고 풀이하고 있다.

정보위원회 규정(3조)은 '국가 정보 판단의 토의 및 조정에 관한 사항', '국가 정보 정책 및 기획의 수립과 그 시행에 관한 사항', '기타 보정 및 보안 업무 운영상 조정을 요하는 사항'을 정보위원회의 임무로 적시하고 있다.

이때 개정된 중앙정보부법은 신군부가 1980년 12월 31일 국가안전기획부법을 제정할 때까지 박정희 정부 내내 개정 없이 안정적으로 운영됐다.

한 권으로 읽는 국정원법 이야기

개정 중앙정보부법 전문
(1963년 12월 14일, 법률 제1510호)

제1조(목적) 이 법은 중앙정보부(이하 정보부라 한다)의 조직 및 직무 범위와 국가 안전 보장 업무의 효율적인 수행을 위하여 필요한 사항을 규정함을 목적으로 한다.

제2조(직무) (1) 정보부는 다음 각 호에 해당하는 직무를 수행한다.

1. 국외 정보 및 국내 보안 정보(대공 및 대정부전복)의 수집·작성 및 배포
2. 국가 기밀에 속하는 문서·자재 및 시설과 지역에 대한 보안 업무
3. 형법 중 내란의 죄·외환의 죄·군 형법 중 반란의 죄·이적의 죄·군사 기밀누설죄·암호부정사용죄·국가보안법 및 반공법에 규정된 범죄의 수사
4. 정보부 직원의 범죄에 대한 수사
5. 정보 및 보안 업무의 조정·감독

(2) 전항 제2호의 직무 수행을 위하여 필요한 사항과 제5호에 정하는 조정·감독의 범위와 대상 기관 및 절차에 관한 사항은 대통령령으로 정한다.

제3조(조직) (1) 정보부의 조직은 중앙정보부장(이하 부장이라 한다)이 정한다.

(2) 정보부는 필요한 지역에 지부를 둘 수 있나.

제4조(직원) (1) 정보부에 부장·차장 및 기획조정관과 기타 필요한 직원을 둔다.

    (2) 직원의 정원은 예산의 범위 내에서 대통령의 승인을 얻어 부장이 정한다.

제5조(조직 등의 비공개) 정보부의 조직·소재지·정원·예산 및 결산은 국가 안전 보장상 필요한 경우에는 이를 공개하지 아니할 수 있다.

제6조(부장·차장 및 기획조정관) (1) 부장은 대통령이 임명하며, 차장 및 기획조정관은 부장의 제청에 의하여 대통령이 임명한다. 다만 기획조정관은 현역 군인 중에서 겸직 임명 할 수 있다.

    (2) 부장은 정보부의 업무를 통할하고 소속 직원을 지휘 감독 한다.

    (3) 차장은 부장을 보좌하며, 부장이 사고가 있을 때에는 그 직무를 대행한다.

    (4) 기획조정관은 부장과 차장을 보좌하며, 위임된 사무를 처리한다.

    (5) 부장·차장 및 기획조정관 이외의 직원의 인사에 관하여는 따로 법률이 정하는 바에 의한다.

제7조(겸직 금지) 부장·차장 및 기획조정관은 일체 타 직을 겸할 수 없다.

제8조(정치 활동의 금지) 부장·차장 및 기획조정관은 정당에 가입하거나 정치 활동에 간여할 수 없다.

제9조(겸직 직원) (1) 부장은 현역 군인 또는 필요한 공무원의 파견 근무

한 권으로 읽는 국정원법 이야기

를 관계 기관의 장에게 요청할 수 있다.

  (2) 겸직 직원의 원소속 기관장의 장은 겸직 직원의 모든 신분상의 권익과 급여를 보장하여야 하며 겸직 직원을 전보 발령하고자 할 때는 사전에 부장의 동의를 얻어야 한다.

  (3) 겸직 직원은 겸직 기간 중 원소속 관계의 장의 지시 또는 감독을 받지 아니한다.

  (4) 겸직 직원의 정원은 관계 기관의 장과 협의하여 대통령의 승인을 얻어 부장이 정한다.

제10조(예산 회계) (1) 정보부는 예산 회계법 제22조의 규정에 의한 독립 기관으로 취급한다.

  (2) 정보부의 세출 예산의 요구는 총액으로 하며, 그 세출 내역과 예산 회계법 제29조에 규정한 예산의 첨부 서류는 이를 제출하지 아니한다.

  (3) 정보부의 세출 예산의 관·항은 중앙정보부비·정보비로 한다.

  (4) 정보부의 예산은 국가 안전 보장상 필요할 경우에는 이를 다른 기관의 예산에 계상할 수 있다.

제11조(국회에 대한 증언) (1) 부장은 국회의 예산 심사 및 국정 감사와 감사원의 감사에 있어서, 국가 기밀에 속하는 사항에 한하여 자료의 제출·증언 또는 답변을 거부할 수 있다.

  (2) 부장은 국가 기밀에 속하는 사항에 한하여 국회의 질문에 응하지 아니할 수 있다.

제12조(회계 검사 및 감찰) 부장은 그 책임하에 소속 업무에 대한 회계 검사와 사무 및 직원의 직무에 대한 감찰을 행하고 그 결과를 대통령에게 보고한다.

제13조(정보위원회) (1) 국가 정보 판단 및 국가 정보 운영에 관한 사항를 협의하기 위하여 정보부에 정보위원회를 둔다.

(2) 부장은 정보위원회의 의장이 되며 회무를 통할한다.

(3) 정보위원회의 구성·직능 기타 필요한 사항은 대통령령으로 정한다.

제14조(국가 기관 등에 관한 협조 사항) 부장은 이 법이 정하는 직무를 수행함에 있어서 필요한 협조와 지원을 관계 국가 기관 및 공공 단체의 장에게 요청할 수 있다.

제15조(사법 경찰 관리의 직무) 정보부 직원으로서 부장이 지명하는 자는 형법 제2편 제1장 및 제2장의 죄, 군 형법 제2편 제1장 및 제2장의 죄, 동법 제80조 및 81조의 죄, 국가 보안법 및 반공법에 규정된 죄와 직원의 범죄에 대하여 형사 소송법에 의한 사법 경찰 관리의 직무와 군법 회의법에 의한 군 사법 경찰 관리의 직무를 행한다.

제16조(무기 사용) (1) 부장은 직무를 수행하기 위하여 필요하다고 인정할 때에는 소속 직원에게 무기를 휴대시킬 수 있다.

(2) 전항의 무기 사용에 있어서는 경찰관 직무 집행법 제7조의 규정을 준용한다.

부칙

(1) (시행일) 이 법은 1963년 12월 17일부터 시행한다.

(2) (경과 조치) 이 법 시행 당시의 부장 및 차장은 이 법에 의하여 임명된 것으로 본다.

제정 정보 및 보안 업무 조정 감독 규정
(1964년 3월 10일, 대통령령 제1665호) 전문

제1조(목적) 이 영은 중앙정보부법(이하 법이라 한다) 제2조 2항의 규정에 의하여 정보 및 보안 업무의 조정·감독에 관하여 필요한 사항을 규정함을 목적으로 한다.

제2조(용어의 정의) 이 영에서 사용하는 용어의 정의는 다음과 같다.

1. "국외 정보"라 함은 외국의 정치·경제·사회·문화·군사·과학 및 지지(地誌) 등 각 부문에 관한 정보를 말한다.

2. "국내 보안 정보"라 함은 간첩 기타 반국가 활동 세력과 그 추종 분자의 국가에 대한 위해 행위로부터 국가의 안전을 보장하기 위하여 취급되는 정보를 말한다.

3. "통신 정보"라 함은 전기 통신 수단에 의하여 발신되는 통신을 수신 분석 하여 산출하는 정보를 말한다.

4. "통신 보안"이라 함은 통신 수단에 의하여 비밀이 직접 또는 간접적으로 누설되는 것을 미연에 방지하거나 지연시키기 위한 방책을 말한다.

5. "정보 사범" 등이라 함은 형법 제2편 제1장 및 제2장의 죄, 군 형법 제2편 제1장 및 제2장의 죄, 동법 제80조 및 제81조의 죄, 국가 보안법 및 반공법에 규정된 죄를 범한 자와 그 혐의를 받는 자를 말한다.

6. "정보 수사 기관"이라 함은 전 각호에 규정된 정보 및 보안 업무와

정보 사범 등의 수사 업무를 취급하는 각급 국가 기관을 말한다.

제3조(조정·감독의 대상 기관 및 범위) ① 정보 및 보안 업무에 관하여 중앙정보부장(이하 "정보부장"이라 한다)의 조정·감독을 받는 기관과 그 업무의 범위는 다음과 같다.

1. 외무부

   가. 국제정세의 조사·연구에 관한 사항

   나. 국외보도의 수집과 외전 및 해외방송청취에 관한 사항

   다. 재외국민의 실태조사 및 연구에 관한 사항

   라. 출입국자 보안에 관한 사항

   마. 통신보안에 관한 사항

2. 내무부

   가. 국내보안정보 수집·작성에 관한 사항

   나. 외사경찰정보의 수집·작성에 관한 사항

   다. 해양경찰정보의 수집·작성에 관한 사항

   라. 정보사범 등의 내사 및 수사정보의 시찰업무에 관한 사항

   마. 신원조사업무에 관한 사항

   바. 통신정보 및 통신보안업무에 관한 사항

3. 법무부 및 대검찰청

   가. 국내보안정보의 수집·작성에 관한 사항

   나. 정보사범 등에 대한 검찰정보의 처리에 관한 사항

   다. 공소보류된 자의 신병처리에 관한 사항

   라. 적성압수금품의 처리에 관한 사항

   마. 정보사범의 보도(保導) 및 교도(矯導)에 관한 사항

   바. 출입국자 보안에 관한 사항

   사. 통신보안에 관한 사항

4. 국방부 및 각군

　가. 국외정보업무·국내보안정보 및 통신보안업무에 관한 사항

　나. 전호 나목 내지 마목에 규정된 사항

　다. 군인 및 군속의 신원조사업무에 관한 사항

　라. 정보사범 등의 내사 및 수사정보의 시찰업무에 관한 사항

5. 체신부

　가. 우편검열 및 정보자료의 수집에 관한 사항

　나. 전파감시에 관한 사항

6. 공보부

　가. 신문 잡지 기타 정기간행물과 방송·영화 등의 대중전달매개체의 활동동향의 조사·분석·평가에 관한 사항

　나. 공연물 및 영화의 검열에 관한 사항

　다. 자유진영제국·중립진영제국 및 공산진영제국의 정세의 조사·분석·평가에 관한 사항

　라. 대공심리전에 관한 사항

　마. 대공 민간활동에 관한 사항

7. 기타기관

제1호 내지 제6호에 게기(掲記)된 이외의 행정기관의 있어서의 정보 및 보안업무

　② 국가 기관으로서 그 업무를 수행함에 있어서 정보 및 보안 업무에 속하는 사항을 취급하거나 발견한 때에 그 기관의 장은 정보부장의 요청이 있을 때에는 언제든지 수집된 정보 또는 자료를 제공하여야 한다.

　③ 전항의 규정에 의하여 정보부장이 요청할 수 있는 사항은 다음과 같다.

1. 국외 과학 기술 정보에 관한 사항

2. 국외 경제 동향의 조사 및 분석에 관한 사항

3. 국제 정세의 조사·연구에 필요한 자료에 관한 사항

4. 관세 사범에 대한 정보에 관한 사항

5. 무역 및 국외의 상업에 대한 정보에 관한 사항

6. 이민 업무에 관한 사항

7. 사회단체 등록에 관한 사항

8. 기타 정보 및 보안 업무에 관한 사항

④ 정보부장이 제1항에 게기된 정보 및 보안 업무에 관하여 조정·감독을 함에 있어서는 그 기획 관리와 활동에 대하여 이를 행한다.

제4조(조정·감독의 절차) 정보부장은 정보 및 보안 업무에 관하여 관계 기관을 조정·감독하거나 또는 전항 제2조의 규정에 의하여 수집된 정보 또는 자료의 제공을 요청함에 있어서 필요한 때에는 정보 수사 기관에 대하여 직접 이를 행할 수 있다.

제5조(정보 사범 등의 내사 등) ① 정보 수사 기관이 정보 사범 등의 내사·수사에 착수하거나 이를 검거한 때와 관할 검찰 기관(군검찰을 포함한다. 이하 같다.)에 송치한 때에는 즉시 이를 정보부장에게 통보하여야 한다.

② 관할 검찰 기관의 장은 정보 사범 등에 대하여 검사의 처분이 있는 때에는 즉시 이를 정보부장에게 통보하여야 한다.

③ 관할 검찰 기관의 장은 정보 사범의 재판에 대하여 각 심급별로 그 재판 결과를 정보부장에게 통보하여야 한다.

제6조(정보 사범 등의 신병 처리 등) ① 정보 수사 기관의 장은 정보 사범 등의 신병 처리에 대하여 정보부장의 지시를 받아야 한다.

② 정보 수사 기관이 정보 사범 등·월남 귀순자·불온 문건 투입자 및 납북 귀환자와 피난 사민(避難私民)에 대하여 신문 등을 하고자 할 때에는 사전에 정보부장의 승인을 받아야 하며, 그 결과를 지체 없이 통

보하여야 한다.

제7조(공소 보류 등) ① 정보 수사 기관(검사를 제외한다)의 장이 정보 사범 등에 대하여 공소 보류 의견을 붙일 필요가 있다고 인정할 때에는 정보부장에게 통보하여 승인을 받아야 한다.

② 검사는 정보 사범 등에 대하여 공소 보류 또는 불기소 의견으로 송치된 사건을 소추하거나, 기소 의견으로 송치된 사건을 공소 보류 또는 불기소 처분을 할 때에는 사전에 정보부장과 협의하여야 한다.

제8조(적성 압수 금품 등의 처리) 정보 수사 기관이 적성 장비 또는 불온 문건 기타 금품을 압수하였거나 취득한 때에는 즉시 이를 정보부장에게 통보하며, 정보 수집에 필요한 지시를 받아야 한다.

제9조(정보 및 보안 업무의 감사) ① 정보부장은 제3조 제1항에 규정된 각 기관에 대하여 연1회 이상 정보 및 보안 업무를 감사하여 그 결과를 대통령에게 보고한다.

제10조(시행 세칙) 이 영 시행에 관하여 필요한 세칙은 정보부장이 정하는 바에 의한다.

부칙
이 영은 공포한 날로부터 시행한다.

제정 정보위원회 규정
(1964년 3월 10일, 대통령령 제1,666호) 전문

　제1조(목적) 이 영은 중앙정보부법 제13조의 규정에 의하여 설치되는 정보위원회(이하 "위원회"라 한다)의 구성·직능 기타 필요한 사항을 규정함을 목적으로 한다.

　제2조(구성) ① 위원회는 중앙정보부장·중앙정보부 차장·외무부 정보문화국장·내무부 치안국장·공보부 조사국장·대검찰청 수사국장·국방부 합동 참모 본부 전략 정보국장·육군 정보 참모부장·해군 정보부장·공군 정보국장 및 해병대 정보국장과 중앙정보부장이 위촉하는 위원 약간인으로서 구성한다.
　② 위원장은 중앙정보부장이 되고 부위원장은 중앙정보부 차장이 된다.
　③ 위원장이 사고가 있을 때에는 부위원장이 그 직무를 대행한다.

　제3조(임무) 위원회는 다음 사항에 관하여 협의한다.
　1. 국가 정보 판단의 토의 및 조정에 관한 사항
　2. 국가 정보 정책 및 기획의 수립과 그 시행에 관한 사항
　3. 기타 정보 및 보안 업무 운영상 조정을 요하는 사항

　제4조(소집) 위원회는 위원장이 필요하다고 인정할 때에 이를 소집한다.

　　　　　　　한 권으로 읽는 국정원법 이야기

세5조(의안의 제출) 위원은 위원회에 부의할 의안을 제출할 수 있다.

제6조(관계관의 출석) 위원장은 필요하다고 인정할 때에는 관계관을 출석하게 하여 의견을 진술하게 할 수 있다.

제7조(간사) ① 위원회에 간사 1인을 둔다.
② 간사는 중앙정보부 소속 직원 중에서 중앙정보부장이 임명한다.
③ 간사는 위원장의 명을 받아 다음 사항을 처리한다.
1. 의안의 작성에 관한 사항
2. 회의 진행에 필요한 제반 준비 사항
3. 회의록의 작성과 보관에 관한 사항
4. 기타 서무에 관한 사항

제8조(위임 규정) 위원회의 운영에 관하여 필요한 사항은 중앙정보부장이 정한다.

부칙
이 영은 공포한 날로부터 시행한다.

보안 업무 규정(1964년 3월 10일,
대통령령 제1664호, 46개 조문 중 발췌)

제1조(목적) 이 영은 중앙정보부법 제2조 제2항의 규정에 의하여 보안 업무 수행에 필요한 사항을 규정함을 목적으로 한다.

제2조(정의) 이 영에서 사용되는 용어의 정의는 다음과 같다.

1. "비밀"이라 함은 그 내용이 누설되는 경우 국가 안전 보장상 유해로운 결과를 초래할 우려가 있는 국가 기밀로서 이 영에 의하여 비밀로 분류된 것을 말한다.

2. "각급 기관"이라 함은 헌법·정부 조직법 기타 법령에 의하여 설치된 국가 기관(군 기관 및 교유 기관을 포함한다)과 지방 자치 단체 및 공공 단체를 말한다.

3. "암호 자재"라 함은 통신 보안을 위하여 통신문의 내용을 비닉할 목적으로 문자·수자·기호 등의 암호로 만들어진 문서나 기기(機器)를 말한다.

제3조(보안 책임) 국가 안전 보장에 관련되는 인원·문서·자재·시설 및 지역을 관리하는 각급 기관의 장과 관계 직원은 이에 대한 보안 책임을 진다.

제4조(비밀의 구분) ① 비밀은 그 중요성과 가치의 정도에 따라 다음 각

한 권으로 읽는 국정원법 이야기

호에 의하여 이를 I급 비밀 · II급 비밀 및 III급 비밀로 구분한나.

1. 누설되는 경우 대한민국과 외교 관계가 단절되고 전쟁을 유발하며 국가의 방위 계획 · 정보 활동 및 국가 방위상 필요 불가결한 과학과 기술의 개발을 위태롭게 하는 등의 우려가 있는 비밀은 이를 I급 비밀로 한다.

2. 누설되는 경우 국가 안전 보장에 막대한 지장을 초래할 우려가 있는 비밀은 이를 II급 비밀로 한다.

3. 누설되는 경우 국가 안전 보장에 손해를 끼칠 우려가 있는 비밀은 이를 III급 비밀로 한다.

제31조(신원 조사) ① 국가 보안을 위하여 국가에 대한 충성심 · 성실성 또는 신뢰성을 조사하기 위하여 신원 조사를 행한다.

② 신원 조사의 대상이 되는 자는 다음과 같다.

1. 공무원 임용 예정자

2. 비밀 취급 인가 예정자

3. 해외여행을 하고자 하는 자(입국하는 교포를 포함한다)

4. 각급 기관의 장이 필요하다고 인정하는 자

5. 공공 단체의 직원과 임명에 있어서 정부의 승인이나 동의를 요하는 법인의 임원

6. 기타 법령이 정하는 자

제32조(조사의 실시) 신원 조사는 중앙정보부장이 그 직권 또는 관계 기관의 장의 요청에 의하여 이를 행한다.

제39조(보안 감사) 비밀의 적절한 보호 상태와 공개되어야 할 정보가 부당히 저지됨이 없는가를 조사하기 위하여 중앙정보부장은 보안 감사를 행

한다.

　제40조(통신 감사) 통신 수단에 의한 비밀의 누설을 방지하고 통신 시설의 관리 상태를 조사하기 위하여 중앙정보부장은 통신 감사를 실시한다.

　제41조(감사의 실시) ① 보안 감사 및 통신 감사는 정기 감사와 수시 감사로 구분하여 실시한다.
　② 국외 주재 공관에 대한 보안 감사는 외무부 장관의 계획에 의하여 실시하며 그 감사반에는 중앙정보부 관계 직원이 포함되어야 한다.

　제43조(조사 결과의 처리) ① 중앙정보부장은 이 영에 의한 보안 감사의 결과 위법 또는 부당하다고 인정되는 사실이 있음이 발견된 때에는 당해 기관의 장 또는 감독 기관의 장에게 그 시정을 요구할 수 있다.
　② 전항의 경우에 중앙정보부장은 책임 있는 관계 직원에 대한 행정 조치를 요구할 수 있다.

　제46조(계엄 지역의 보안) 계엄이 선포된 지역의 보안을 위하여 계엄 사령관은 중앙정보부장과 협의하여 이 영에 불구하고 특별한 보안 조치를 취할 수 있다.

직무 범위 관련
신구 조문 비교

제정 중앙정보부법 (1961.6.10.)	개정 중앙정보부법 (1963·12.14.)
제1조(기능) 국가 안전 보장에 관련되는 국내외 정보 사항 및 범죄 수사와 군을 포함한 정부 각부 정보 수사 활동을 조정 감독하기 위하여 국가 재건 최고 회의(이하 최고 회의라 칭한다) 직속하에 중앙정보부를 둔다.	제2조(직무) (1) 정보부는 다음 각 호에 해당하는 직무를 수행한다.
제6조(수사권) ① 중앙정보부장, 지부장 및 수사관은 소관 업무에 관련된 범죄에 관하여 수사권을 갖는다. ② 전항의 수사에 있어서는 검사의 지휘를 받지 아니한다.	1. 국외 정보 및 국내 보안 정보(대공 및 대정부전복)의 수집·작성 및 배포 2. 국가 기밀에 속하는 문서·자재 및 시설과 지역에 대한 보안 업무 3. 형법 중 내란의 죄·외환의 죄·군 형법 중 반란의 죄 · 이적의 죄 · 군사기밀 누설죄·암호부정사용죄·국가 보안법 및 반공법에 규정된 범죄의 수사 4. 정보부 직원의 범죄에 대한 수사 5. 정보 및 보안 업무의 조정·감독
제7조(타기관의 협조) ① 중앙정보부의 직원은 그 업무 수행에 있어 필요한 협조와 지원을 전국가기관으로부터 받을 수 있다. ② 전항의 직원은 그 신분을 증명하는 표식(標識)을 소지하여야 한다.	(2) 전항 제2호의 직무 수행을 위하여 필요한 사항과 제5호에 정하는 조정·감독의 범위와 대상 기관 및 절차에 관한 사항은 대통령령으로 정한다.

5장

국가안전기획부법의 제정과 개정

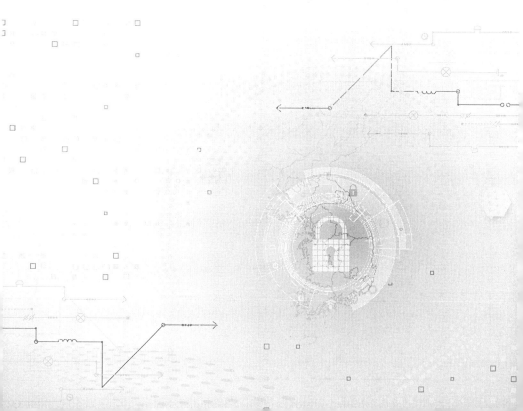

보안사의 10·26 직후 중앙정보부 장악

1979년 10월 26일 박정희 전 대통령이 중앙정보부장에 의해 시해됐다. 그리고 그다음 날 중앙정보부의 기능이 정지됐다. 10월 27일 오전 계엄 사령관 정승화 육군참모총장이 선포한 계엄 공고 제5호에 의해서였다.

계엄 공고 제5호는 네 가지의 업무를 수행하기 위해 계엄 사령부에 합동 수사본부를, 지방 계엄 사무소(계엄 분소)에 합동 수사단을 설치해서 운영한다고 밝히고 있다.

네 가지 업무 가운데 첫 번째는 계엄법 및 포고령 위반 사범에 대한 수사이고, 두 번째는 중앙정보부법 및 「정보 및 보안 업무 조정 감독 규정」에 의한 업무 수행, 세 번째는 모든 정보 수사 기관(검찰, 군 검찰, 중앙정보부, 경찰, 헌병, 보안)의 업무 조정 감독, 네 번째는 기타 계엄 사령관이 지시한 특수 사건의 처리이다(계엄사편집위, 1982: 307).

새로 설치되는 합동 수사본부가 중앙정보부의 기능을 완전히 인수한다는 내용이다.

신설 합동 수사본부장에는 현직 보안 사령관이던 전두환 소장이 부임했다. 결과적으로 계엄 공고 제5호에 따라 전두환 보안 사령관이 박정희 대통령 운명 직후 중앙정보부의 모든 권한을 인수한 것이다.

조갑제 기자가 취재한 바에 의하면 계엄 공고 제5호의 내용은 전두환 보안 사령관의 착상에서 나왔다. 전두환은 10월 27일 새벽 보안사 법무 관 박준광 소령에게 "비상 계엄령을 선포하는 데 합동 수사본부를 설치한다. 그 기능과 조직을 만들라. 먼저 정보부 기능을 정지시켜라. 모든 정보 수사 기관에 대한 조정 감독 업무를 합수 본부가 가지도록 하라. 특히 정보부가 예산을 마음대로 못 쓰도록 통제하라."고 지시했다.

이어 보안사 우국일 참모장에게 중앙정보부 국장급 이상 간부들을 전원 연행해서 조사하고 포고령을 통해서 중앙정보부의 기능을 정지시키는 한편 아침에 중앙정보부, 검찰, 치안 책임자 회의를 소집하도록 지시했다.

전두환의 지시에 따라 10월 27일 오전 8시 30분 중앙정보부의 윤일 균 해외 담당 차장과 전재덕 국내 담당 차장, 검찰청의 오탁근 총장, 치안 본부의 손달용 본부장 등이 참석한 정보 수사 기관 책임자 회의가 열렸다.

이 자리에서 전두환은 중앙정보부의 모든 예산을 합수부 통제하에 집행할 것, 모든 정보 수사 기관의 정보 보고는 오후 5시, 오전 8시에 합수부에 제출할 것 등을 지시했다. 이어 전두환은 정승화 계엄 사령관에게 계엄 공고 제5호를 보고하여 결재를 받았다(조갑제b, 2006: 254-259).

합수부를 출범시킨 보안사는 계엄 공고 제5호 공포 직후 보안사 최예섭 기획처장을 중앙정보부 감독관으로 임명했다.

이처럼 합수부가 중앙정보부의 조정 감독 권한을 인수해서 정보 수사 기관을 장악해 나가자 경찰에서 이에 대한 불만이 일어났다.

치안 본부(오늘날 경찰청)에서 정승화 계엄 사령관이 지휘하는 계엄 사령부의 치안처(처장: 김진기 헌병감) 측에 '합수부가 합수부로만 정보 보고를 제출하게 하고 계엄 사령부에는 제출하지 못하도록 한다'며 곤란한 입장을 제기했다.

이에 대해 정승화 사령관이 치안처장에게 지시한 내용을 보면 당시 정승화는 계엄 공고 제5호를 통해 모든 정보 수사 기관에 대한 조정 감독 권한이 이미 합수부로 넘어가 있는 사실도 모르고 있었다.

1987년 조갑제 기자와의 인터뷰에서 정승화는 당시 치안처장의 보고를 받고 '합동 수사본부가 중앙정보부를 대행하는 것으로 착각하고 있는 것 같다. 업무 한계를 잘 몰라서 과도한 적극성을 보이는 것이니 양쪽을 잘 설득하여 양쪽 모두가 계엄사 치안처에 각각 보고서를 직접 제출케 하고 합동 수사본부는 수사 정보상 필요할 터이니 치안 본부로부터 따로 같은 첩보 보고서를 받도록 조치하라'고 지시하고 전두환 소장에게도 주의를 환기시켰다고 증언했다(정승화, 1987: 110).

10·26 다음날 발족된 합수부가 중앙정보부의 권한을 정지시키고 보안사가 중앙정보부를 인수하고 있던 사실도 모르고 있었던 것이다. 이러한 미숙한 시국 판단과 정부 내부에서 생산되는 중요 정보로부터의 철저한 소외가 결국 12·12 사건 당일 정승화의 체포로 귀결됐다.

한 권으로 읽는 국정원법 이야기

계엄 공고
제5호 전문

계엄 공고 제5호

공 고 문

합동 수사기구 설치

아래 사항을 처리하기 위하여 계엄 사령부 내에 합동 수사본부를, 지방 계엄 사무소(계엄 분소)에 합동 수사단을 설치 운영 한다.

1. 계엄법 제16조에 규정된 범죄 및 포고령 위반 사범에 대한 수사

2. 중앙정보부법 및 대통령령 제5112호, 제6302호, 제6541호, 제6872호, 정보 및 보안업무 조정 감독 규정에 의한 업무 수행

3. 모든 정보 수사 기관(검찰, 군 검찰, 중앙정보부, 경찰, 헌병, 보안)의 업무 조정 감독

4. 기타 계엄 사령관이 지시한 특수 사건의 처리

1979. 10. 27

계엄 사령관 육군 대장   정승화

보안사 주도
중앙정보부 개편

보안사는 1979년 10·26 사건 직후 합수부를 설치하고, 정승화 계엄 사령관을 10·26 연루 혐의로 체포(12.12)한 뒤 1980년 5월 17일 비상 계엄의 전국 확대, 대통령 자문 명목의 국가보위비상대책위원회 설치 (5.31), 국가보위입법회의 구성(10.29)을 통한 법률 재개정 등의 과정을 거쳐 5공화국을 창출했다.

이 과정에서 전두환 보안 사령관 겸 합수부장은 1980년 4월 15일 중앙정보부장으로 취임했다. 보안 사령부와 중앙정보부 두 기관의 수장이 된 것이다.

보안 사령관 자격으로는 대통령이 주재하는 국무 회의에 참석할 수 없었으나, 대통령 직속 기관이었던 중앙정보부의 수장이 되어 이제 국무 회의에 참석, 자신의 정견을 개진할 수 있는 지위로 신분이 격상됐다.

전두환 보안 사령관이 중앙정보부장을 겸직하기 전 이미 보안사는 중앙정보부 개혁을 추진하고 있었다. 그에 대해서는 당시 중앙정보부 해외 공작국 부국장으로 근무하다 보안사의 요청으로 중앙정보부 개혁을 주도한 이종찬이 자세한 증언을 남겼다.

이종찬은 전두환 사령관이 중정부장으로 부임하기 전인 1980년 2월

한 권으로 읽는 국정원법 이야기

9일 보안사 권정달 정보처장의 초청으로 보안사의 허화평 비서실장, 허삼수 인사처장, 이학봉 수사처장 등과 처음 만나 중앙정보부 개혁을 논의했다.

그 후 이들과 여러 번의 검토 회의를 가진 후 3월 12일 중앙정보부 개혁안을 만들어 권정달 정보처장을 통해 전두환 보안 사령관에게 전달했다.

당시 신군부의 중앙정보부 개편 방향에 대해서는 전두환 보안 사령관이 중앙정보부장에 취임할 때 남긴 말에 잘 담겨져 있다. 전두환은 당시 중앙정보부의 개혁 방향에 대해 이렇게 밝혔다.

20년간 국가 보위를 위해 애쓰느라 수고가 많았다. 그러나 다른 한편으로 중앙정보부는 월권과 이권으로 지탄받는 사람이 많았던 것도 사실이다. 부장직에 있던 자가 외국에 나가 추태를 부리기도 했고, 국내에서 국가 원수를 시해하기도 했다. 그럼에도 이에 대해 자성하는 분위기가 아니었던 것은 대단히 유감스럽다. 앞으로 중앙정보부는 '사바크'가 되지 말고 '모사드'가 되어야 한다. 앞으로 내부 정비를 해 나가야겠다. 다행히 높은 교육과 훈련을 받은 젊은 요원이 많다고 들었으므로 그들에게 부의 개혁을 기대한다(이종찬a, 2015: 350).[11]

전두환은 중앙정보부장에 부임한 후 이종찬을 총무국장으로 임명했

---

11 사바크는 이란 정보기관으로 팔레비 정권을 보호하는 역할을 했으나 모사드는 특정 정권이 아닌 국가와 민족을 위해 헌신했다. 이종찬은 전두환이 부임하기 전 중앙정보 개혁 방안을 건의할 때 이 문구를 보고했다고 한다.

다. 10·26 직후부터 중앙정보부 감독관으로 파견되어 있던 최예섭은 허삼수 대령으로 교체됐다. 이종찬은 전두환에 이어 유학성이 부장으로 부임(7.18)한 후에는 다시 기획조정실장으로 승진하여 개혁을 주도했다.

1980년 숨 가쁘게 전개된 권력 변동 과정에서 보안사의 요청으로 중앙정보부를 개혁하는 주무 역할을 이종찬이 대행했다. 당시의 중앙정보부 개혁 방향에 대해 이종찬은 이런 원칙을 가지고 있었다고 한다.

1. "부의 모든 사업은 철저히 국가 이익을 위해 봉사하는 데 두어야 한다." 이스라엘 정보기관은 국가 존립의 최전선에서 싸우고 있었던 반면 우리는 점차 행정부의 하나로 변모해 가고 있다. 생명을 걸고 싸우는 자세가 결여되어 있다. 투사는 없고 행정가만 남게 되면서 정보기관의 고질병이 생겼다.

2. "정권 안보가 아니라 국가 안보를 최우선으로 해야 한다." 중앙정보부는 탄생하면서부터 권력 중심으로 이름을 날리면서 모두가 개인의 영화나 출세를 위해 기관을 이용했을 뿐이다. 김형욱 부장은 가장 악랄하게 중앙정보부를 정권용으로 사용했으나 끝내 국가와 중앙정보부를 배신했다.

3. "국가 정보 수집의 우선순위를 정해 주고, 일선 직원들이 분명하게 목표를 확정하도록 독려해야 한다." 지금까지는 직원들에게 무엇 때문에 정보 활동을 하는지 확고하게 목표 설정을 해 주지 않았다. 이를테면 해외 파견관이 국외 정보를 수집하지 않고 공관 내의

　　　　　　　　　　　　　한 권으로 읽는 국정원법 이야기

비위만 조사해 빈축을 사는 경우가 비일비재했다.

4. "정보부에 존안된 정보 기록이나 자료를 최대한 이용 가능하도록 정리할 필요가 있다." 이를 이해 전자 정보 존안 제도에 대한 개선이 시급하다. 인물 존안 자료는 형편없이 빈약해 특히 사진 자료의 보강이 절실하고, 존안 부서의 위상도 높여야 한다(이종찬a, 2015: 388-389).

5공 출범과
국가안전기획부법의 제정

제5공화국 출범 과정에서 신군부는 중앙정보부의 명칭을 국가안전기획부(약칭: 안기부)로 바꾸고 국가안전기획부법을 1980년 12월 31일 제정했다.

새로 제정된 안기부법은 구 중앙정보부법의 직무 범위를 대부분 그대로 수용했다. 다만, 정보 수사 기관에 대한 감독 권한이 배제됐다. 부문 정보기관에 대한 조정 기능은 살려두고 감독 권한은 삭제했다.

감독 권한의 폐지와 함께 조정의 방식도 바꿨다. 중앙정보부라는 1개 기관이 조정 권한과 감독 권한을 모두 행사하던 방식에서 정보 수사 기관이 함께 모여 국가적 정보 현안을 풀어 가는 협의체 방식을 도입했다.

정보 수사 기관 간의 협조 체제를 제도화함으로써 국가 정보 정책의 수립과 정보 판단 업무를 능률적으로 수행하는 체계를 만들었다. 정보조정협의회 제도가 그 산물이다.

정보조정협의회의 임무는 그 이전 중앙정보부의 정보위원회 임무와 유사했다. ① 국가 정보 정책의 수립과 그 시행에 관한 사항, ② 중장기 정보 판단에 관한 사항, ③ 기타 정보 및 보안업무 운영상 조정을 요하는 사항이 정보조정협의회의 설치 목적이었다.

중앙정보부 시기 조정 기구인 정보위원회의 구성 인원이 각 부처 실무 책임자인 국장급이었던데 비해 정보조정협의회의 참여 인원은 각 부처 장관급으로부터 국장급, 과장급까지 다단계로 구성되어 있었다.

위원장은 안기부장이, 간사는 안기부 기조실장이 맡았다. 장관급 모임의 아래에는 각 부처 실무 국장급으로 구성된 실무협의회, 실무협의회 아래에는 관계부처 실무과장급이 참여하는 실무과장급 협의회를 두었다. 장관급-국장급-실무 과장급의 계층적 협의체가 조직된 것이다.

5공 정부는 정보조정협의회 규정을 제정하면서 정보 기관 간의 협조 체제를 제도화함으로써 국가 정보 정책의 수립 및 정보 판단 업무를 능률적으로 수행하려는 것이 제정 이유라고 밝혔다.

현실적으로는 10·26 사건을 계기로 위상이 강화된 보안사가 중앙정보부와 대등한 관계에서 정보 활동을 전개하려던 복안도 개입되어 있었다. 관련 부처 간 협조 체제를 강화하는 이러한 시스템에 따라 제5·6공화국 시기에는 국가 안위에 큰 영향을 미칠 수 있는 주요 정보 정책이 정보조정협의회를 통해 조정됐다.

5공 정권에서 대통령 측근인 경호실장과 안기부장을 지낸 장세동은 1988년 언론과의 대담에서 이 두 기관장이 여러 정부 조직을 가동시키는 사령탑 역할을 하기 때문에 이 두 기관장만 깨어 있으면 비상 시의 대응이 가능하다는 표현을 했다(월간조선, 1988년 11월호). 당시 안기부장이 정보조정협의회 권한을 국가 위기 관리에 매우 유효하게 사용했다는 사실을 보여 준다.

정보조정협의회 규정을 바탕으로 5·6공 정부 당시 국가 정보 조정 운영 체계를 그림으로 나타내면 다음과 같다(정주진, 2016: 123-136).

<정보조정협의회 운영 체계>

정보조정 협의회	
위원장	안기부장
위원(장관)	외무, 내무, 법무, 국방, 문화공보 * 기타 위원장이 위촉하는 자
간사	안기부 기조실장

실무 협의회	
위원장	안기부 차장
위원(실무국장급)	협의회 소속 부처의 국장급
간사	안기부 실무 국장

실무 과장급 회의

제정 국가안전기획부법
(1980년 12월 31일, 법률 제3313호) 전문

제1조(목적) 이 법은 국가안전기획부(이하 "안전기획부"라 한다)의 조직 및 직무 범위와 국가 안전 보장 업무의 효율적인 수행을 위하여 필요한 사항을 규정함을 목적으로 한다.

제2조(직무) ① 안전기획부는 다음 각호에 정하는 직무를 수행한다.

1. 국외 정보 및 국내 보안 정보(대공 및 대정부전복)의 수집·작성 및 배포
2. 국가 기밀에 속하는 문서·자재·시설 및 지역에 대한 보안 업무
3. 형법 중 내란의 죄·외환의 죄·군형법 중 반란의 죄·이적의 죄·군사 기밀누설죄·암호부정사용죄·군사기밀보호법·국가 보안법 및 반공법에 규정된 범죄의 수사
4. 안전기획부 직원의 직무와 관련된 범죄에 대한 수사
5. 정보 및 보안 업무의 기획·조정

② 전항 제2호의 직무 수행을 위하여 필요한 사항과 제5호에 정하는 기획·조정의 범위와 대상 기관 및 절차에 관한 사항은 대통령령으로 정한다.

제3조(조직) ① 안전기획부의 조직은 국가안전기획부장(이하 "부장"이라 한다)이 정한다.

② 안전기획부는 필요한 지역에 지부를 둘 수 있다.

제4조(직원) ① 안전기획부에 부장·차장 및 기획조정실장과 기타 필요한 직원을 둔다. 다만, 특히 필요한 경우에는 차장 2인을 둘 수 있다.

② 직원의 정원은 예산의 범위 안에서 대통령의 승인을 얻어 부장이 정한다.

제5조(조직 등의 비공개) 안전기획부의 조직·소재지·정원·예산 및 결산은 국가 안전 보장을 위하여 필요한 경우에는 이를 공개하지 아니할 수 있다.

제6조(부장·차장 및 기획조정실장) ① 부장은 대통령이 임명하며, 차장 및 기획조정실장은 부장의 신청에 의하여 대통령이 임명한다.

② 부장은 안전기획부의 업무를 통할하고 소속 직원을 지휘·감독한다.

③ 차장은 부장을 보좌하며, 부장이 사고가 있을 때에는 그 직무를 대행한다.

④ 기획조정실장은 부장과 차장을 보좌하며 위임된 사무를 처리한다.

⑤ 부장·차장 및 기획조정실장 이외의 직원의 인사에 관하여는 따로 법률이 정하는 바에 의한다.

제7조(겸직 금지) 부장·차장 및 기획조정실장은 다른 직을 겸할 수 없다.

제8조(정치 활동의 금지) 부장·차장 및 기획조정실장은 정당에 가입하거나 정치 활동에 관여할 수 없다.

제9조(겸직 직원) ① 부장은 현역 군인 또는 필요한 공무원의 파견 근무를 관계 기관의 장에게 요청할 수 있다.

② 겸직 직원의 원소속 기관의 장은 겸직 직원의 모든 신분상의 권익과 급여를 보장하여야 하며, 겸직 직원을 전보 발령을 하고자 할 때에는 사전에 부장의 동의를 얻어야 한다.

③ 겸직 직원은 겸직 기간 중 원소속 기관의 장의 지시 또는 감독을 받지 아니한다.

④ 겸직 직원의 정원은 관계 기관의 장과 협의하여 대통령의 승인을 얻어 부장이 정한다.

제10조(예산 회계) ① 안전기획부는 예산회계법 제22조의 규정에 의한 독립 기관으로 취급한다.

② 안전기획부의 세출 예산의 요구는 총액으로 하며, 그 산출 내역과 예산회계법 제29조에 규정한 예산의 첨부 서류는 이를 제출하지 아니한다.

제11조(국회에 대한 증언 등) ① 부장은 국회의 예산 심사 및 국정 감사와 감사원의 감사에 있어서 국가 기밀에 속하는 사항에 한하여 자료의 제출·증언 또는 답변을 거부할 수 있다.

② 부장은 국가 기밀에 속하는 사항에 한하여 국회의 질문에 응하지 아니할 수 있다.

제12조(회계 검사 및 감찰) 부장은 그 책임하에 소관 업무에 대한 회계 검사와 사무 및 직원의 직무에 대한 감찰을 행하고 그 결과를 대통령에게 보고한다.

제13조(정보조정협의회) ① 국가 정보 정책의 수립과 정보판단 및 그 운영에 관한 사항을 협의하기 위하여 안전기획부에 정보조정협의회를 둔다.

② 정보조정협의회의 기능·구성 기타 필요한 사항은 대통령령으로 정한다.

제14조(국가 기관 등에 대한 협조 요청) 부장은 이 법이 정하는 직무를 수행함에 있어서 필요한 협조와 지원을 관계 국가 기관 및 공공 단체의 장에게 요청할 수 있다.

제15조(사법 경찰 관리의 직무) 안전기획부 직원으로서 부장이 지명하는 자는 이 법 제2조 제1항 제3호 및 제4호에 규정된 죄에 대하여 형사 소송법에 의한 사법 경찰 관리의 직무와 군법 회의법에 의한 군 사법 경찰 관리의 직무를 행한다.

제16조(무기 사용) ① 부장은 직무를 수행하기 위하여 필요하다고 인정할 때에는 소속 직원에게 무기를 휴대시킬 수 있다.
② 제1항의 무기 사용에 있어서는 경찰관 직무 집행법 제7조의 규정을 준용한다.

부칙

① (시행일) 이 법은 1981년 1월 1일부터 시행한다.
② (경과 조치) 이 법 시행 당시의 중앙정보부의 부장·차장 및 기획조정관은 이 법에 의한 부장·차장 및 기획조정실장으로 본다.
③ (다른 법률과의 관계) 이 법 시행 당시의 정부 조직법 기타 법령 중 "중앙정보부"는 "국가안전기획부"로, "중앙정보부장"은 "국가안전기획부장"으로 본다.

김영삼 정부의
안기부법 대폭 개정

1993년 2월 제14대 대통령에 취임한 김영삼 대통령은 '문민'이란 말을 즐겨 사용했다. 그와 함께 군 장성 출신이었던 박정희, 전두환, 노태우 대통령의 집권 시기를 군부 권위주의 정권 시대라고 규정하고 이들과 자신을 차별화시키는 과거 청산 정책을 펼쳤다.

그 일환으로 안기부의 권한을 축소시키는 조치들이 추진됐다. 대표적인 것이 정보조정협의회 제도의 폐지이다.

정보조정협의회 제도가 국가 위기를 극복하는 효율적 기제로 작용해 왔음에도 불구하고 민주화를 억제하는 탄압 기구라는 부정적 여론을 반영해 이를 소멸시킨 것이다.

1987년 민주화 과정을 거치면서 정보조정협의회 제도에 많은 비판이 제기됐다. "안기부가 각 행정부처에 정보관(과거 조정관)을 파견하여 이른바 행정 조정이란 것을 하고 있고, 이것이 고위층으로 올라가면 관계 기관 시국 대책 회의의 형태로서 초법률적인 결정을 내린다."는 비난이었다(조갑제, 1988: 67).

이러한 부정 여론을 반영, 여야 정치인이 장기간 논의 끝에 1994년 1월 안기부법을 대폭 개정하면서 정보조정협의회 규정을 폐지했다. 이로써 안기부가 국가 주요 정보 정책과 관련해 여타 부처 관계자를 소집할 수 있는 법적 근거가 상실됐다.

정보조정협의회 제도 폐지와 함께 행정부처에 대한 안기부의 보안 감사 제도도 폐지됐다.

그 외 안기부의 정치 개입을 근절한다는 목적으로 정무직을 포함한 모든 직원들의 정치 관여 행위와 직권 남용 행위를 구체적으로 안기부법에 적시하고 이를 위반할 경우 형사 처벌할 수 있는 조문을 신설했다.

또한, 국회가 합법적으로 안기부를 통제할 수 있는 법적 근거를 마련하고 국회에 상시적으로 안기부를 통제하기 위한 정보위원회를 새롭게 설치했다.

다만, 탈냉전 시기 신안보 위협의 확산을 반영해 안기부의 국내 보안 정보 업무 범위에 방첩, 대테러, 국제 범죄 조직 등 세 분야가 추가됐다. 대공, 대정부전복 등 두 분야에 국한되어 오던 국내 보안 정보 범위가 다섯 분야로 확대된 것이다.

김영삼 정부 때 단행된 안기부법 개정 가운데 정보조정협의회 제도의 폐지는 그 후 국가 위기 정보를 관리하는 데 많은 부작용을 초래했다. 관계부처가 모여 긴급한 안보 현안을 논의하는 자체가 관계 기관 대책 회의를 열었다는 '혐의'로 언론에 매도당하는 사회 분위기가 형성됐다.

국정원 관계자의 대책 회의 참여 여부가 초미의 관심사가 됐다. 국정원 관계자가 참여할 경우 그 모임은 비민주적, 보수 회귀적 관계 기관 대책 회의로 전락하게 된다.

그에 따라 자연히 관계부처가 공통적으로 관련되어 있어 정보를 공유해야만 하는 사안에 대해서도 대책 회의를 여는 것을 기피하는 풍조가

한 권으로 읽는 국정원법 이야기

행정부에 자리 잡게 된다.

정부 대책을 논의하는 데 가장 기본적이고 핵심 요소인 국가 정보를 배제한 채 관계 기관 관련자들이 모이는 부실한 대책 회의만 반복됐다. 그 결과, 많은 국가 위기가 일어났다.

김영삼 정부 말기 일어난 국가부도 사태를 정보조정협의회와 같은 국가 구심점의 상실로 보는 시각도 있다(월간조선, 1999: 279).

국가 위기 상황에 능동적으로 대처하는 구심점의 상실이 국가부도까지 치달은 국가 관리 마비 사태를 가져왔다는 것이다.

과거 정보조정협의회 제도처럼 국가 위기 발생 시 관계부처 책임자들이 신속히 모여 수집된 정보를 놓고 대응책을 논의하는 체계가 무너져 버렸기 때문에 국가 부도 사태라는 위기를 능동적으로 극복할 수 없었다는 것이다.

정보조정협의회 제도가 문제가 있을 경우 그를 대체할 다른 수단을 마련한 후 그 기능을 중단시키거나 대체 수단을 마련했어야 하는데 그에 대한 대안적 조치도 없었다.

개정 안기부법
전문

제1조(목적)

이 법은 국가안전기획부(이하 "안전기획부"라 한다)의 조직 및 직무 범위와 국가 안전 보장 업무의 효율적인 수행을 위하여 필요한 사항을 규정함을 목적으로 한다.

제2조(지위)

안전기획부는 대통령 소속하에 두며, 대통령의 지시·감독을 받는다.

[본조신설 1994.1.5]

제3조(직무)

① 안전기획부는 다음 각호의 직무를 수행한다.〈개정 1996.12.31〉

　1. 국외 정보 및 국내 보안 정보(대공·대정부전복·방첩·대테러 및 국제 범죄 조직)의 수집·작성 및 배포

　2. 국가 기밀에 속하는 문서·자재·시설 및 지역에 대한 보안 업무. 다만, 각급 기관에 대한 보안 감사는 제외한다.

　3. 형법 중 내란의 죄, 외환의 죄, 군 형법 중 반란의 죄, 암호부정사용죄, 군사기밀보호법에 규정된 죄, 국가 보안법에 규정된 죄에 대한 수사

4. 안전기획부 직원의 직무와 관련된 범죄에 대한 수사

5. 정보 및 보안 업무의 기획·조정

② 제1항 제1호 및 제2호의 직무 수행을 위하여 필요한 사항과 제5호에 정하는 기획·조정의 범위와 대상 기관 및 절차 등에 관한 사항은 대통령령으로 정한다.

[전문개정 1994.1.5]

제4조(조직)

① 안전기획부의 조직은 국가안전기획부장(이하 "부장"이라 한다)이 대통령의 승인을 얻어 정한다.

② 안전기획부는 직무 수행상 특히 필요한 경우에는 대통령의 승인을 얻어 특별시·광역시·도에 지부를 둘 수 있다.

[전문개정 1994.1.5]

제5조(직원)

① 안전기획부에 부장·차장 및 기획조정실장과 기타 필요한 직원을 둔다. 다만, 특히 필요한 경우에는 차장 2인 이상을 둘 수 있다.〈개정 1994.1.5〉

② 직원의 정원은 예산의 범위 안에서 대통령의 승인을 얻어 부장이 정한다.

제6조(조직 등의 비공개)

안전기획부의 조직·소재지 및 정원은 국가 안전 보장을 위하여 필요한 경우에는 이를 공개하지 아니할 수 있다.〈개정 1994.1.5〉

제7조(부장·차장·기획조정실장)

① 부장은 대통령이 임명하며, 차장 및 기획조정실장은 부장의 제청에 의하여 대통령이 임명한다.

② 부장은 안전기획부의 업무를 통할하고 소속 직원을 지휘·감독한다.

③ 차장은 부장을 보좌하며, 부장이 사고가 있을 때에는 그 직무를 대행한다.

④ 기획조정실장은 부장과 차장을 보좌하며, 위임된 사무를 처리한다.

⑤ 부장·차장 및 기획조정실장 이외의 직원의 인사에 관하여는 따로 법률로 정한다.〈개정 1994.1.5〉

제8조(겸직 금지)

부장·차장 및 기획조정실장은 다른 직을 겸할 수 없다.〈개정 1994.1.5〉

제9조(정치 관여의 금지)

① 부장·차장 및 기타 직원은 정당 기타 정치 단체에 가입하거나 정치 활동에 관여하는 행위를 하여서는 아니 된다.

② 제1항에서 정치 활동에 관여하는 행위라 함은 다음 각호의 1에 해당하는 행위를 말한다.

1. 정당이나 정치 단체의 결성 또는 가입을 지원하거나 방해하는 행위

2. 그 직위를 이용하여 특정 정당 또는 특정 정치인에 대하여 지지 또는 반대하는 의견을 유포하거나 이러한 여론을 조성할 목적으로 특정 정당 또는 특정 정치인에 대하여 찬양 또는 비방하는 내용의 의견 또는 사실을 유포하는 행위

3. 특정 정당 또는 특정 정치인을 위하여 기부금 모집을 지원하거나 방해하는 행위 또는 국가·지방 자치 단체 및 정부 투자 기관의 자금을 이용하거나 이용하게 하는 행위

한 권으로 읽는 국정원법 이야기

4. 특정 정당 또는 특정인의 신거 운동을 하거나 선서 관련 대책 회의
에 관여하는 행위

5. 소속 직원이나 다른 공무원에 대하여 제1호 내지 제4호의 행위를
하도록 요구하거나 위 각호의 행위와 관련하여 보상 또는 보복으로
써 이익 또는 불이익을 주거나 이를 약속 또는 고지하는 행위

[전문개정 1994.1.5]

제10조(겸직 직원)

① 부장은 현역 군인 또는 필요한 공무원의 파견 근무를 관계 기관의
장에게 요청할 수 있다.

② 겸직 직원의 원소속 기관의 장은 겸직 직원의 모든 신분상의 권익과
보수를 보장하여야 하며, 겸직 직원을 전보 발령 하고자 할 때에는 미
리 부장의 동의를 얻어야 한다.〈개정 1994.1.5〉

③ 겸직 직원은 겸직 기간 중 원소속 기관의 장의 지시 또는 감독을 받
지 아니한다.

④ 겸직 직원의 정원은 관계 기관의 장과 협의하여 대통령의 승인을 얻
어 부장이 정한다.

제11조(직권 남용의 금지)

① 부장·차장 및 기타 직원은 그 직권을 남용하여 법률에 의한 절차에
의하지 아니하고 사람을 체포 또는 감금하거나 다른 기관·단체 또는
사람으로 하여금 의무 없는 일을 하게 하거나 사람의 권리 행사를 방
해하여서는 아니 된다.

② 안전기획부 직원으로서 제16조의 규정에 의하여 사법 경찰 관리(군
사법 경찰 관리를 포함한다)의 직무를 행하는 자는 그 직무를 수행함에
있어서 형사 소송법 제34조(피고인·피의자와의 접견, 교통, 수진) 및 제

209조에 의하여 수사에 준용되는 제87조(구속의 통지), 제89조(구속된 피고인과의 접견, 수진), 제90조(변호인의 의뢰)와 군사 법원법의 관계 규정(제63조·제127조·제129조 및 제130조)등 범죄 수사에 관한 적법 절차를 준수하여야 한다.

[본조신설 1994.1.5]

제12조(예산 회계)

① 안전기획부는 예산 회계법 제29조의 규정에 의한 독립기관으로 한다.〈개정 1994.1.5〉

② 안전기획부의 세출 예산의 요구는 그 관·항을 국가안전기획부비와 정보비로 하여 총액으로 하며, 그 산출 내역과 예산 회계법 제31조에 규정한 예산안의 첨부 서류는 이를 제출하지 아니할 수 있다.〈개정 1994.1.5〉

③ 안전기획부의 예산 중 미리 기획하거나 예견할 수 없는 비밀 활동비는 총액으로 다른 기관의 예산에 계상할 수 있다.〈개정 1994.1.5〉

④ 안전기획부는 제2항 및 제3항의 규정에 불구하고 국회정보위원회에 안전기획부의 모든 예산에 관하여 실질 심사에 필요한 세부 자료를 제출하여야 한다.〈개정 1994.1.5〉

⑤ 국회정보위원회는 안전기획부의 예산 심의를 비공개로 하며, 국회정보위원회의 위원은 안전기획부의 예산 내역을 공개하거나 누설하여서는 아니 된다.〈개정 1994.1.5〉

제13조(국회에서의 증언 등)

① 부장은 국회 예산 결산 심사 및 안건 심사와 감사원의 감사에 있어서 국가의 안전 보장에 중대한 영향을 미치는 국가 기밀 사항에 한하여 그 사유를 소명하고 자료의 제출 또는 답변을 거부할 수 있다.

② 부장은, 제1항의 규정에도 불구하고 국회정보위원회에서 자료의 제출, 증언 또는 답변을 요구받은 경우와 국회에서의 증언·감정 등에 관한 법률에 의하여 자료의 제출 또는 증언을 요구받은 경우에는 군사·외교·대북 관계의 국가기밀에 관한 사항으로서 그 발표로 말미암아 국가 안위에 중대한 영향을 미치는 사항에 한하여 그 사유를 소명하고 자료의 제출, 증언 또는 답변을 거부할 수 있다. 이 경우, 국회정보위원회 등은 그 의결로써 국무총리의 소명을 요구할 수 있으며, 소명을 요구받은 날부터 7일 이내에 국무총리의 소명이 없는 경우에는 자료의 제출, 증언 또는 답변을 거부할 수 없다.

③ 부장은 국가 기밀에 속하는 사항에 관한 자료와 증언 또는 답변에 대하여 이를 공개하지 아니할 것을 요청할 수 있다.

④ 이 법에서 국가 기밀이라 함은 국가의 안전에 대한 중대한 불이익을 회피하기 위하여 한정된 인원에게만 지득이 허용되고 다른 국가 또는 집단에 대하여 비밀로 할 사실, 물건 또는 지식으로서 국가 기밀로 분류된 사항에 한한다.

[전문 개정 1994.1.5]

제14조(회계 검사 및 직무 감찰의 보고)

부장은 그 책임하에 소관 예산에 대한 회계 검사와 직원의 직무 수행에 대한 감찰을 행하고, 그 결과를 대통령과 국회정보위원회에 보고하여야 한다.

[전문 개정 1994.1.5]

제15조(국가 기관 등에 대한 협조 요청)

부장은 이 법이 정하는 직무를 수행함에 있어서 필요한 협조와 지원을 관계국가기관 및 공공단체의 장에게 요청할 수 있다.

제16조(사법 경찰권)

안전기획부 직원으로서 부장이 지명하는 자는 이 법 제3조 제1항 제3호 및 제4호에 규정된 죄에 관하여 사법 경찰 관리의 직무를 행할 자와 그 직무 범위에 관한 법률 및 군사 법원법이 정하는 바에 의하여 사법 경찰 관리와 군 사법 경찰 관리의 직무를 행한다.〈개정 1987.12.4, 1994.1.5〉

제17조(무기 사용)

① 부장은 직무를 수행하기 위하여 필요하다고 인정할 때에는 소속 직원에게 무기를 휴대시킬 수 있다.

② 제1항의 무기 사용에 있어서는 경찰관 직무 집행법 제11조의 규정을 준용한다.〈개정 1994.1.5〉

제18조(정치 관여죄)

① 제9조의 규정에 위반하여 정당 기타 정치 단체에 가입하거나 정치 활동에 관여하는 행위를 한 자는 5년 이하의 징역과 5년 이하의 자격 정지에 처한다.

② 제1항에 규정된 죄의 미수범은 처벌한다.

[본조신설 1994.1.5]

제19조(직권 남용죄)

① 제11조 제1항의 규정에 위반하여 사람을 체포 또는 감금하거나 다른 기관·단체 또는 사람으로 하여금 의무 없는 일을 하게 하거나 사람의 권리 행사를 방해한 자는 7년 이하의 징역과 7년 이하의 자격 정지에 처한다.

② 제11조 제2항의 규정에 위반하여 안전기획부 직원으로서 사법 경찰 관리(군 사법 경찰 관리를 포함한다)의 직무를 수행하는 자가 변호인의

피의자와의 접견·교통·수진, 구속의 등지, 변호인 아닌 지의 피의자와의 접견·수진, 변호인의 의뢰에 관한 형사 소송법 규정을 준수하지 아니하여 피의자, 변호인 또는 관계인의 권리를 침해한 자는 1년 이하의 징역 또는 500만 원 이하의 벌금에 처한다.

③ 제1항에 규정된 죄의 미수범은 처벌한다.

[본조신설 1994.1.5]

부칙 〈제4708호,1994.1.5〉

제1조 (시행일) 이 법은 공포한 날부터 시행한다.

제2조 (경과 조치) ① 안전기획부는 이 법 제3조 제1항 제3호의 개정 규정에도 불구하고 국가 보안법 제7조 제3항·제5항 및 각 그 죄의 미수, 예비, 음모의 죄에 대하여는 이 법 시행일부터 1년간 수사할 수 있다. 다만, 그 기간 종료 시 수사 중인 사건은 그 기간 종료일로부터 3월 이내에 다른 수사 기관에 인계하여야 한다.

② 이 법 시행 당시 안전기획부가 수사 중인 사건 중 이 법 제3조 제1항 제3호에 규정된 죄(다만, 국가 보안법 제7조 제3항·제5항 및 각 그 죄의 미수, 예비, 음모의 죄는 제외한다)에 관한 사건 이외의 사건은 이 법 시행일부터 3월 이내에 다른 수사 기관에 인계하여야 한다.

6장

문재인 정부의
국정원법 전면 개정

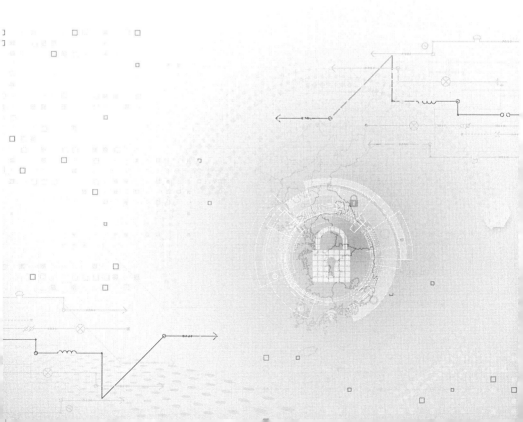

문재인 대선 후보의
국정원 수사권 폐지 공약

문재인 전 대통령은 2012년 12월 19일 실시된 제18대 대통령 선거에 출마해서 박근혜 후보에게 패배했다. 투표율 75.8%, 박근혜 득표율 51.55%, 문재인 득표율 48.02%였다.

이어 제19대 대통령 선거가 2017년 5월 9일 실시됐다. 2016년 12월 9일 국회에서 박근혜 대통령 탄핵 소추안을 의결하고 2017년 3월 10일 헌법 재판소가 재판관 전원 일치로 탄핵 소추안을 인용함으로써 박근혜 대통령이 파면됐다.

그에 따라 실시된 제19대 대통령 선거에 문재인 후보가 다시 출마하여 41.08%의 지지표를 얻어 당선됐다. 2위 홍준표는 24.03%의 지지표를 얻는 데 그쳤다.

19대 대선에 출마하면서 문재인 후보는 '권력 적폐 청산 3대 방안'을 공약으로 내걸었다. 청와대, 검찰, 국정원을 3대 권력 기관으로 지목하고 이들 기관에 대한 적폐 청산을 3가지로 구분했다.

그 가운데 국정원은 해외 안보 정보원으로 개편하겠다고 공약했다. 개편 이유로는 국정원의 국내 정치 개입, 간첩 조작, 국민사찰, 불법 선거 운동 등을 들었다.

그리면서 국정원의 국내 정보 수집 업무를 전면 폐지하고 내북한 및 해외, 안보 및 테러, 국제 범죄를 전담하는 최고의 전문 정보기관(한국형 CIA)으로 개편하겠다고 약속했다.

또한, 간첩 조작 등으로 인권을 유린하고 국내 정보 활동의 빌미가 되어 왔던 국정원의 수사 기능을 없애겠다고 밝혔다. 국정원의 대공 수사 권은 특별히 국가 경찰 산하에 안보 수사국을 신설하여 이전하겠다는 방침도 공약했다.

이러한 내용을 문재인 후보는 2017년 1월 5일 기자들을 초청해서 발표했다. 아래 내용은 이날 문재인이 밝힌 '권력 적폐 청산 3대 방안' 전문이다.

권력 적폐 청산 3대 방안

존경하는 국민 여러분! 정권 교체의 해가 밝았습니다. 새해 복 많이 받으십시오.

2017 정유년 대한민국은 이순신 장군의 비장한 재조산하(再造山河) 정신으로 우리 역사상 가장 큰 도전과 변혁이 시작되는 해로 기록될 것입니다.

저는 오늘 국민 여러분께 그 첫 약속으로 권력 기관을 대개혁해 국가 시스템을 바로 잡고, 반듯하고 공정한 나라의 기틀을 세우기 위한 약속을 가장 먼저 드리고자 합니다.

이게 나라냐는 탄식의 근본 원인은 국가 권력 사유화로 인한 국가 시스템 붕괴입니다. 그 중심에 청와대와 검찰, 국정원이 있습니다.

부패하고 불의한 권력 기관부터 대수술해야 무너진 공직 기강을 다시 확립하고 제대로 된 나라로 갈 수 있습니다. 저는 오늘 새로운 나라로 가기 위한 첫걸음으로 권력 적폐 청산 3대 방안을 제시합니다.

첫째, 청와대 특권을 버리고 국민과 소통하겠습니다. 적폐 청산의 시작은 국민과 함께하는 청와대입니다. 국민 위에 군림하는 대통령의 특권을 내려놓고 대통령과 국민 사이를 가로막는 장벽을 허물겠습니다. 투명하게 정보를 공개하고 대통령이 직접 국민과 소통하겠습니다.

국민 대통령 시대에 대통령이 있을 곳은 구중궁궐이 아니라 광화문청사입니다. 대통령 집무 청사를 광화문으로 옮기겠습니다. 청와대와 북악산은 국민들에게 돌려 드려 수도 서울을 상징하는 시민 휴식 공간으로 만들겠습니다.

사실상 대통령 휴양지로 사용해 온 '저도' 역시 시민들에게 돌려 드리겠습니다. 저도 반환은 지역 어민들의 생업권, 경남도민들의 생활 편의에 큰 도움이 될 것입니다. '대통령의 추억 저도'를 '국민의 추억 저도'로 만들겠습니다.

또한, '대통령의 24시간'도 공개하겠습니다. 대통령의 일과가 국민들께 투명하게 보고되도록 하겠습니다. 대통령 인사를 투명하게 시스템화하고 '인사 추천 실명제'로 추천부터 인사 결정의 전 과정을 기록으로 남기겠습니다. 밀실 정실 인사가 감히 발붙이지 못하도록 제도화하겠습니다.

대통령 경호도 국제 표준에 맞춰야 할 시대가 됐습니다. 선진국 대부분은 대통령 직속 경호실이 없습니다. 우리도 권력의 상징이었던 청와대 경호실을 경찰청 산하 '대통령 경호국'으로 위상을 조정할 필요가 있습니다. 광화문 대통령 시대에 맞춰 국민에게 가깝게 다가가는 새로운 경호 문화를 정착시키겠습니다.

둘째, 확실한 검찰 개혁으로 법치의 기본을 바로 세우겠습니다. 검찰 개혁의 첫걸음은 부패한 정치 검찰의 청산입니다. 권력 사유화의 도구가 되었던 정치 검찰은 엄정하게 책임을 물을 것입니다. 부패 검찰, 정치 검찰을 청산하지 않고서는 법치를 똑바로 세울 수 없습니다.

무소불위의 검찰 권력을 제어하기 위해 수사권과 기소권을 분리하여 견제와 균형의 원리가 제대로 작동되도록 하겠습니다. 세계에서 유례없이 검찰이 독점하고 있는 일반적인 수사권을 경찰에 넘기고, 검찰은 원칙적으로, 기소권과 함께 기소와 공소 유지를 위한 2차적, 보충적 수사권만 갖도록 할 것입니다.

그와 동시에 현재 제주특별자치도에서만 시행하고 있는 자치 경찰을 전국으로 확대하여 국가 경찰의 업무 가운데 민생 치안 등 지방 행정과 연계되는 치안 행정을 지방 분권 하겠습니다. 또한 경찰에 대한 민주적 통제를 강화하기 위해 '경찰위원회'를 실질화하겠습니다.

이와 함께 특별 사법 경찰인 노동부 근로 감독관의 실질 수사권을 강화하여 사실상 '노동 경찰'이 되도록 함으로써 힘없는 노동자의 권익을 보호하겠습니다. 특히 최저 임금 위반 행위를 철저히 단속하겠습니다.

또한 검찰과 경찰은 물론 모든 고위 공직자가 더 이상 권력의 병풍 뒤에 숨어 부정부패에 가담할 수 없도록 고위 공직자 비리 수사처를 신설하겠습니다. 대통령과 대통령의 친인척, 측근 등 특수 관계자도 수사 대상에 포함시키겠습니다. 고위 공직자 부패와 비리를 뿌리 뽑고, 누구에게나 평등한 법 정의를 실현하겠습니다.

셋째, 국정원을 해외 안보 정보원으로 개편하겠습니다.

그동안 국정원은 국내 정치에 깊숙이 개입했습니다. 간첩을 조작하고 국민을 사찰했습니다. 불법 선거 운동을 일삼았습니다. 국민 사찰, 정치와 선거 개입, 간첩 조작, 종북몰이 등 4대 범죄에 연루되고 가담한 조직과 인력은 엄중히 책임을 묻겠습니다.

국정원 적폐를 청산하고, 새로운 정보기관으로 쇄신하겠습니다. 국내 정보 수집 업무를 전면 폐지하고 대북한 및 해외, 안보 및 테러, 국제 범죄를 전담하는 최고의 전문 정보기관(한국형 CIA)으로 새 출발 하게 하겠습니다. 훨씬 강한 안보 능력과 정보력을 갖춘 정보기관으로 거듭나게 해 국민의 신뢰를 되찾겠습니다.

이와 함께 간첩 조작 등으로 인권을 유린하고 국내 정보 활동의 빌미가 되어 왔던 국정원의 수사 기능을 없애겠습니다. 대공 수사권은 특별히 국가 경찰 산하에 안보 수사국을 신설하여 대공 수사에 빈틈이 없도록 하겠습니다.

존경하는 국민 여러분!

지금 우리 앞에 산적한 국가 적폐를 대청소하지 않고서는 희망의 나라로 나아갈 수 없습니다. 1천만 촛불 국민은 공정한 나라, 원칙과 상식이 똑바로 선 나라를 만들라고 명령하고 있습니다. 보수와 진보를 넘어 단지 나라다운 나라, 정상적인 나라를 만들라는 소박한 요구입니다. 이제 국민의 명령에 정치가 답해야 합니다.

저는 그 명령을 받들어 무엇보다 먼저 권력 기관의 적폐를 청산하고 정의가 이기는 시대를 만들겠습니다. 저항이 클 것입니다. 험난한 과정이 될 것입니다. 그래도 해내셨습니다. 완전히 새로운 대한민국을 신설하는 일에 타협은 없을 것입니다.

감사합니다.

2017.1.5.

문재인

국내 정보 담당관제
폐지

문재인 정부의 초대 국정원장은 서훈이었다. 국정원 출신인 서훈 원장은 2017년 6월 1일 취임식 직후 국내 정보 담당관 제도의 완전하고 즉각적인 폐지를 지시했다.

그에 따라 국정원 내 부처·기관·단체·언론 출입 담당관은 이날부로 모두 전면 폐지됐다. 국정원은 보도 자료를 통해 "이번 조치는 문재인 정부의 공약이었던 국정원의 정치 개입 단절과 개혁 실현을 위한 획기적이고 단호한 조치의 필요성에 따라 이뤄졌다."고 밝혔다.

서 원장은 그날 취임식에서 직원들에게 "역사와 국민을 두려워해야 한다."며 "우리는 지금 어려운 길에 들어서려 한다. 팔이 잘려 나갈 수도 있다. 필연 많은 상처를 입게 될 것"이라며 "그러나 지금은 상처 없이 다시 설 수 없는 상황에 와 있다."고 설명했다.

그리고 그는 "국정원은 문재인 정부 임기 내에 완전히 새로워지고 국가와 국민을 위한 기관으로 다시 태어날 것"이라며 "이후 국민들로부터 평가받겠다"고 말했다.

이어 정해구 국정원 개혁발전위원장은 2017년 7월 26일 언론 인터뷰 등을 통해 "국정원이 불법 정치 개입을 하는 데 손발이 됐던 국내 정보

한 권으로 읽는 국정원법 이야기

딤딩관제를 폐지시킨 데 이어, 이들을 시위해 정보를 수십하고 분석했던 2개국을 폐지했다."고 밝혔다. 그리고 폐지 부서의 인력은 재교육 등을 거쳐 해외 파트 등 다른 부서로 배치했다고 설명했다.

이때 국정원법의 국내 보안 정보 업무 범위에 명기된 대공, 대정부 전복, 방첩, 대테러 및 국제 범죄 조직 등 5개 분야 가운데 대공, 대정부 전복 기능이 폐지됐다.

그즈음 국회에서는 진선미 더불어민주당 의원이 국정원을 해외 안보정보원으로 전면 개편하고 대공 수사권과 국내 보안 정보 수집 권한을 이관하며, 정보 및 보안 업무 기획 조정 권한을 폐지하는 등의 내용을 담은 국정원법 전부 개정안을 대표 발의했다.

2018년 1월 15일에는 국정원 출신인 김병기 의원이 더불어민주당 85명의 동의를 받아 국정원법 전부 개정 법률안을 제출했다.

그러나 진선미·김병기 대표 발의안 모두 국회를 통과하지 못했다. 20대 국회(2016.5.30.-2020.5.29.) 의석 비율은 총선 직후 더불어민주당이 128석(41%)으로 다수 의석을 차지하고 있었으나 새누리당 122석(40.7%), 국민의 당 38석(12.7%) 등으로 더불어민주당 독자적으로 법안을 통과시키기 어려웠다.

저자 논평: 국내 정보 기능의 변천[12]

최근 검경 수사권 조정이 추진되면서 경찰의 국내 정보 기능에 대한 관심이 높다. 현직 검찰총장이 '국내 정보 기능을 독점하고 있는 경찰에게 검사의 지휘를 받지 않는 수사 종결권까지 부여할 경우, 경찰의 권한이 비대화되고 견제와 균형이라는 민주주의 원리에도 어긋난다'고 반발하고 있기 때문이다.

경찰이 국내 정보를 독점하게 된 것은 현 정부 들어 국정원의 국내 정보 기능을 중단시키면서 시작됐다. 그 이전 국정원과 경찰은 서로 경쟁하고 견제하면서 국내 정보를 수집해 왔다.

정보 사용자인 대통령으로서는 국정원이 미처 파악하지 못한 정보를 경찰을 통해 확인하고, 경찰이 수집하지 못한 정보는 국정원을 통해 확인함으로써 통치권의 누수를 막는 순기능이 있었다.

민주화 운동을 주도했던 김영삼, 김대중, 노무현 대통령이 국정원의 국내 정보 기능을 폐지하지 못한 것은 이러한 순기능을 존중했기 때문일 것이다.

통치 권력을 분산시켜 운영함으로써 권력의 견제와 균형을 도모하는 것은 역대 대통령의 전형적인 통치술이었다.

이승만은 6·25전쟁을 거치며 비대해진 군부가 문민 대통령의 군 통수권을 위협하는 수준에까지 이르자 군부를 통제하는 방법으로 군내 파벌을 조성하여 충성 경쟁을 유도했다.

---

12 필자가 2019년 5월 21일 연세대 국가 관리 브리프에 게재한 글을 제목만 바꿔 전재

함경노 출신 성일권파, 빙안노 출신 백선엽파, 이남 출신 이형근파 등 3대 파벌을 육성하여 상호 견제시켰다. 그리고 이들 파벌을 자신의 심복이었던 김창룡 특무대장을 통해 감시하고 조정했다.

그러나 이러한 세력 균형은 정일권파가 김창룡을 암살(1956.1.30.)함으로써 종식된다. 일부 식자들은 이승만이 김창룡을 잃음으로써 정보 경찰의 3·15 부정 선거 개입과 4·19 혁명으로 이어지는 비극적 상황을 맞은 것으로 진단한다.

장면 정부 출범 후, 3·15 부정 선거를 주도했던 정보 경찰을 대거 숙청함으로써 국내 정보의 기능에 공백이 생겼다. 이때 경위급 이상 정보 경찰의 90%를 해직시켰다(박범래, 1988: 302).

사회 혼란이 극심해지고 급기야 군부가 정부를 전복시키는 상황에 이를 때까지 이와 관련된 정보를 수집해서 올바르게 판단, 장면 총리에게 대처 방법을 보고하는 기관이나 인물이 없었다.

박정희 정부는 국내 정보의 부실과 혼선이 초래하는 국정 위기를 정확하게 인식하고 있었다.

특히, 박정희·김종필·박종규 등 정변 주도 세력은 정부 수립부터 6·25전쟁 때까지 육본 정보국에 함께 근무하며 정보의 실패에 따라 전쟁이 발발하는 과정을 지켜본 정보 장교 출신들이었다. 그러한 체험을 통해서 그들은 국가 운영에서 정보가 차지하는 중요성을 잘 알고 있었다.

이러한 경험을 바탕으로 박정희 정부는 정변 직후 중앙정보부(중정)를 창립하면서 '조정관' 제도를 신설했다. 현대판 암행어사였던 중정의 조정관은 은밀히 활동하면서 국민들의 대정부 불만 사항, 정부 정책이 입안되고 집행되는 과정에서의 문제점, 민심의 변화 등을 세밀히 조사해서 통치권자에게 보고하고, 통치권자는 이를 바탕으로 문제점 있는 정책들을 보완하고 시정해 갔다.

박정희 정부가 국내 정보의 효율적 운영을 매우 중요시하고 있었다는 사실은 박정희의 다음과 같은 고백에 잘 나타나 있다.

박정희는 자신이 군에서 가장 존경했던 인물인 이용문 장군의 아들 이건개 검사를 서울경찰청장으로 임명하면서 독대, 심층적인 국내 정보 수집을 당부했다.

"내가 국민들로부터 비난받는 사안이 있으면 그 사실을 직접 보고하고, 또한 정부 내의 정보부장, 경호 실장, 비서 실장 등이 권한을 남용하여 국민들로부터 지탄을 받는 사실이 있으면 그것도 남김없이 보고해 주기 바라네. 그것이 국민을 위해서 꼭 필요한 일이 아니겠는가…. 수도 경찰 책임자로서 국정의 밑바닥을 상세히 파악하여 나에게 올바른 보고를 해 주기 바라네. 그렇게 해야만 내가 자신 있게 국가라는 큰 배의 선장으로서 험난한 바다의 파도를 헤치고 배의 항로를 결정하여 역사의 방향을 잡아 나갈 수 있을 것 아닌가. 올바른 보고가 없으면 나는 마치 국정 현실과 동떨어진, 현실감도 없고 생명력도 없는 로봇이나 인형 같은 존재로 전락할 것이야.(이건개, 2001: 24)"

김재규 중앙정보부장이 박정희 대통령을 시해하는 사건(1979.10.26.)이 일어나면서 중정의 조정관 제도에 변화가 일어났다.

국군 보안 사령부(보안사)를 기반으로 집권한 신군부 세력은 보안사 요원들을 중정 조정관을 대체하는 인력으로 활용했다. 안전기획부(안기부, 중정의 후신)의 소정관 제노는 살아 있었지만 10·26 사건을 쉬으면서 입지가 약화됐다.

그 결과 보안사, 안기부, 경찰의 3개 국내 정보 파트 요원들이 경합하면서 활동하는 시대가 열렸다.

그러나 3개 기관 정립 시대는 보안사에 근무하던 윤석양 이병이 보안사의 민간인 사찰을 폭로하는 사건(1990.11.4.)이 일어나면서 막을 내렸다. 노태우 정부는 보안사의 명칭을 국군기무사령부(기무사)로 바꾸고 국내 정보 기능을 중단시켰다.

이때부터 안기부와 경찰 2개 기관이 국내 정보를 맡는 시대가 시작됐다. 김영삼 대통령부터 시작된 문민정부 들어서도 안기부의 국내 정보 기능은 계속 작동했다. 다만, 김대중 정부는 안기부의 쇄신을 단행하면서 그 명칭을 국가정보원(국정원)으로 바꿨다.

경찰이 국내 정보 권한을 독점한 지도 2년이 되어 간다.[13] 이제 그 파급 영향이 조금씩 나타날 것이다. 그 결과가 어떤 모습을 보일지 궁금하다.

정보 수사 권한을 남용하다 비극적 결말을 맞은 김창룡 특무대장, 특무대의 기능이 약화된 틈을 타 3·15 부정 선거를 주도했던 이승만 정부 말기 정보 경찰과 같은 폐해가 일어난다면 국가적으로 불행한 일이다.

검사 전체 인원(2,100여 명)보다 많은 3,000여 명의 국내 정보 인력을 보유한 경찰에 1차 수사권과 무혐의 등으로 사건을 끝낼 수 있는 종결권을 부여하고, 검사의 수사 지휘권까지 폐지한다면 과거 국정원 국내

---

13 국정원은 2017년 6월 1일 국내 정보 기능을 중단한다고 공표했다.

정보 기능을 능가하는 권한을 경찰이 갖게 된다.

이런 의미에서 조응천 의원이 "과거 국정원이 일반 사건에 대해 1차 수사권을 행사하도록 법을 개정한다면 납득하겠느냐. 검경 수사권 조정안에 따르면 국정원이라는 정보기관의 이름이 경찰청으로 바뀐 것에 불과할 뿐인데 왜 아무도 주목하지 않고 있는지, 아무도 우려를 표하지 않는지 궁금할 따름"(뉴스핌, 2019.5.2 자)이라고 지적한 데 주목할 필요가 있다.

정보 경찰의 국내 정보 기능 독점에 대한 우려가 커지자 조국 민정수석은 5.20 당정 협의에서 "문재인 정부는 정보 경찰을 과거와 같이 활용하지 않을 것이며, 정치에 개입시키지도 않을 것이고, 민간인 사찰도 있을 수 없다. 그동안도 그랬고 앞으로도 그럴 것"이라고 약속했다(연합뉴스, 2019.5.20. 자).

그러면서 그는 "과거 정부와 같은 정보 경찰의 불법 행위가 항구적으로 발생하지 않도록 법률 개정이 반드시 필요하다"고 말했다.

과거 국정원 국내 정보 기능의 과도한 행사가 문제 되자 1994년 여야 합의로 안기부법을 개정하면서 정치 관여죄, 직권 남용죄를 신설한 것과 같은 절차를 밟아 나가겠다는 뜻이다.

경찰이 국내 정보 기능을 독점하고 있는 현실에서 이러한 법률적 통제 장치가 구비될 경우 과연 효율적으로 작동할 것인지 귀추가 주목된다.

국가 정보 통합 조정
기능의 향배[14]

2018년이 시작되면서 국회에서는 여당 주도로 국정원법 개정이 본격화됐었다. 국가정보원이 가지고 있는 핵심 직무 중 하나는 부문 정보 통합 조정 기능이다. 국가 정보기관으로서의 지위에서 나오는 권한이다. 현행 국정원법(3조 1항 5호)은 '정보 및 보안 업무의 기획·조정'을 국정원이 수행해야 할 직무로 규정하고 있다. 그리고 기획·조정의 범위와 대상 기관 및 절차 등에 관한 사항은 대통령령으로 정하도록 명시하고 있다(3조 2항).

이에 따라 하위 법령인 「정보 및 보안 업무 기획·조정 규정」이 제정되어 운영되고 있다. 그러나 이 규정은 조정의 절차에 대해서는 구체적인 방법을 밝히지 않고 있다. '국가 안보에 중대한 영향을 미치는 주요 사안에 관하여는 직접 조정하고, 기타 사안에 관하여는 일반 지침에 의하여 조정한다'(6조)는 선언적 수준에 머무르고 있다.

과거에는 조정 절차 규정이 별도로 제정되어 있었다. 「정보조정협의회 규정」이 그것이다. 하지만, 이 규정은 1994년 1월 안기부법 개정 과정

---

14 필자가 2018년 1월 4일 연세대 국가 관리 브리프에 게재한 글을 전재

에서 폐지됐다.

그에 따라 공공의 안녕을 위협하는 국가 위기가 발생했을 때 국정원이 관계 기관 담당자를 소집하여 대책을 논의할 수 있는 근거가 사라졌다. 현재 청와대를 비롯한 어떠한 정부 부처에도 이러한 기능은 존재하지 않는다.

그 결과 국가 위기 발생 때마다 '컨트롤 타워 부재'라는 말이 상투어가 됐다. 이 문제에 대해 가장 심각한 인식을 가진 지도자는 노무현 전 대통령이었다. 집권 초기인 2003년 5월 화물 자동차 파업 사태로 물류 대란이 일어났다.

이때 노 전 대통령은 국무 회의에서 "과거엔 국가적인 위기 대처를 국가정보원이 했는데, 그 기능이 없어지고 새 방식조차 없어 문제"라고 지적했다. 그 후 노무현 정부는 국가안전보장회의 조직을 보강해서 이 문제에 대처했다. 그러나 이명박 정부가 들어서면서 관련 조직은 해체됐다. 그에 따라 국가정보의 통합조정에 많은 부작용이 일어났다.

미국의 중앙 정보국(CIA), 국정원 전신인 중앙정보부가 창설된 주요한 명목도 부문 정보기관을 통합 조정 하는 문제였다.

트루먼은 대통령이 되고 나서 똑같은 국가 현안에 대해 부처마다 다른 판단을 내려 정책 혼선이 반복되는 부작용을 막기 위해 CIA를 창설했다는 회고를 남겼다. 지금은 해외 공작 기관으로 더 널리 알려졌지만 미 CIA 설립의 근본 목적은 국가 정보 통합 조정 기능에 있었던 것이다. 미국은 9·11 테러 이후 이 기능을 더욱 강화하기 위해 국가정보장(DNI)이라는 새로운 조직을 만들었다.

한국의 중앙정보부가 처음 창설된 근본 목적도 부문 정보기관의 통

한 권으로 읽는 국정원법 이야기

힘 교정에 있었다. 중앙정보부 창설사인 김종필의 다음과 같은 증언에 창설 목적이 잘 드러난다. "미국 CIA는 국가의 모든 정보기관을 총괄·조정한다. 수집한 첩보·정보를 조사·분석한 뒤 고급 정보로 숙성시켜 대통령에게 제공하는 것이다. 우리나라도 CIA 같은 정보기관이 필요했다.(김종필, 2016: 135)"

국가 정보를 통합 조정 하는 권한은 권력 이동의 결정적 요인이다. 10·26사건 직후 전두환 보안 사령관이 합동 수사본부를 만들어 중앙정보부의 조정·감독 기능을 일거에 장악함으로써 신군부 출범의 기반을 닦은 것은 이를 잘 보여 준다.

지금 정부와 여당은 국정원 개혁을 추진하며 국내 정보 중단, 수사권 분리를 추진하고 있다. 그러나 해외 정보, 국내 정보, 북한 정보, 군사 정보, 치안 정보, 금융 정보 등 각 분야의 정보를 국가 수준에서 통합 조정 하는 문제에 대한 고민과 대안은 보이지 않는다. 국정원의 정보 수사 기능을 분리했을 때 발생할 수 있는 부작용에 대한 개혁 방안이 요구된다.

※붙임: 트루먼 대통령의 국가 정보 통합 조정 관련 증언

<붙임>

트루먼 대통령의 국가 정보 통합 조정 관련 증언

　대통령이 되면서 나는, 필요한 정보가 어떤 한 장소에서 조정되는 것이 아니라는 점을 발견했다. 같은 문제에 대한 보고서가 각각 다른 시간에 여러 성들로부터 내 책상 위에 날아왔고 그것들은 때때로 상충하거나 모순되는 것이었다. 결국 나는 레이히 제독에게 정보 조직의 개선을 위해 어떤 일이 되어 가고 있는지를 물었다. 레이히 제독은 나에게 말하기를 루스벨트 대통령의 지시로 1944년 그는 도노반 장군에 의해 준비된 중앙 정보 활동을 위한 계획을 합동참모본부에 위촉했었다고 말했다. 레이히 제독의 말을 빌리면 그 계획은 대통령 직속 기관으로서 대통령에게만 책임을 지는 기관을 마련하고 있었다는 것이다. 그러나 해군은 반대하는 제안을 제출했는데, 그것은 하나의 전반적 정보기관으로서의 중앙부가 될 것이지만 그러나 각 성은 각기 국가 안전 보장에 대한 책임을 진다는 것이었다. 이 계획은 원래 해군 정보국 차관인 시드니 W 사우어즈 해군 소장에 의해서 만들어진 것이었다.

　얼마 후에 나는 국무장관 번즈에게 각 성안에 있는 정보국들의 공동 협조를 위한 방법에 대한 건의서를 제출하라고 요청했다. 나는 이미 그 문제를 검토해 달라는 요청을 레이히 제독에게 했음을 설명하면서, 그러나 국무성이 정보 활동에 있어서 중대한 역할을 맡을 터이므로 나로서는 국무성의 건의를 원한다고 말했다.

　번즈 국무장관은 그런 기관은 국무성의 소관 아래 있어야 한다는 입생을 취하면서 나에게 시시기 모든 정보를 뵌니해야 한다는 섬을 송용했다. 한편 육군과 해군은 이에 강력히 반대했다. 그들은 모든 성이 그 자체의 정보를 얻어야 한다고 주장하면서도 전체적인 국가 정책에 관계되는 모든 정보를 종합하는 하나의 중앙 기관이 필요하다는 것은 인정했다. 그 기관 아래 정보가 종합되고 각 정보국은 거기에 예속될 것이다. 이러한 종합 기구는 대외 정책과 군사 정책을 세우는 사람들에게는, 그들의 정책 수립을 위해 권위 있는 정보를 이끌어 낼 수 있게 할 것이다…

1946년 1월 12일 나는 중앙정보단(CIG) 창설에 관한 행정 명령을 발표했다. 나는 그것을 국가 정보처의 감독 아래 두었는데, 국가 정보처는 국무성, 육군성, 해군성 및 나의 개인적인 대표 레이히 제독으로 구성되어 있었다. 새로운 정보기관 설치에 관한 행정 명령을 발표하기에 앞서 나는 전략활동본부의 해체를 명령했다. 그들의 임무 및 요원의 일부는 국무성으로 넘어갔고 일부는 육군성으로 넘어갔다.

사우어즈 제독은 사생활로 돌아가기를 기다리고 있었고, 나는 그에게 육군, 해군 및 국무성이 내가 수락할 만한 후보자에 찬성하면 곧 그를 해방시켜 주리라고 약속했던 것이다. 약 6개월 뒤에 호이트 반덴버그 장군이 이의 없이 추천되었고 나는 그를 상임 국장으로 임명했다. 그리고 사우어즈 제독이 반덴버그의 고문으로 머무르는 데 동의하였으므로 나는 기뻤다.

새로운 정보기관을 설치함으로써 나는 매일같이 해외에서 수집된 정보의 요약을 받기 시작했다. 또한 나는 국무성이 우리의 해외 대사들에게 보내는 정보와 해군 및 육군성이 그들의 해외 주둔군에게 보내는 정보를 접수했는데 언제나 이들은 우리의 대외 정책에 영향을 미칠 수도 있는 것들이었다.

마침내 정보 수집의 조정 방안이 실현되었고, 대통령이 알려진 것과 진행되고 있는 일에 대한 정보를 알고 있게 하는 실제적 방법도 발견되었다. 중앙정보부장(1947년에 중앙 정보단을 이렇게 개칭했다.)은 내가 그날 하루에 제일 먼저 부르는 사람이 되었다. 레이히 제독이 합동참모본부장을 계속하는 동안, 그는 정보부장과 함께 나와의 회합에 참가했다(트루만, 손세일 역, 1968: 58-60).

한 권으로 읽는 국정원법 이야기

검찰 정보 제도의
역사[15]

2019년 가을 검찰 개혁의 일환으로 검찰이 가진 정보 기능을 전면 폐지하는 문제가 거론되고 있다. 법무부 산하 법무·검찰개혁위원회가 10월 28일 대검찰청의 범죄 정보와 공안 정보 부서를 폐지할 것을 권고했다. 검찰 정보의 양대 축인 범죄 정보와 공안 정보를 모두 중단하라는 것이다.

이에 대해 검찰 내부에서는 '검찰의 눈을 멀게 하고 귀를 막겠다는 것으로 밖에 보이지 않는다'며 반발하는 것으로 보도되고 있다.

① 검찰의 공안 정보 기능은 정부 수립부터 행사해 온 권한이다. 정부 수립 초기 이승만 대통령은 순수 민간인으로 구성된 국가 정보 기구인 대한 관찰부(Korea Research Bereau) 설립을 추진했다.

미 24군단 정보 참모부(G2)는 요원 선발과 훈련까지 마치고 1948년 10월부터 미 방첩대 조직에 훈련을 마친 대한 관찰부 요원을 배치해서 업무 인계에 들어갔다.

그러나 국회에서는 '대한 관찰부는 이승만의 정적을 제거하기 위한 비

---

15 2019년 11월 22일 연세대 국가 관리 브리프에 게재된 글을 제목만 바꿔 전재

밀 기관'이라며 예산 지원을 중단시켰다. 그 결과 대한 관찰부는 1949년 3월 이후 자연히 해체됐다.

대한민국 최초의 국가 정보 기구였던 대한 관찰부가 해체됨에 따라 그 빈자리를 검찰이 대행했다.

1948년 11월 4일 공포된 법무부 직제(대통령령)는 법무부 산하 검찰국에 정보과를 두고 있었다. 검찰국 정보과는 범죄 정보 수집과 함께 경찰, 군의 정보기관을 지휘·연락하는 직무를 수행했다.

실제로 서울지방검찰청 정보부장이었던 오제도 검사는 군과 경찰의 정보기관을 지휘해서 여간첩 김수임을 체포하고, 김일성이 직파한 거물 간첩 성시백을 체포했다.

이승만 정부 시기 서울지검은 제1부(경제), 제4부(강력) 등 여섯 개 부(部)로 나뉘어져 있었는데, 제6부가 정보를 담당하는 정보부였다.

오제도와 함께 서울 지검 정보부에서 일했던 선우종원 검사는 6·25 전쟁이 일어나자 전국 경찰의 정보 활동을 지휘하는 내무부 치안국 산하 정보 수사과장을 맡아 대공 사복 경찰 1만 명을 지휘하기도 했다.

검찰의 공안 정보 기능은 국가 보안법이 개정(1958.12.24.)된 후 그 영향력이 더욱 커졌다. 당시 국가 보안법은 군 수사 기관이나 사찰 경찰에 대한 수사 지도권을 검사에게 부여하고 있었다.

검찰 공안 정보의 우선적 지위는 장면 정부에서 대검찰청 산하에 중앙수사국이 설치(1961.4.9.)되면서 더욱 강화됐다. 1949년 12월 20일 공포된 검찰청법에 규정되어 있었으나 예산 부족 등을 이유로 창립이 유보되어 왔던 대검 중앙수사국은 수사과, 사찰과, 특무과를 두고 있었는데 간첩에 관한 사항, 국제 정보 수집에 관한 사항, 반국가적 범죄 수사

한 권으로 읽는 국정원법 이야기

지도 선거가 ~~주요~~ 임무였다.

그러나 검찰의 공안 정보 기능은 1961년 6월 중앙정보부가 창설되면서 국가 정보의 일부분을 형성하는 부문 정보의 영역으로 전환된다.

국가 정보 활동을 전담 수행하는 중앙정보부(중정)가 최고 통치권자 직속 기관으로 창설됨으로써 중정이 통합·조정권을 행사하고 검찰의 공안 정보 기능도 중정의 조정을 받게 된다. '정보부'라는 명칭을 지닌 검찰의 편제도 모두 '공안부'로 개칭됐다.

② 검찰의 범죄 정보 기능은 김대중 정부 시기 강화됐다. 김대중 대통령은 1999년 초 "수사하는 데는 정보가 필수적인데 어째서 검찰에 정보 수집 기능이 없느냐"며 범죄 정보 기능을 보강하라고 지시했다.

정부 수립 시기 검찰국 정보과에도 범죄 정보 수집 기능이 있었고 그 후에도 수사 파트에서 지속적으로 범죄 정보를 수집했으나 전담 조직을 설치하지는 않았었다.

김 대통령의 지시에 따라 검찰은 대검에 범죄정보기획관실을 만들어 공안 정보 기능까지 통합했다. 검찰의 모든 정보가 이곳으로 집중되자 범죄정보기획관실은 '검찰 내의 안기부'라고 불리어지기도 했다.

이 부서에서는 '동향과 정책'이라는 정보 보고서를 만들어 대통령을 비롯한 법무부 장관, 검찰총장 등에게 배포해 왔다. 이에 대해 검찰 내부에서 정치인과 사회 저명인사의 시시콜콜한 동향까지 수집해서 보고하는 데 대한 비판이 일어났다.

이러한 여론을 수렴, 문재인 정부 초기 검찰총장이었던 문무일은 범죄정보기획관실의 명칭을 '수사정보정책관실'로 바꾸고 인력도 감축했다. 여기에서 더 나아가 법무부 산하 법무·검찰개혁위원회는 수사정보 정책관실을 폐지하고 검찰 내부 계통을 밟아 보고하는 정보 보고 기능도 중지하라고 권고하고 있다.

③ 한편, 경찰은 최근 전국 지방 경찰청과 일선 경찰서의 범죄정보과를 강화하고 있는 것으로 알려지고 있다. 경찰은 2011년 범죄정보과를 만들어 주로 검사 등 공직자 관련 비리 정보를 수집해 왔다.

현재 여당에서 추진 중인 고위공직자비리수사처법(공수처법) 제정을 앞두고 정보 경찰의 업무를 재편하고 있는 것으로 보도되고 있다. 시사저널 기사(2019.9.10.)에 따르면 현재 3,000명 수준인 전국 정보 경찰 중 절반 가량을 범죄 정보 수집에 투입할 것이라고 한다.

공수처가 신설될 경우 검찰의 비리를 수집할 수 있는 권한을 경찰이 갖게 된다. 범죄 정보 수집 단계는 수사가 아니기 때문에 검찰에 보고할 필요가 없다.

경찰이 수집한 검찰 비리 정보를 공수처에 제공할 경우, 검찰의 견제 없이 수사가 가능한 것이다. 현재 공수처 법안에는 정보 수집 기능이 없어 경찰이 수집한 범죄 정보가 공수처에 제공될 경우 공수처의 부족한 부분을 채울 수 있다.

④ 검찰의 정보 제도는 「검찰청사무기구에관한규정」(대통령령)과 「검찰보고사무규칙」(법무부령)으로 법제화되어 있다.

검찰청 사무 기구에 관한 규정은 수사 정보와 자료의 수집, 분석 및 관리에 관하여 대검 차장검사를 보좌하기 위하여 수사정보정책관을 둔다고 규정하고 있다.

검찰 보고 사무 규칙은 정보 보고의 대상으로 '정당·사회단체의 동향이 사회 질서에 중대한 영향을 미칠 우려가 있을 경우', '정부 시책에 중

대한 영향을 미칠 민한 범죄가 발생한 경우 등을 들고 있나. 두 가지의 법령은 모두 국회 법 개정 절차가 필요 없는 검찰청법 하위 법령이다. 국무회의 심의만으로 개정이 가능하다.

⑤ 문재인 정부는 국정원, 경찰, 기무사 등에 대해서 외부 인사들로 구성된 개혁위원회를 만들어 해당 기관의 장에게 권고안을 제시하고 해당 기관장이 이를 수렴하는 방식으로 공안 기관을 구조 조정 해 왔다. 이로 미루어 법무부 산하 법무·검찰 개혁위의 권고안도 곧 이행될 것으로 보인다.

법무부가 11월 8일 전국 검찰의 공공수사부를 폐지하는 등의 검찰청 사무 기구에 관한 규정 개정안을 만들어 대통령에게 보고한 것도 그 이행 절차의 일환이다.

공공수사부는 대공 업무와 선거·노동 사건 등을 담당해 온 공안부를 지난 8월 개칭한 부서이다. 공안부는 그동안 공공의 안녕과 질서를 유지하기 위해 국가 안보와 관련된 대공·테러 사건과 선거·노동·집회 관련 사건을 처리해 왔다.

2000년대 초까지는 대공·간첩 사건을 주로 취급해 왔으나 김대중·노무현 정부 시기에는 대공·간첩 사건보다는 선거·노동 관련 사건을 많이 처리했다.

정부수립 후 70여 년간 안정적으로 운영되어 온 검찰 정보 제도가 전면 폐지될 국면을 맞고 있다.

국정원 국내 정책 정보 기능 폐지(2017.7), 정보 경찰의 민간 기관 출입 중지(2018.4), 기무사 개편(2018.9)에 이어 뚜렷한 정책적 대안도 없이 검찰 정보 기능까지 전면 폐지될 경우 공공의 안전 등 국가적 법익이 침해

되지 않을까 우려된다.

☞ 이 글을 쓴 지 3년이 지난 2023년 4월 현재 시행되고 있는 「검찰청 사무기구에 관한 규정」을 보면, 수사정보정책관은 정보관리담당관으로 이름을 바꿔 유지되고 있으며, 공공수사부도 그대로 편제되어 있다. 「검찰보고 사무규칙」도 정보보고의 기능을 유지하고 있는데, 각급 검찰청장이 수행하여야 할 정보보고의 대상으로 '소요의 발생 기타의 사유로 사회적 불안을 조성할 우려가 있는 경우', '정당·사회단체의 동향이 사회질서에 중대한 영향을 미칠 우려가 있는 경우', '정부시책에 중대한 영향을 미칠만한 범죄가 발생한 경우' 등을 예시하고 있다.

국가 방첩 활동 근거 법령의
제정과 변천

냉전 시기 각국은 상대국의 비밀 침투 활동을 차단하기 위한 국가 방첩 체계를 강화했다. 냉전이 종식된 이후에는 외교·군사 부문의 방첩 활동은 이완되고 있으나 산업 부문의 스파이 활동과 방첩 활동은 오히려 냉전 시대보다 강화되고 있다.

특히, 미국은 2001년 9·11 테러 사건 이후 방첩 체계를 대폭 개혁했다.

우리나라도 국제적 냉전이 종식된 후 국가 방첩 활동 관련 법령과 남북 교류 증진 법안을 조화시키는 문제에 대한 관심이 높다. 이런 시기 우리나라의 방첩 활동 관련 법령이 제정되고 변천되어 온 과정을 살펴보는 것도 유익할 것이다.

현재 시행되고 있는 국가 방첩 활동 관련 법령은 국가 보안법(약칭 국보법), 국가정보원법, 형법, 군사기밀보호법 등이 대표적이다. 이 가운데 국보법은 남북 분단이라는 한국적 특성을 가장 극명하게 보여 주는 법이다.

① 국보법은 정부 수립 직후인 1948년 12월 1일 제정됐다. 1953년 9월 18일 제정된 형법보다 5년 빨리 제정된 법이다.

국보법이 서둘러 만들어진 것은 1948년 10월 발생한 여순 사건을 계기로 좌익 세력의 폭동과 내란 행위를 처단함으로써 신생 대한민국 정부의 기틀을 다지고 좌익 세력을 제거하려는 데 있었다(박원순, 1989: 75).

신생 정부가 전복될지도 모른다는 위기 감속에 국가 조직이나 운용의 기본법조차도 제대로 갖추어지기 전에 급히 제정됐다.

그 후 이 법은 국가 정보 환경 변화, 국내 정치적 요인 등 여러 가지 이유로 여러 번 개정됐다. 특히, 4대 대통령 선거(1960.3.15.)를 앞두고 대폭적인 개정이 단행됐다.

'국가 기밀'과 '적'의 개념을 새롭게 정의하고 적을 위한 국가 기밀 탐지 및 정보 수집 처벌 규정을 신설했다. 그 당시 정부는 북한의 간접 침략과 위장 평화 통일 공작에 대응하는 것이 개정 이유라고 밝혔다.

그러나 야당은 대선을 앞두고 야당의 정치 활동을 규제하려는 의도라며 극렬하게 반발했다. 그에 따라 야당 의원들을 국회 밖으로 강제 축출하는 등 무리하게 개정안이 통과됐다. 소위 '2·4 파동'이다.

4·19 혁명 후 허정 과도 정부는 2·4 파동 당시 쟁점이 된 조항을 대폭 삭제하는 방향으로 1960년 6월 10일 국보법을 개정했다.

그러나 대한민국의 정통성을 부정하며 북한에 동조하는 반정부 시위가 끊임없이 계속되자, 장면 정부는 국보법의 재개정을 모색했다.

1960년 12월 13일 장면 총리는 참의원에 출석해서 "보안법의 독소를 뺀다고 지나치게 빼놓아서 빨갱이를 지금 잡아 다스리려고 해도 법률의 미비한 점 때문에 철저하게 할 수 없다"며 재개정 필요성을 설명했다(동아일보, 1960.12.15.자).

그러나 야권의 극렬한 반대에 부딪치자 장면 정부는 반공임시특별법를 제정하는 방향으로 선회했다. 1961년 3월 10일 사의에서 법 시안을 확정하고 법 제정의 불가피성을 설명하는 대국민 성명도 발표했다. 하지만 5·16 정변으로 그 노력은 중단됐다.

'반공 태세 재정비'를 정변의 명분으로 내세운 5·16 군부는 국보법을 그대로 둔 채 장면 정부에서 시도했던 반공법을 새롭게 제정했다.

반공법(1조)은 '반공 체제를 강화함으로써 국가의 안전을 위태롭게 하는 공산 계열의 활동을 봉쇄하고 국가의 안전과 국민의 자유를 확보함'을 법의 목적으로 규정하고 있다.

그러나 국보법과 반공법의 규정 가운데 중복되거나 유사한 조항이 많다는 비판이 계속됐다. 이에 따라 신군부는 1980년 12월 31일 반공법을 폐지하고, 그 규정 내용들을 국보법으로 통합해서 국보법을 개정했다.

1987년 민주화 과정을 계기로 국보법은 또 한 번 개정됐다. 처벌 대상을 축소하고, 기본적 인권을 최대한 보장하면서 대북 정책을 뒷받침하는 방향으로 1991년 5월 31일 개정됐다. 그 후 김영삼 정부 때 찬양고무죄 등이 삭제되었다가 복원되는 등의 과정을 거쳐 현재에 이르고 있다.

이처럼 국보법은 국가 안보 및 체제 수호를 위해 국민의 기본권을 제한해야 하는 국가 방첩 활동의 특성상 그 합목적성에도 불구하고 제정 이후 끊임없이 위헌 시비가 제기되어 왔다(황교안, 2011: 18).

그에 따라 국가 기밀과 반국가 단체의 범위를 조정하고, 국가안보 실익과 인권 보호를 조화시키는 방향으로 법 개정이 계속되고 있다.

② 한국의 국가 방첩 활동을 주관하는 주무 기관은 국가정보원이다. 2024년 1월 대공 수사권이 경찰로 넘어가도록 예정되어 있으나 현행 국

정원법은 국보법에 규정된 죄에 대한 수사의 권한을 규정하고 있다. 또한, 국정원법 하위 법령인 「정보 및 보안 업무 기획·조정 규정」은 국내 보안 정보의 개념을 정의하고 있다.

'간첩 기타 반국가 활동 세력과 그 추종 분자의 국가에 대한 위해 행위로부터 국가의 안전을 보장하기 위하여 취급되는 정보'라고 국내 보안 정보를 설명하고 있다. 여기에서 간첩의 개념과 처벌 규정에 대해서는 형법이 보다 구체적으로 규정하고 있다.

③ 형법(98조 1항)은 '적국을 위하여 간첩하거나 적국의 간첩을 방조한 자는 사형, 무기 또는 7년 이상의 징역에 처한다'라고 규정하고 있다. 즉, 간첩이란 적국을 위하여 국가 기밀을 탐지·수집하고 이를 적국에 누설하는 것을 말한다(임웅, 2013: 832).

그리고 **적국**이란 대한민국과 전쟁 상태에 있는 국가를 말한다. 교전 상태에 있지 않고 휴전 상태에 있는 국가라도 상관없다(오영근, 2006: 844). 북한이 적국인가에 대해 판례는 "북한 괴뢰 집단은 우리 헌법상 반국가적인 불법 단체로서 국가로 볼 수 없으나 간첩죄의 적용에 있어서는 국가에 준하여 취급하여야 한다."고 판시했다.[16]

국가 기밀이란 다수설 및 판례에 따르면, 정치·경제·사회·문화 등 각 방면에 관하여 적국에 대하여 비밀로 하거나 확인되지 아니함이 대한민국의 이익이 되는 모든 사실, 물건 또는 지식으로서, 그것들이 국내에서의 적법한 절차 등을 거쳐 이미 일반인에게 널리 알려진 공지의 사실, 물건 또는 지식에 속하지 않아야 하고, 또 그 내용이 누설되는 경우 국

---

16 대판 1983.3.22. 82도 3036.

한 권으로 읽는 국정원법 이야기

기의 안전에 위험을 초래할 우려가 있어 기밀로 보호할 실질 가치를 갖춘 것이다.[17] 이를 실질적 국가 기밀 개념이라고 한다.

④ 또한, 형법(98조 2항)은 '군사상의 기밀을 적국에 누설한 자도 전항의 형과 같다'고 규정하고 있다.

그리고 군사기밀보호법(2조 1항)은 **군사 기밀**이란 일반인에게 알려지지 아니한 것으로서, 그 내용이 누설되면 국가 안전 보장에 명백한 위험을 초래할 우려가 있는 군 관련 문서, 도화, 전자 기록 등 특수 매체 기록 또는 물건으로서 군사 기밀이라는 뜻이 표시 또는 고지되거나 보호에 필요한 조치가 이루어진 것과 그 내용을 말한다.'고 정의하고 있다.

지금까지 살펴본 바와 같이 현행 국가 방첩 관련법은 한국이 휴전 상태에 있는 것을 전제로 하고 있다. 그리고 헌법 재판소 및 대법원이 북한을 적국 혹은 반국가 단체로 보는 판결을 유지함으로써 법의 안정성을 뒷받침해 왔다.

'북한은 조국의 평화적 통일을 위한 대화와 협력의 동반자이나 동시에 남북한 관계의 변화에도 불구하고, 적화 통일 노선을 고수하면서 우리의 자유 민주주의 체제를 전복하고자 획책하는 반국가 단체'라고 판시해 왔다.[18]

법원은 북한을 여전히 반국가 단체라고 볼 수밖에 없는 이유로 북한이 자신들의 헌법까지도 규율하는 조선 노동당 규약을 통해 적화 통일 노선을 명문으로 선언하고, 이에 변경을 가할 징후를 보이지 않는 점을

---

17 대판 1997.11.20. 97도 2021; 대판 1997.9.9. 97도 1656; 대판 1997.7.25. 97도 1295.

18 헌재결 1997.1.16. 92 헌바 6 등(병합), 대법원 2008.4.17. 2003 도 758.

들고 있다.

그럼에도 우리 사회 일각에서 조선 노동당 규약은 법률이 아니고, 당원들에게만 적용되는 자치 규범이므로 국보법과 비교될 수 없다며 국보법 폐지를 요구하는 주장이 있다(김인회, 민주사회를 위한 변호사 모임, 2000: 123).

하지만 북한 조선 노동당 규약의 최고 규범적 지위에 대해서는 법학계 및 북한학계 대부분의 학자들이 인정하고 있는 상식이다. 따라서 성급한 방첩 활동 관련 법 개정보다는 남북 관계 개선 의지에 대한 북한의 진정성을 보아 가며 관련법을 보완하는 등 남북 질서의 합리적 정착에 보다 많은 지혜를 모아야 할 것이다.

김병기 의원 주도
국정원법 전면 개정

20대 국회에서 보수정당의 반대로 통과가 어려웠던 국정원법 전면 개정은 2020년 4월 15일 21대 총선에서 더불어민주당이 163석, 더불어민주당과 노선을 같이하는 더불어시민당이 17석 등 총 180석을 차지하면서 다시 활기를 띠게 된다.

더불어민주당과 정부, 청와대는 21대 총선이 끝난 직후인 2020년 7월 30일 여의도 국회의원회관에서 이른바 "국민을 위한 권력 기관 개혁 당·정·청 협의" 모임을 갖고 "문재인 정부 출범 후 국내 정보관을 폐지했으나 법 개정으로 이어지지 못했다"며 김병기 의원이 국정원법 개정안을 대표 발의하기로 결정했다.

신임 국정원장으로 임명된 박지원은 이 모임에 참석해서 "문재인 정부 출범 후 과감한 행동으로 국내 정치 개입 차단을 실천하고 있지만, 이런 개혁 조치가 불가역적으로 완성되기 위해서는 국정원법 개정이 반드시 필요하다."며 "대공 수사권 경찰 이관과 민주적 통제 강화도 역시 법 개정을 통해서만 완수할 수 있다."고 주장했다.(연합뉴스, 2020.7.30.자)

이날의 당·정·청 결의에 따라 김병기 의원은 더불어민주당 의원 50명의 서명을 받아 2020년 8월 4일 국가정보원법 전부 개정 법률안을 대표 발의했다. 법안이 통과된 직후인 2020년 12월 15일 국정원은 아래와 같은 보도 자료를 언론사에 배포했다.

박지원 국가정보원장은 오늘(12월 15일) 김창룡 경찰청장과 정보·보안 관련 경찰 수뇌부를 국정원으로 초청해 '대공 수사권' 이관에 따른 후속 조치를 협의했다.

이번 협의는 최근 국회를 통과한 국정원법 개정안 후속 조치로 '대공 수사권'의 차질 없는 공조 및 이관을 위해 마련됐다.

박지원 국정원장은 "오늘부터 국정원의 모든 대공 수사는 경찰과 합동으로 진행할 것"이라며 "3년 후 대공 수사권이 이관될 때까지 경찰이 사수(射手)가 되고 국정원은 조수(助手)가 될 것"이라고 말했다.

박 원장은 "남은 기간 동안 사이버 수사 등 국정원의 대공 수사 기법을 경찰에 모두 전수할 것"이라며 "향후 수사 공조 및 수사권 이관과 관련해서 경찰의 요구를 가급적 모두 수용할 계획"이라고 말했다.

박 원장은 "일부에서는 3년 후 수사권 이관이 다시 유예되거나 또는 무산될 것이라는 우려도 하지만 경찰과 철저히 공조·협의해서 대공 수사권이 완전하고 차질 없이 이관되도록 하겠다."며 "오늘부터 완벽히 준비해서 대공 수사권 이관을 되돌릴 수 없도록 하겠다."고 말했다.

국정원은 대공 수사권의 원활한 이관을 위해 국정원 내부에 전담 조직을 설치할 예정이며, 경찰과의 공조·협의를 위해 '국정원-경찰 협의체'를 구성하여 정기적으로 만날 예정이다.

한 권으로 읽는 국정원법 이야기

개정 국가정보원법(2020.12.15.개정)
전문

제1조(목적) 이 법은 국가정보원의 조직 및 직무 범위와 국가 안전 보장 업무의 효율적인 수행을 위하여 필요한 사항을 규정함을 목적으로 한다.

제2조(지위) 국가정보원(이하 "국정원"이라 한다)은 대통령 소속으로 두며, 대통령의 지시와 감독을 받는다.

제3조(국정원의 운영 원칙) ① 국정원은 운영에 있어 정치적 중립성을 유지하며, 국민의 자유와 권리를 보호하여야 한다.

② 국가정보원장(이하 "원장"이라 한다)·차장 및 기획조정실장과 그 밖의 직원은 이 법에서 정하는 정보의 수집 목적에 적합하게 정보를 수집하여야 하며, 수집된 정보를 직무 외의 용도로 사용하여서는 아니 된다.

제4조(직무)① 국정원은 다음 각 호의 직무를 수행한다.

1. 다음 각 목에 해당하는 정보의 수집·작성·배포

   가. 국외 및 북한에 관한 정보

   나. 방첩(산업 경제 정보 유출, 해외 연계 경제 질서 교란 및 방위 산업 침해에 대한 방첩을 포함한다), 대테러, 국제 범죄 조직에 관한 정보

   다. 「형법」 중 내란의 죄, 외환의 죄, 「군 형법」 중 반란의 죄, 암호 부

정 사용의 죄, 「군사기밀보호법」에 규정된 죄에 관한 정보

　라. 「국가 보안법」에 규정된 죄와 관련되고 반국가 단체와 연계되거나 연계가 의심되는 안보 침해 행위에 관한 정보

　마. 국제 및 국가 배후 해킹 조직 등 사이버 안보 및 위성 자산 등 안보 관련 우주 정보

2. 국가 기밀(국가의 안전에 대한 중대한 불이익을 피하기 위하여 한정된 인원만이 알 수 있도록 허용되고 다른 국가 또는 집단에 대하여 비밀로 할 사실·물건 또는 지식으로서 국가 기밀로 분류된 사항만을 말한다. 이하 같다)에 속하는 문서·자재·시설·지역 및 국가 안전 보장에 한정된 국가 기밀을 취급하는 인원에 대한 보안 업무. 다만, 각급 기관에 대한 보안 감사는 제외한다.

3. 제1호 및 제2호의 직무 수행에 관련된 조치로서 국가안보와 국익에 반하는 북한, 외국 및 외국인·외국 단체·초국가 행위자 또는 이와 연계된 내국인의 활동을 확인·견제·차단하고, 국민의 안전을 보호하기 위하여 취하는 대응 조치

4. 다음 각 목의 기관 대상 사이버 공격 및 위협에 대한 예방 및 대응

　가. 중앙 행정 기관(대통령 소속 기관과 국무총리 소속 기관을 포함한다) 및 그 소속 기관과 국가인권위원회, 고위공직자범죄수사처 및 「행정 기관 소속 위원회의 설치·운영에 관한 법률」에 따른 위원회

　나. 지방 자치 단체와 그 소속 기관

　다. 그 밖에 대통령령으로 정하는 공공 기관

5. 정보 및 보안 업무의 기획·조정

6. 그 밖에 다른 법률에 따라 국정원의 직무로 규정된 사항

② 원장은 제1항의 직무와 관련하여 직무 수행의 원칙·범위·절차 등이 규정된 정보 활동 기본 지침을 정하여 국회 정보위원회에 이를 보고하여야 한다. 정보 활동 기본 지침을 개정한 때에도 또한 같다.〈개정

2021. 10. 19.〉

③ 국회 정보위원회는 정보 활동 기본 지침에 위법하거나 부당한 사항
이 있다고 인정되면 재적 위원 3분의 2 이상의 찬성으로 시정이나 보
완을 요구할 수 있으며, 원장은 특별한 사유가 없으면 그 요구에 따라
야 한다.〈신설 2021. 10. 19.〉

④ 제1항 제1호부터 제4호까지의 직무 수행을 위하여 필요한 사항과 같
은 항 제5호에 따른 기획·조정의 범위와 대상 기관 및 절차 등에 관한
사항은 대통령령으로 정한다.〈개정 2021. 10. 19.〉

[시행일: 2024. 1. 1.] 제4조 제1항 제1호 다목, 제4조 제1항 제1호 라목

제5조(국가 기관 등에 대한 협조 요청 등) ① 원장은 직무 수행과 관련하여
필요한 경우 국가 기관이나 그 밖의 관계 기관 또는 단체(이하 "국가 기관
등"이라 한다)에 대하여 사실의 조회·확인, 자료의 제출 등 필요한 협조 또
는 지원을 요청할 수 있다. 이 경우 요청을 받은 국가 기관 등의 장은 정당
한 사유가 없으면 그 요청에 따라야 한다.

② 직원은 제4조 제1항 제1호 나목부터 마목까지 및 같은 조 같은 항 제
2호의 직무 수행을 위하여 필요한 경우 현장 조사·문서 열람·시료 채
취·자료 제출 요구 및 진술 요청 등의 방식으로 조사할 수 있다.

③ 국정원은 제4조 제1항 제1호 나목부터 라목까지에 관한 직무 수행과
관련하여 각급 수사 기관과 정보 공조 체계를 구축하고, 국정원과 각
급 수사 기관은 상호 협력 하여야 한다.

④ 직원은 정보 수집을 위하여 필요한 최소한의 범위 안에서 조사를 행하
여야 하며, 다른 목적을 위하여 조사 권한을 남용하여서는 아니된다.

제6조(조직) ① 국정원의 조직은 원장이 대통령의 승인을 받아 정한다.

② 제1항에도 불구하고 원장은 제4조에 따른 직무 범위를 일탈하여 정

치 관여의 우려가 있는 정보 등을 수집·분석하기 위한 조직을 설치하여서는 아니 된다.

③ 국정원은 직무 수행상 특히 필요한 경우에는 대통령의 승인을 받아 특별시·광역시·특별자치시·도 또는 특별자치도에 지부(支部)를 둘 수 있다.

제7조(직원) ① 국정원에 원장·차장 및 기획조정실장과 그 밖에 필요한 직원을 둔다. 다만, 그 직무 수행상 필요한 경우에는 차장을 2명 이상 둘 수 있다.

② 직원의 정원은 예산의 범위에서 대통령의 승인을 받아 원장이 정한다.

제8조(조직 등의 비공개) 국정원의 조직·소재지 및 정원은 국가 안전 보장을 위하여 필요한 경우에는 그 내용을 공개하지 아니할 수 있다.

제9조(원장·차장·기획조정실장) ① 원장은 국회의 인사 청문을 거쳐 대통령이 임명하며, 차장 및 기획조정실장은 원장의 제청으로 대통령이 임명한다.

② 원장은 정무직으로 하며, 국정원의 업무를 총괄하고 소속 직원을 지휘·감독한다.

③ 차장과 기획조정실장은 정무직으로 하고 원장을 보좌하며, 원장이 부득이한 사유로 직무를 수행할 수 없을 때에는 그 직무를 대행한다.

④ 원장·차장 및 기획조정실장 외의 직원 인사에 관한 사항은 따로 법률로 정한다.

제10조(겸직 금지) 원장·차장 및 기획조정실장은 다른 직(職)을 겸할 수 없다.

제11조(정치 관여 금지) ① 원장·차장 및 기획조정실장과 그 밖의 직원은 정당이나 정치 단체에 가입하거나 정치 활동에 관여하는 행위를 하여서는 아니 된다.

② 제1항에서 정치 활동에 관여하는 행위란 다음 각 호의 어느 하나에 해당하는 행위를 말한다.

1. 정당이나 정치 단체의 결성 또는 가입을 지원하거나 방해하는 행위

2. 그 직위를 이용하여 특정 정당이나 특정 정치인에 대하여 지지 또는 반대 의견을 유포하거나, 그러한 여론을 조성할 목적으로 특정 정당이나 특정 정치인에 대하여 찬양하거나 비방하는 내용의 의견 또는 사실을 유포하는 행위

3. 특정 정당이나 특정 정치인, 특정 정치 단체를 위하여 기부금 모집을 지원하거나 방해하는 행위 또는 기업의 자금, 국가·지방 자치 단체 및 「공공 기관의 운영에 관한 법률」에 따른 공공 기관의 자금을 이용하거나 지원하게 하는 행위

4. 특정 정당이나 특정인의 선거 운동을 하거나 선거 관련 대책 회의에 관여하는 행위

5. 특정 정당·정치 단체나 특정 정치인을 위하여 집회를 주최·참석·지원하도록 다른 사람을 사주·유도·권유·회유 또는 협박하는 행위

6. 「정보 통신망 이용 촉진 및 정보 보호 등에 관한 법률」에 따른 정보 통신망을 이용한 제1호부터 제5호까지에 해당하는 행위

7. 소속 직원이나 다른 공무원에 대하여 제1호부터 제6호까지의 행위를 하도록 요구하거나 그 행위와 관련한 보상 또는 보복으로서 이익 또는 불이익을 주거나 이를 약속 또는 고지(告知)하는 행위

③ 직원은 원장, 차장·기획조정실장과 그 밖의 다른 직원으로부터 제2항에 해당하는 행위의 집행을 지시받은 경우 내부 절차에 따라 이의를 제기할 수 있으며, 시정되지 않을 경우 그 직무의 집행을 거부할 수

있다.

④ 직원이 제3항의 규정에 따라 이의제기 절차를 거친 후에도 시정되지 않을 경우, 오로지 공익을 목적으로 제2항에 해당하는 행위의 집행을 지시받은 사실을 수사 기관에 신고하는 경우 「국가정보원직원법」 제17조의 규정은 적용하지 아니한다.

⑤ 직원이 제4항에 따라 수사 기관에 신고하는 경우 원장은 해당 내용을 지체 없이 국회 정보위원회에 보고하여야 한다.

⑥ 누구든지 제4항의 신고자에게는 그 신고를 이유로 불이익 조치(「공익신고자 보호법」 제2조 제6호에 따른 불이익 조치를 말한다)를 하여서는 아니 된다.

제12조(겸직 직원) ① 원장은 현역 군인 또는 필요한 공무원의 파견 근무를 관계 기관의 장에게 요청할 수 있다.

② 겸직 직원의 원(原) 소속 기관의 장은 겸직 직원의 모든 신분상의 권익과 보수를 보장하여야 하며, 겸직 직원을 전보(轉補) 발령 하려면 미리 원장의 동의를 받아야 한다.

③ 겸직 직원은 겸직 기간 중 원 소속 기관의 장의 지시 또는 감독을 받지 아니한다.

④ 겸직 직원의 정원은 관계 기관의 장과 협의하여 대통령의 승인을 받아 원장이 정한다.

제13조(직권 남용의 금지) 원장·차장·기획조정실장 및 그 밖의 직원은 그 직권을 남용하여 법률에 따른 절차를 거치지 아니하고 사람을 체포 또는 감금하거나 다른 기관·단체 또는 사람으로 하여금 의무 없는 일을 하게 하거나 사람의 권리 행사를 방해하여서는 아니 된다.

제14조(불법 감청 및 불법 위치 추적 등의 금지) 원장·차장·기획조정실장 및 그 밖의 직원은 「통신비밀보호법」, 「위치 정보의 보호 및 이용 등에 관한 법률」, 「형사 소송법」 또는 「군사 법원법」 등에서 정한 적법 절차에 따르지 아니하고는 우편물의 검열, 전기통신의 감청 또는 공개되지 아니한 타 인간의 대화를 녹음·청취하거나 위치 정보 또는 통신사실확인자료를 수집하여서는 아니 된다.

제15조(국회에의 보고 등) ① 원장은 국가 안전 보장에 중대한 영향을 미치는 상황이 발생할 경우 지체 없이 대통령 및 국회 정보위원회에 보고하여야 한다.

② 원장은 국회 정보위원회가 재적 위원 3분의 2 이상의 찬성으로 특정 사안에 대하여 보고를 요구한 경우 해당 내용을 지체 없이 보고하여야 한다.

제16조(예산 회계) ① 국정원은 「국가재정법」 제40조에 따른 독립 기관으로 한다.

② 국정원은 세입, 세출 예산을 요구할 때에 「국가재정법」 제21조의 구분에 따라 총액으로 기획재정부장관에게 제출하며, 그 산출 내역과 같은 법 제34조에 따른 예산안의 첨부 서류는 제출하지 아니할 수 있다.

③ 국정원의 예산 중 미리 기획하거나 예견할 수 없는 비밀 활동비는 총액으로 다른 기관의 예산에 계상할 수 있으며, 그 편성과 집행 결산에 대하여는 국회 정보위원회에서 심사한다.

④ 국정원은 제2항 및 제3항에도 불구하고 국회 정보위원회에 국정원의 모든 예산(제3항에 따라 다른 기관에 계상된 예산을 포함한다)에 관하여 실질 심사에 필요한 세부 자료를 제출하여야 한다.

⑤ 국정원은 모든 예산을 집행함에 있어 지출의 사실을 증명할 수 있는 증빙 서류를 첨부하여야 한다. 다만, 국가 안전 보장을 위해 기밀이 요구되는 경우에는 예외로 한다.

⑥ 원장은 국정원의 예산 집행 현황을 분기별로 국회 정보위원회에 보고하여야 한다.

⑦ 국회 정보위원회는 국정원의 예산 심사를 비공개로 하며, 국회 정보위원회의 위원은 국정원의 예산 내역을 공개하거나 누설하여서는 아니 된다.

제17조(국회에서의 증언 등) ① 원장은 국회 예산 결산 심사 및 안건 심사와 감사원의 감사가 있을 때에 성실하게 자료를 제출하고 답변하여야 한다. 다만, 국가의 안전 보장에 중대한 영향을 미치는 국가 기밀 사항에 대하여는 그 사유를 밝히고 자료의 제출 또는 답변을 거부할 수 있다.

② 원장은 제1항에도 불구하고 국회 정보위원회에서 자료의 제출, 증언 또는 답변을 요구받은 경우와 「국회에서의 증언·감정 등에 관한 법률」에 따라 자료의 제출 또는 증언을 요구받은 경우에는 군사·외교·대북 관계의 국가 기밀에 관한 사항으로서 그 발표로 인하여 국가 안위(安危)에 중대한 영향을 미치는 사항에 대하여는 그 사유를 밝히고 자료의 제출, 증언 또는 답변을 거부할 수 있다. 이 경우 국회 정보위원회 등은 그 의결로써 국무총리의 소명을 요구할 수 있으며, 소명을 요구받은 날부터 7일 이내에 국무총리의 소명이 없는 경우에는 자료의 제출, 증언 또는 답변을 거부할 수 없다.

③ 원장은 국가 기밀에 속하는 사항에 관한 자료와 증언 또는 답변에 대하여 이를 공개하지 아니할 것을 요청할 수 있다.

한 권으로 읽는 국정원법 이야기

제18조(회계 검사 및 직무 감찰의 보고) 원장은 그 책임하에 소관 예산에 대한 회계 검사와 직원의 직무 수행에 대한 감찰을 하고, 그 결과를 대통령과 국회 정보위원회에 보고하여야 한다.

제19조(직원에 대한 수사 중지 요청) ① 원장은 직원이 제4조에 규정된 직무 관련 범죄 혐의로 인하여 다른 기관의 수사를 받음으로써 특수 활동 등 직무상 기밀 누설의 우려가 있는 경우에는 해당 수사 기관의 장에게 그 사유를 소명하고 수사 중지를 요청할 수 있다.

② 제1항에 따라 수사 중지 요청을 받은 기관의 장은 정당한 사유가 있으면 수사를 중지할 수 있다.

제20조(무기의 사용) ① 원장은 직무를 수행하기 위하여 필요하다고 인정할 때에는 소속 직원에게 무기를 휴대하게 할 수 있다.

② 제1항의 무기 사용에 관하여는 「경찰관 직무 집행법」 제10조의4를 준용한다.

제21조(정치 관여죄) ① 제11조를 위반하여 정당이나 그 밖의 정치 단체에 가입하거나 정치 활동에 관여하는 행위를 한 사람은 7년 이하의 징역과 7년 이하의 자격 정지에 처한다.

② 제1항에 규정된 죄의 미수범은 처벌한다.

제22조(직권 남용죄) ① 제13조를 위반하여 사람을 체포 또는 감금하거나 다른 기관·단체 또는 사람으로 하여금 의무 없는 일을 하게 하거나 사람의 권리 행사를 방해한 사람은 7년 이하의 징역과 7년 이하의 자격 정지에 처한다.

② 제1항에 규정된 죄의 미수범은 처벌한다.

제23조(불법 감청·위치 추적 등의 죄) ① 제14조를 위반하여 우편물의 검열·전기 통신의 감청 또는 공개되지 아니한 다른 사람의 대화를 녹음·청취한 사람은 1년 이상 10년 이하의 징역과 7년 이하의 자격 정지에 처한다.

② 제14조를 위반하여 위치 정보 또는 통신사실확인자료를 수집한 사람은 5년 이하의 징역 또는 5천만 원 이하의 벌금에 처한다.

③ 제1항 및 제2항에 규정된 죄의 미수범은 처벌한다.

제24조(공소 시효에 관한 특례) 제21조와 제23조 제2항의 죄에 대한 공소 시효의 기간은 「형사 소송법」 제249조 제1항에도 불구하고 10년으로 한다.

부 칙 〈법률 제17646호, 2020. 12. 15.〉

제1조(시행일) 이 법은 2021년 1월 1일부터 시행한다. 다만, 제4조 제1항 제1호 다목·라목, 제5조 제2항(제4조 제1항 제1호 다목 및 라목과 관련된 조사에 한정한다) 및 부칙 제5조 제5항·제6항·제7항의 개정 규정은 2024년 1월 1일부터 시행한다.

제2조(일반적 경과 조치) 이 법 시행 당시 종전의 「국가정보원법」에 따른 행위로서 이 법에 그에 해당하는 규정이 있는 경우에는 이 법에 따라 한 것으로 본다.

제3조(수사권에 관한 경과 조치) 2023년 12월 31일까지는 종전의 「국가정보원법」 제3조 제1항 제3호 및 제4호, 제11조 제2항, 제16조, 제19조 제2항을 계속 적용한다.

제4조(벌칙에 관한 경과 조치) 이 법 시행 전에 종전의 「국가정보원법」 제9조 또는 제11조를 위반한 행위에 대하여 벌칙을 적용할 때는 종전의 규정에 따른다.

7장

정치 정보와
정책 정보 개념의 차이

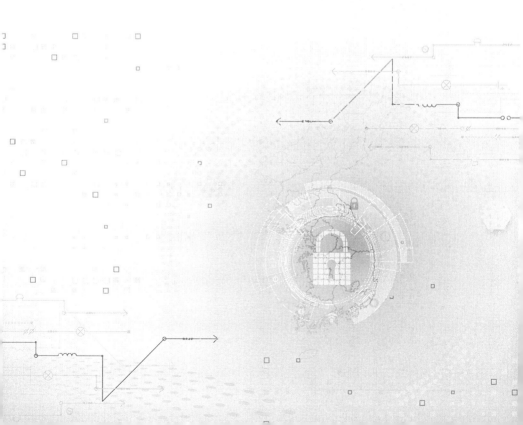

정책 정보에 대한 오해

많은 사람들이 정보기관에서 정책 정보 활동을 수행하는 이유에 대해 의문을 가진다. 그리고 정보기관에서 전개하는 정책 정보의 개념에 대한 학계, 정부, 언론계의 인식이 일치하지 않아 국가 정보 연구 및 정보 정책 추진에 많은 혼선을 빚고 있다.

또한, 많은 사람들이 정책 정보(policy intelligence)와 구별되는 정치 정보(politics intelligence)의 차이점을 간과하고 있다.

정보기관이 수행하는 정책 정보는 국가 안보와 국가 이익 증진을 위한 정책 수행에 필요한 정보이다. 그에 비해 정치 정보는 특정한 정파의 정략적 목적에 사용되는 정보이다. 정보기관은 특정한 정치 세력이 아닌 국가를 위해 존재하는 조직이다.

국가정보원은 2017년 6월 1일 한국 국가 정보의 역사에 큰 획을 긋는 보도 자료를 하나 배포했다.

이 보도 자료는 "신임 서훈 원장이 취임식 후 국내 정보 담당관 제도의 완전하고 즉각적인 폐지를 지시했으며, (이것은) 국정원의 정치 개입을 단절시키기 위한 획기적이고 단호한 조치"라고 설명했다.

이 보도자료 역시 정치 정보와 정책 정보를 혼돈해서 사용하고 있다. 국내 정보 담당관은 정치 정보가 아닌 정책 정보를 수집하는 것이 주

임무였던 것으로 알려져 있다. 국내 정보 담당관의 정치 정보 활동은 김영삼 정부 때 이미 불법화됐다.

여기에서는 이 두 가지 쟁점, 즉 ① 정보기관에서 정책 정보 활동을 수행하는 이유와 ② 정책 정보와 정치 정보의 차이점에 대해 문제의식을 가지고 정책 정보를 최종적으로 사용하는 통치권자의 관점에서 그 성격을 규명해 보려고 한다.

정보기관의 정책 정보란 통치권자의 수요에 의해 생산되고 공급되는 지식이기 때문에 그 사용자의 측면에서 살펴보는 것이 그 성질을 파악하는 데 유익하다.

그리고 역사적 제도주의(historical institutionalism) 이론을 분석의 틀로 활용한다. 역사적 제도 주의는 사회 제도를 분석하는 방법으로 역사와 맥락(context)을 중시하며, 현재 존재하는 제도는 역사적 맥락의 결과물이라고 본다.

역사적 제도 주의는 개인의 행위를 설명하기 위해서는 행위가 이루어지는 맥락(context)을 설명해야 하며, 맥락이란 제도적 환경(institutional setting)이라고 본다. 맥락에 대한 이해 없이 행위를 설명할 수 없으며, 이러한 맥락이란 곧 역사적 산물이라는 것이다. 현재 존재하는 제도를 역사적 과정의 산물이라고 보는 것이다(하연섭, 2003: 56-57).

이 글에서도 현존하는 정보기관의 정책 정보 업무는 역사적 맥락의 결과물이라고 보고, 사용자의 관점에서 통치권자들이 정책 정보를 요구하는 이유, 정책 정보와 정치 정보와의 차이점에 대해 역사적 경로와 맥락을 살펴본다.

정책 정보 활동의 법적 근거

문재인 정부 이전 각급 정보기관에서 정책 정보 활동의 법적 근거를 갖춘 정보기관은 경찰이었다.

1991년 제정된 「경찰청과 그 소속 기관 등 직제」 제15조(정보국) 4항은 정보국 산하 정보2과의 분장 업무에 '정책 정보의 수집·종합 및 분석' 업무를 두고 있었다.

그러나 문재인 정부 들어 국정원 국내 정책 정보 기능이 전면 폐지되는 등 정보기관의 정책 정보 기능을 적폐시하는 풍조가 만연하자 경찰청은 이 조항을 삭제했다.

현재 시행되고 있는 「경찰청과 그 소속기관 직제」(대통령령 제33175호, 2022.12.29. 일부 개정)를 보면 정보국을 '공공안녕정보국'으로 바꾸고, 정책 정보란 용어 대신 '국민 안전과 국가 안보를 저해하는 위험 요인에 관한 정보 활동', '국민의 생명·신체의 안전이나 재산의 보호 등 생활의 평온과 관련된 정책에 관한 정보 활동' 등으로 용어를 바꿨다. 용어는 변경되었으나 그 내포하고 있는 의미는 상통하고 있다.

한편 검찰청법(제11조) 시행 규칙인 「검찰 보고 사무 규칙」(법무부령 제1022호)에는 정책 정보의 개념에 상응하는 기능이 포함되어 있다.

동 규칙(제8조)은 각 급 검찰청장이 보고해야 할 정보 보고 대상으로 ① 소요의 발생 기타의 사유로 사회적 불안을 조성할 우려가 있는 경우, ② 정당·사회단체의 동향이 사회 질서에 중대한 영향을 미칠 우려가 있는 경우, ③ 정부 시책에 중대한 영향을 미칠만한 범죄가 발생한 경우 등을 설정하고 있다.

그와 함께 '정부 시책에 중대한 영향을 미칠 만한 사건'을 집회 및 시위에 관한 법률 위반 사건, 노동 관계 법률 위반 사건 중 노동 정책에 영향을 미칠 중요한 사건, 수산업법 위반 중 군사 분계선 또는 어로 한계선 월선조업 사건, 기타 정부 시책의 수행에 지장을 초래하거나 정부 시책에 현저히 위배되는 사건을 말한다고 풀이하고 있다.

역대 통치권자의
정책 정보 제도 운용 사례

　현대에 들어 세계 각국의 국가 정보기관은 대부분 행정부 수반에게 소속되어 있다. 대통령제 헌법 국가에서는 대통령, 내각제 헌법 국가에서는 총리가 행정부의 수반이다.

　행정부 수반은 국가 최고 정책을 결정하고 집행하는 권한을 가지고 있다. 그리고 국가 최고 정책 결정권자로서의 권한을 수행하는 데는 많은 정보가 요구된다. 정책을 수립하는 데 정확한 정보가 투입되어야 할 것이며, 정책을 집행하는 과정에 대해서도 그 실상을 자세히 알고 있어야 한다.

　정책 순환 과정 단계마다 투입되는 정보의 질적 수준이 정책의 성공에 큰 영향을 미친다. 이에 따라 행정부 수반은 정책의 성공을 위해 많은 정보를 요구하게 된다. 자신이 추구하는 정책의 성공 여부가 통치권의 안정에도 큰 영향을 미치기 때문이다.

　손자는 손자병법 용간(用間) 편에서 '총명한 군주와 현명한 장수만이 크게 뛰어난 지혜를 가지고 능숙하게 간자를 부려 큰 성공을 거둘 수 있다(故唯明君賢將 能以上智爲間者 必成大功)'고 설파했다.

　군주와 장수를 현대 민주 국가에 적용하면 행정부 수반과 군사, 외교,

경제, 치안 등 부분별 정책 책임자들이다. 그리고 이들이 부리는 간자들은 궁극적으로 행정부의 수반, 곧 국가 최고 정책 결정권자를 위해서 일하는 존재이고 그의 요구에 맞춰 활동하는 자들이다.

손자의 지적처럼 행정부 수반과 부문별 정책 책임자들이 큰 성공을 거두기 위해서는 크게 뛰어난 지혜를 가지고 간자를 능숙하게 운용해야 한다.

이런 점에서 정보기관의 정책정보론은 전제 군주 시대 제왕학, 근대 절대주의 시대 군주론, 현대 민주 국가 시대 대통령 리더십 이론과 맥락을 같이하고 있다.

그렇다고 정책정보론이 지배 계층에게만 요구되는 것은 아니다. 현대 민주 국가의 행정부 수반은 국민이 선출한다. 주권을 가진 국민은 여러 후보자 가운데 가장 총명하다고 보이는 인물을 국가 최고 정책 결정권자로 선택한다.

따라서 어느 정책의 실패를 행정부 수반에게만 돌리기 어렵다. 행정부 수반과 그를 뽑은 국민에게 공동의 책임이 있는 것이다. 이렇게 볼 때 정보기관이 수행하는 정책 정보의 본질과 특성, 그리고 그 역할에 대한 올바른 이해는 국민 모두의 과제이다.

여기에서는 청나라 옹정제, 조선시대 암행어사 제도, 상해 임시정부 초기 이승만의 정보 활동, 국정원 조정관 제도가 생성되고 소멸되는 과정을 통해 정책 정보의 성격을 살펴본다.

청나라 황제 옹정제의 정책 정보 제도

중국 청조의 옹정제가 수천 년의 전통을 지닌 중국 전제 정치의 최후 완성자이고 실행자였으며, 정책 정보를 국정 운영에 능률적으로 사용한 인물이었다는 역사적 사실은 모르는 사람이 많다.

옹정제의 위상을 연구하는 데 많은 노력을 기울인 학자는 일본 교토 대학 역사학 교수였던 미야자키 이치사다(宮崎市定)이다. 그는 중국 역사의 거의 모든 분야와 서아시아에 걸쳐 방대한 연구 업적을 남긴 인물이다. 그는 옹정제의 리더십을 분석한 책자를 남겼는데, 그 가운데 정책 정보 관련 내용을 살펴본다(미야자키, 차혜원 옮김, 2001: 106-130).

옹정제는 만주에서 발흥한 청조의 5대 황제였다. 명조를 멸망시킨 청조가 베이징에 입성한 이후부터 따지면 3대 황제이다. 미야자키 교수는 왕조가 흥할지 쇠할지는 대체로 3대째 정도에 결판난다고 진단하며, 옹정제는 청조가 흥하느냐 망하느냐 하는 가장 중요한 갈림길에 서 있었다고 평가했다.

옹정제는 18세기 초 러시아의 표토르 대제, 프로이센의 프리드리히 대왕과 어깨를 견줄 만한 치적을 세웠고 그 통치 행태는 중국뿐만 아니라 어느 나라 통치사에도 일어날 만한 일이기 때문에 그를 자세히 이해해야 할 가치는 충분하다고 미야자키 교수는 강조했다.

강희제의 황자 35명 중 네 번째 황자였던 옹정제가 황제가 된 것은 45세 때이다. 마흔다섯의 한창나이에 황위에 오른 옹정제에게는 천하를 책임지겠다는 강한 자신감이 있었다.

그가 정책 정보의 중요성을 체감한 것은 관료 조직의 병폐 때문이었다. 과거 시험 동기(同期) 간의 밀착, 이권이 보장되는 요직을 둘러싼 암투 등에 따라서 관료 조직 내부에 특정 파벌이 조성되고 이로 인해 백성들의 민심이 제대로 보고되지 않는 현실을 타개하려는 노력의 일환이었다.

황제가 가장 알고 싶어 한 것은 백성의 생활, 치안의 확립 여부, 경제 상태 등이었다. 옹정제는 이러한 정보를 지방 관리의 비밀 보고를 통해 수집했다.

당시 중앙정부의 관리와 지방의 총독, 순무(巡撫) 등은 내각에 보내는 공식 문서와는 별도로 직접 천자에게 보고서나 의견을 올릴 수 있었는데, 이 문서를 주접(奏摺)이라고 했다. 각 성의 총독, 총독 아래 민정장관인 순무 일개인이 비공식적으로 천자 개인에게 보내는 친필 편지였다.

주접의 내용은 때로는 연하장의 성격을 띠기도 하고 때로는 날씨나 쌀값에 대한 보고문이기도 하였으며, 때로는 군사상의 기밀도 포함되는 등 천차만별이었다.

옹정제는 종전부터 있었던 이 제도를 확대시켜 관리들에게 보다 많이 주접을 올리게 해서 지방의 정보를 입수하는 한편, 보고의 질에 의해 관리의 인물 됨됨이를 관찰했다.

지방 행정 책임자들은 임지로 출발하기 전에 반드시 궁중에 불려 가 황제를 알현했다. 이때 옹정제로부터 여러 가지 훈계가 내려지고 임지에 도착하면 조속히 주접을 올려 지시 사항을 복명해야 했다.

복명 내용이 틀릴 경우 옹정제는 붉은 붓으로 하나하나 정정하여 진짜 칙유는 이렇다고 일러 주고 특별한 명령이 있으면 역시 붉은 붓으로 편지 여백에 적어 넣은 뒤 발신인에게 보낸다.

이렇게 붉은 붓으로 쓴 친필 서한을 주비유지(硃批諭旨)라 했다. 주비유지를 받은 자는 이것을 자신이 가지고 있거나 다른 사람에게 보여 주어서는 안 되며 즉시 천자에게 돌려보내야 한다. 그 후 행정상의 의견과 행정의 시행 상황에 대한 보고서를 제출해야 한다.

"사람은 견문이 넓지 않으면 반드시 그릇된 판단을 내리는 법이다. 그래서 짐은 너희에게 여러 가지 정보를 알려 달라고 요구하는 것이다."라며 정책 정보의 필요성을 강조하는가 하면 "지방 행정이 잘 운영되고 있는지, 관리가 근면한지 태만한지, 윗사람은 공평한지 불공평한지, 아랫사람 중에 누가 뛰어나고 누가 모자란지, 군대의 규율은 어떤지 보고하라. 다만 확실한 증거가 있는 것과 우연히 풍문으로 얻어들은 것을 구별하도록 하라. 짐이 다른 방법으로 이를 확인해 볼 것이다."라며 중점 수집 방향을 제시하고 있다.

이렇게 지방에서 수집된 보고서는 옹정제 오직 한 사람만이 개봉해서 볼 뿐 조정의 대신에게도 절대 비밀로 관리했다. 만약 공적으로 논의해야 할 중요한 사안이 있을 경우에는 보낸 사람의 이름을 잘라 버리고 대신들에게 보여서 의견을 묻는다.

이와 동시에 수취인 역시 황제의 답장 내용을 절대 타인에게 누설해서는 안 된다. 비밀 유지를 위한 방법이었다.

지방관은 공무 이외에도 이런 식으로 정보를 제공하는 것이 또 하나의 중대 임무였고 만약 게을리할 경우 황제의 독촉을 받았다.

보고서의 진위 여부를 확인하는 방법으로 옹정제는 측근 인물을 비밀리 지방에 내려보내 확인했다.

만주에서 일어난 청조는 베이징에 진입할 때 기(旗)라는 조직을 데리고 들어갔다. 기란 연대 규모의 조직으로 천자를 둘러싸고 있던 8기(八旗)의 조직이 황제를 호위했다.

옹정제는 팔기의 청년을 풀어서 지방관의 동향을 수집하는 요원으로 활용했다. 팔기의 장정 중에서 기민한 젊은이들이 선발되어 천자의 측근에서 시중을 드는 시위(侍衛)가 되는데, 이들은 기밀 임무를 명령받으면 아무리 먼 곳이라도 파견됐다.

요약하면, 옹정제는 지방 관리들에게 직접 정책 정보를 작성해서 자신만 볼 수 있도록 비밀리 보고하도록 지시하고, 보고서를 읽은 다음 그에 대한 의견을 직접 써서 하달했다. 그리고 보고서의 진위 여부가 의심스러울 때는 측근 인물을 비밀리 지방에 파견해서 간접적으로 확인했다.

조선시대 암행어사 제도

암행어사는 흔히 탐관오리를 징벌하는 임무가 중심이었던 것으로 널리 알려져 있다. 춘향전에 나오는 이몽룡처럼 지방 수령 규찰 임무가 일반적으로 알려진 암행어사 이미지이다. 하지만 최근 연구를 통해 정책 정보 수집이 중요한 임무였음이 밝혀지고 있다.

탐관오리 적발 이외 백성의 질고(疾苦)를 파악하여 원한을 풀어 주고 왕에게 민심을 상달하는 기능을 수행했다. 질고란 백성의 고충과 어려움을 말한다. 조선시대 목민서적과 상소문에 가장 많이 사용된 용어이다.

조선시대 역대 왕들은 지방 수령의 공식적인 정보 보고만으로는 백성들의 민심을 정확하게 파악할 수 없었기 때문에 암행어사라는 비밀 정보 요원을 은밀히 파견하여 정책 정보를 수집했다.

말하자면 일반 백성들의 고충과 주요 정책의 문제점을 파악하여 왕에게 보고한 후 그 원한과 억울함을 풀어 주는 것이 암행어사 운영 제도의 본질이었다.

암행어사 제도는 17-18세기 숙종 시대부터 영정조 시대까지 가장 많이 활용되었는데 당시 120년간은 조선시대를 통틀어 민심이 가장 안정되고 왕이 가장 정치를 잘했다고 평가받는 시기다.

조선시대 왕들이 암행어사를 파견한 가장 중요한 목적은 민심을 정확히 파악하는 것이었다.

유교를 바탕으로 한 조선시대 통치 이념의 근본은 천명사상(天命思想)이었다. 국왕은 하늘의 명을 받아서 통치하는 하늘의 대리인으로서 민심이 곧 천심이며 민심이 이반될 경우 천명은 왕을 떠난다는 사상이었다.

천명을 잃은 왕은 집권의 정당성을 잃게 된다. 그러한 왕은 왕의 자리에서 축출되어도 무방하다는 것이다. 이것이 바로 역성혁명(易姓革命)이다.[19]

고려왕조를 무너뜨리고 집권한 이씨 왕조의 역대 왕들은 이 역성혁명

---

19 군주가 통치를 잘못해서 민심을 잃으면 천명(天命)이 다른 덕망 있는 사람에게 넘어가서 통치권을 상실하게 되고, 민심과 천심을 얻은 다른 유력자가 통치권을 계승하게 된다는 맹자의 정치 사상이다. 맹자는 왕으로서의 권위, 곧 인(仁)과 의(義)를 상실한 왕은 필부(匹夫)에 불과하므로 왕좌에서 몰아내도 괜찮다고 설파했다. 역성혁명은 이념 면에서 근대 민주주의의 주권재민(主權在民)원리 및 저항권(抵抗權)이론과 유사하지만 민심과 천심의 획득을 증명할 수 있는 직접 투표제와 같은 제도적 장치가 없었다는 점에서 구별된다. 불법으로 정권을 장악한 세력이 권력 장악을 정당화하는 논리에 이용하곤 했다.

을 정권의 정통성 논리로 삼았다. 그리고 왕권의 상실까지도 가능한 백성의 마음을 잃지 않으려고 많은 노력을 기울였다.

암행어사를 파견했던 또 다른 이유는 지방 수령의 비리와 정책정보를 수집하는데 일반 어사보다 효율적이었기 때문이다.

임금이 공개적으로 파견하는 일반 어사들은 방문 사실이 공개되기 때문에 지방 수령들은 어사가 도착하기 전 미리 불법 비리를 은폐하고 보고하지 않았다. 그리고 지방 관리들로부터 숙식편의를 제공받았다.

그 결과 지방의 사정을 제대로 파악하지 못했다. 이에 반해 암행어사들은 활동 비용을 스스로 조달해야 했고, 신분을 감추어야 했으며, 암행을 위해 지방에서 관리하는 역마들은 사용하지 않고 서울에서부터 말을 타고 이동했다.

암행어사를 파견할 때는 봉서(封書) 혹은 사목(事目)을 하달했다. 봉서는 국왕의 친서로서 암행어사가 수행해야 할 임무, 염탐 지역 등을 명기한 서류이다. 암행어사는 봉서에 명시되어 있는 사안을 중심으로 암행 지역의 주요 정보를 수집했다.

봉서에 기재해야 할 지시 사항의 양이 점차 많아지자 별도로 임무 지침서를 마련하여 지시하였는데, 이를 사목이라 했다. 사목은 절목(節目) 또는 응찰 조건, 암행 조건 등이라고도 지칭했다.

암행어사에게 부여된 사목의 내용은 행정, 사법, 재정, 국방 등 국정 전반의 내용을 망라하고 있었다. 이는 국정에 필요한 모든 정책 정보를 수집하는 것이 암행어사의 직무였다는 것을 의미한다.

순조 2년 충청도에 파견한 암행어사의 사목에는 "너를 충청도 어사로 삼나니 사목에 따라 종적을 감추어 폐를 끼치지 말고 아래 나열한 것에 관해 상세히 염탐하도록 하라. 군정(軍政), 전정(田政), 환곡(還穀)은 백성을 잘 다스리는 요건인데 지방 아전들의 농간과 민생의 질고가 모두 여기에서 나오고 있다. 충청도는 본래 예풍의 땅이나 민심이 나빠져 천주교가 은밀히 전파되고 있으니 천주교에 빠진 자들을 염탐하여 보고하라…"라고 적혀 있다.

암행어사들은 임무를 완료한 후 은밀히 수집한 활동 결과를 서계(書啓)와 별단(別單)이란 양식으로 각각 1건 작성하여 왕에게 제출하는 것이 원칙이었는데, 서계와 별단은 암행어사들이 자신의 학식과 정견을 임금으로부터 판정받아 자신들의 장래 출세가 좌우되는 중요한 보고서였으므로 그 보고서를 작성하는 데 심혈을 기울였다.

서계는 서한 형식으로 작성하였으며 봉서나 사목을 통해 왕으로부터 지시받은 사항과 각 수령의 불법 비리 혹은 공적을 조사한 신원 사항 중심으로 작성한 보고서이다.

별단은 서계에 첨부되는 부속 서류로서 민정(民政)·군정(軍政) 등 각종 정부 시책에 대한 문제점, 백성의 고충 실태와 대책 등을 건의하는 정책 정보 중심의 보고서였다.

이에 따라 별단은 그 분량이 서계보다 많고 여러 정책적인 문제를 분석하여 보고함에 따라 대부분 장문의 형식을 갖추고 있다.

정조 이후에는 거의 모든 암행어사가 활동 결과를 서계와 별단 형식으로 구분하여 보고하는 것이 관례화됐다(전봉덕, 1968: 178-182). 정조 이후 두 종류의 보고서를 제출하지 않는 암행어사는 처벌을 받는 것이 원칙이었는데 철종 1년(1850) 평안도 암행어사와 경상도 암행어사는 서계만 올리고 별단을 보고하지 않았는데도 처벌을 받지 않았다.

이는 철종 이후 국정 문란이 극심해지면서 암행어사의 기능이 정책 정보 수집보다는 지방 수령의 규찰로 점차 축소되어 갔다는 것을 의미한다(이성무, 2000: 283).

왕은 암행어사가 돌아오면 직접 만나서 서계 및 별단의 세부 내용을 자세히 묻기도 하고 농사의 흉작과 풍작, 민심 동향 등 관심 사항에 대해 확인했다.

또한, 왕은 서계와 별단을 의정부와 비변사에 하달하며 이행 대책을 수립하도록 지시하고 의정부와 비변사는 다시 이조, 병조 등 해당 기관에 보고서를 통보하여 그 조치 결과를 왕에게 보고했다.

상해 임시 정부 초기 이승만의 정보 활동

3·1 운동이 일어나던 때 워싱턴에 머물고 있던 이승만은 1919년 4월 23일 서울에서 수립된 한성 임시정부가 자신을 집정관 총재로, 그 직전 4월 11일 중국 상해에서 수립된 상해 임시 정부가 자신을 국무총리로 선출하자 한반도 내부의 일과 상해에 모인 독립운동가들의 움직임에 대한 정보가 절실했다.

더욱이 상해 임시 정부는 안창호 내무총장 주도로 한성 임시 정부를 정통 정부로 승인하는 개편을 추진하면서 1919년 9월 6일 한성정부 집정관 총재를 한성정부 대통령으로 개정하여 이승만을 임시 대통령으로 추대했다.

명실상부한 임정 대통령의 지위에 오른 이승만은 대통령으로서의 권한을 행사하는 데 소요되는 정보가 필요했다.

이러한 여건에서 이승만은 상해 임시 정부의 내부 사정을 은밀히 파악하기 위해 자신의 심복이었던 안현경 전 대한인국민회 하와이 지방 총회장을 상해에 파견했다. 안현경은 노동 이민으로 하와이에 이주하여 이승만이 1913년 하와이로 왔을 때부터 충성스럽게 이승만을 도와준 인물이었다.

1919년 8월 14일 하와이를 떠나 9월 초 상해에 도착한 안현경은 이듬해인 1920년 6월 24일까지 상해에 머무르면서 모두 27통의 첩보 보고서를 편지 형태로 이승만에게 보냈는데 그 가운데 18통이 「이승만 동문 서한집」에 실려 있다.

이 서한들을 바탕으로 이승만의 정보 활동을 살펴보면 이승만은 안현경을 파견하면서 첩보 수집의 목표, 보고서를 비밀리 미국으로 보내는 방법 등을 자세히 알려 줬다.

이승만이 안현경에게 지시한 내용을 구체적으로 살펴보면 첫째, 그 당시 이승만은 상해를 비롯한 간도, 블라디보스토크 등 아시아 지역의 정세를 심층적으로 알고 싶어 했다.

"지금 급한 일은 원동(遠東)에 사람을 파송하여 형편도 살피고, 상해·간도·블라디보스토크 등지에 교통을 여는 것이 필요한데 형이 가게 된다니 다행"이라고 쓰고 있다(유영익 등, 2009: 70). 안현경의 파송 목적이 원동 지역 정세 수집에 있다는 것을 분명히 밝히고 있다.

둘째, 상해 임시 정부의 내부 동향을 깊숙이 파악하도록 지시하고 있다.

"거기에 가서 남 보기에는 실정(実情)이 없이 온 듯하며 내정(内情)을 자세하게 탐지하여 누구는 어디에서 무엇을 하며 주의가 어떠한 것과 누구는 또 어떻게 마음을 먹고 있는 것"을 탐지하도록 임무를 주고 있다.

셋째, 첩보 수집 활동을 위한 행동 요령을 하달하고 있다. 개개인별 성향을 파악한 후에 입이 무겁고 믿을만한 사람을 만나 정체를 밝히라고 지침을 줬다.

"외양으로는 정부와 관계없이 개인적으로 다니는 것과 같이 하되 실제로는 원동 시찰 겸 통신원으로 정부의 책임을 가지고 가는 것이다."고 인정감을 부여했다.

넷째, 이승만은 이 서한에서 자신과 안현경만이 알 수 있는 비밀 통신 방법을 교육하는 데 많은 면을 할애하고 있다. 통신이나 편지를 보낼 때는 글을 써서 미국 배가 오는 때를 기다려 배편으로 부치되 자신에게 직접 부치지 말고 편지 겉봉에 미국인의 주소를 써서 보내라고 당부했다.

상해에 도착한 안현경은 1919년 9월 14일부터 1920년 8월 28일까지 총 27통의 편지 형태 첩보 보고서를 보냈으나 현재 1919년 12월 3일 이후 보낸 18통의 편지만 보존되어 있다.

이 보고서들에 담긴 내용을 분류해 보면 첫째, 안현경은 임시 정부 내부의 지역 감정을 지적하고 있다. 이동휘는 함경도파, 안창호는 평안도파, 이동녕·이시영은 경기도파인데 이 세파가 서로 주권을 잃지 않으려고 하고 있다고 보고했다(유영익 등, 2009: 7).

둘째, 이러한 여건에서 안현경은 '유상기'라는 인물에게 한반도 내부 정보를 수집하는 임무를 맡긴다.

"유상기 씨는 내지에 무사히 도착하여 일을 잘 보는 등 전후 형편을 편지하겠다고 엽서가 며칠 전에 왔으며 이곳에서는 유 씨에게 부탁할

만한 사건을 자세히 적어 통지했다."고 이승만에게 보고했다(유영익 등, 2009: 29).

내지에 잠입한 유상기는 몇몇 사람과 함께 지하 신문인 '독립신문'을 만들어 이승만의 워싱턴 외교 활동을 소개하는 등의 활동을 전개하다 가 일경에 체포되어 징역을 살게 된다.

셋째, 안현경은 만주 봉천에 새로운 협조자를 한 명 물색한 사실을 보고하고 있다. "봉천에도 우리 심복으로 한 사람을 얻었는데 그 사람으 로 하여금 내지에 왕래하는 통신과 인쇄물까지도 보낼 수 있다."고 밝히 고 있다.

안현경에 이어 장붕(張鵬)이 1920년 7월 2일부터 첩보를 수집하여 이 승만에게 보낸다. 이 가운데 1922년 10월 3일까지 보낸 26통의 보고서 가 남아 있다.

안현경을 대신하여 새롭게 임무를 맡게 된 장붕은 정확한 첩보 보고 를 하겠다는 다짐을 표명하며 실수하는 점이 있더라도 널리 양해해 줄 것을 요망했다.

"제가 통신할 때마다 아무쪼록 공평하고 또한 각하에게 유익하도록 하자 하나 혹시 과도하게 다른 사람을 추측하는 일도 있을 듯하며 또한 각하만 위하여 편파적인 의견을 개진할는지 알 수 없으므로 각하의 관 대한 아량으로 짐작하여 행하기를 바랍니다."라고 1920년 7월 23일 보 고했다.

국정원 조정관 제도의 생성과 소멸

4·19 혁명을 거쳐 탄생한 장면 정부는 3·15 부정 선거를 주도했던 정보 경찰을 대거 숙청함으로써 국내 정보의 기능에 공백이 생겼다.[20]

사회 혼란이 극심해지고 급기야 군부가 정부를 전복시키는 상황에 이를 때까지 이와 관련된 정보를 수집해서 올바르게 판단, 장면 총리에게 대처 방법을 보고하는 기관이나 인물이 없었다.

장면 정부의 무능과 사회 혼란 극복을 명분으로 5·16 정변을 통해 집권한 박정희 정부는 국내 정보의 부실이 초래하는 국정 위기를 심각하게 인식하고 있었다.

특히, 박정희·김종필·박종규 등 정변 주도 세력은 6·25전쟁 직전 육본 정보국에 함께 근무하며 정보의 실패에 따라 전쟁이 발발하는 과정을 지켜본 정보 장교 출신들이었다. 그 체험을 통해 그들은 국가 운영에서 정보가 차지하는 중요성을 잘 알고 있었다.

이러한 경험을 바탕으로 박정희 정부는 정변 직후 중앙정보부(중정)를 창립하면서 '조정관' 제도를 신설했다. 조정관은 '정보관(IO, Intelligence Officer)', '연락관', '국내 정보 담당관' 등의 이름으로도 불렸다.

1961년 6월 10일 공포된 중앙정보부법(1조)은 "국가 안전 보장에 관련되는 국내외 정보 사항 및 범죄 수사와 군을 포함한 정부 각부 정보 수사 활동을 조정 감독 하기 위하여 국가 재건 최고 회의(이하 최고 회의라 칭한다) 직속하에 중앙정보부를 둔다."고 규정하고 있다. 이 법에 따라

---

[20] 이때 경위급 이상 정보 경찰의 90%를 해직시켰다(박범래, 1988: 302).

조정 감독 업무를 담당하는 직원이 조정관이었다.

현대판 암행어사였던 중정의 조정관은 은밀히 활동하면서 국민들의 대정부 불만 사항, 정부 정책이 입안되고 집행되는 과정에서의 문제점, 민심의 변화 등을 세밀히 조사해서 통치권자에게 보고하고, 통치권자는 이를 바탕으로 문제점 있는 정책들을 보완하고 시정해 갔다.

아래의 글은 중정의 조정관이 삶의 현장에서 정책 정보를 수집하는 방법을 보여 주고 있다.

몇 안 되는 친구 중에 중앙정보부에서 근무하던 기성수라는 친구가 있었다. 그의 말에 따르면 박 대통령은 철두철미한 확인 행정 주의자였다. 지금 부산항에서는 하역(荷役) 장비가 거의 자동화되어 있지만, 당시(1960년대 중반)만 해도 부두 하역은 인력에 의존했다. 화물선이 부두에 접안하면 '가대기'라 불리는 하역 전문 노동자들이 시멘트나 각종 자재들을 짊어지고 출렁대는 널빤지 위를 걸어 내려왔다. 항만청에서는 하역 업무의 효율화를 위해 지게차를 수입, 현장에 투입했다. 졸지에 밥그릇이 깨진 '가대기'들은 지게차를 바다에 처넣어 버렸다. 이 소식을 들은 박정희 대통령은 전국 노동 현장의 실태를 알아보기 위해 중앙정보부 요원들을 투입했다. 그들은 소위 말하는 노가다 함바(숙소)에서 노동자들과 똑같이 먹고 자고, 빈대·벼룩과 싸우며 함께 일했다. 이들은 주기적으로 보고서를 작성, 특별 파우치 편으로 청와대에 보냈다 (≪월간조선≫, 2012년 12월호).

박정희 정부가 정책 정보의 효율적 운영을 매우 중요시하고 있었다는 사실은 박정희의 다음과 같은 고백에서도 잘 나타난다.

박정희는 자신이 군에서 가장 존경했던 인물인 이용문 장군의 아들 이건개 검사를 서울경찰청장으로 임명하면서 둘만의 시간을 내어 심층적인 정책 정보 수집을 당부했다.

"내가 국민들로부터 비난받는 사안이 있으면 그 사실을 직접 보고하고, 또한 정부 내의 정보부장, 경호 실장, 비서 실장 등이 권한을 남용하여 국민들로부터 지탄을 받는 사실이 있으면 그것도 남김없이 보고해 주기 바라네. 그것이 국민을 위해서 꼭 필요한 일이 아니겠는가… 수도경찰 책임자로서 국정의 밑바닥을 상세히 파악하여 나에게 올바른 보고를 해 주기 바라네. 그렇게 해야만 내가 자신 있게 국가라는 큰 배의 선장으로서 험난한 바다의 파도를 헤치고 배의 항로를 결정하여 역사의 방향을 잡아 나갈 수 있을 것 아닌가. 올바른 보고가 없으면 나는 마치 국정 현실과 동떨어진, 현실감도 없고 생명력도 없는 로봇이나 인형 같은 존재로 전락할 것이야.(이건개, 2001: 24)"

김재규 중앙정보부장이 박정희 대통령을 시해하는 사건(1979.10.26.)이 일어나면서 중정의 조정관 제도에 변화가 일어났다. 국군 보안 사령부(보안사)를 기반으로 집권한 신군부 세력은 보안사 요원들을 중정 조정관을 대체하는 인력으로 활용했다.

국가안전기획부(안기부, 중정의 후신)의 조정관 제도는 살아 있었지만 10·26 사건을 겪으면서 입지가 약화됐다. 그 결과 보안사, 안기부, 경찰의 3개 국내 정보 파트 요원들이 경합하면서 활동하는 시대가 열렸다.

그러나 3개 기관 정립 시대는 보안사에 근무하던 윤석양 이병이 보안사의 민간인 사찰을 폭로하는 사건(1990.11.4.)이 일어나면서 막을 내렸다. 노태우 정부는 보안사의 명칭을 국군기무사령부(기무사)로 바꾸고 국내 정보 기능을 중단시켰다.

이때부터 안기부와 경찰 2개 기관이 국내 정보를 맡는 시대가 시작됐다. 민주화 운동을 주도했던 김영삼, 김대중, 노무현 정부 때도 안기부 국내 정보 분야에서 수행하던 정책 정보 기능은 계속 작동했다. 정책 정보의 순기능을 존중했던 것이다.

그러나 문재인 정부는 국정원의 국내 정보 기능을 중단시켰다. 서훈 국정원장은 2017년 6월 1일 취임식 직후 '국내 정보 담당관 제도의 완전하고 즉각적인 폐지'를 지시했다.

이에 따라 국정원 내 부처·기관·단체·언론 출입 담당관은 이 날짜로 전면 폐지됐다. 이것은 박정희 정부 출범 이후 반세기 넘게 지속되어 온 국정원 조정관 제도의 종식을 의미한다.

이어서 국정원 개혁발전위원장은 국정원의 국내 정보를 수집하고 분석했던 2개의 국을 폐쇄한다고 언론에 공개했다.

2018년 7월 20일 취임 후 처음으로 국정원 청사를 방문한 문재인 대통령은 "국정원을 정치로 오염시키는 일은 다시는 없을 것"이라며 "국내 정치 정보 업무와 정치 관여 행위에서 일체 손을 떼고 대북 정보와 해외 정보에 역량을 집중해야 한다."고 강조했다(연합뉴스, 2018.7.20.자).

문재인 정부가 추진하고 있는 국정원 개혁을 정책 정보의 관점에서 보면 정책 정보의 업무를 '대외(북한+해외)'와 '국내'로 양분하여 국내 정책 정보 기능을 전면 폐지한 것으로 요약된다.

이에 따라 국내 정책 정보 기능은 이제 정보 경찰이 녹점하는 시대가 됐다. 하지만, 경찰개혁위원회는 2018년 4월 27일 전체 회의를 열어 정보 경찰이 정당, 언론사, 대학, 종교 기관 등 민간 영역에 출입하는 것을 금지하는 등의 개혁안을 의결해서 경찰청에 권고했다(동아일보, 2018.5.3.자). 이 권고안에 따라 정보 경찰도 민간 시설 상시 출입을 중단한 것으로 알려져 있다.

안기부 정치 정보 활동
불법화

안기부 개혁 추진 배경

1993년 2월 취임한 김영삼 대통령은 박정희 정부 이후 전두환, 노태우 정부까지를 군사 권위주의 정부로 성격 짓고, 자신이 문민 대통령임을 강조했다. 이러한 정치 판단 아래 '과거 청산'과 '역사 바로 세우기'를 국정 지표로 내세웠다. 안기부 개혁 역시 그러한 개혁 과제의 하나로 추진됐다.

1987년 민주화 과정을 거치면서 제기된 안기부에 대한 비판은 크게 세 가지로 구분된다. ① 정치에 개입하고 있다는 것, ② 정부 정책을 지원하는 수준에 머무르지 않고 직접 정책 집행에 관여한다는 것, ③ 수사권을 부여함으로써 인권 시비와 강압 수사가 지속되고 있다는 것이었다.

이러한 여론을 수렴해서 김영삼 정부는 출범 초기 여야 합의 아래 안기부법을 대폭 개정해서 1994년 1월 공포했다. 정책 정보의 관점에서 볼 때 이때 개정된 안기부법은 세 가지 측면에서 큰 의미를 지니고 있다.

정치 정보 활동 불법화, 정책 관여 행위 불법화, 관계 기관 대책 회의

한 권으로 읽는 국정원법 이야기

소집 권한 폐지가 그것이다.

정치 정보 활동 및 정책 관여 행위 불법화

당시 개정 안기부법은 정치 정보와 정책 정보를 분리해서 정치 정보 활동의 양상을 유형화했다. 정치 정보와 정책 정보의 경계선을 명확히 그은 것이다.

그 이전까지 안기부법은 안기부 내 2인자인 차장급까지만 정치 행위를 금지시키는 규정을 두고 처벌 조항은 두지 않았었다. 그러나 김영삼 정부는 정치 행위 금지의 대상을 전 직원으로 확대시키고 이를 위반 시 처벌하는 조항도 신설했다. 그에 따라 정치 정보 활동이 불법 행위로 명문화됐다.

그리고 안기부 직원에게 적용되는 정치 행위의 유형을 다섯 가지로 구분하고 이를 위반할 경우 5년 이하의 징역과 5년 이하의 자격 정지에 처하도록 안기부법을 개정했다. 이때 만들어진 정치 활동에 관여하는 행위의 유형은 아래와 같다.

① 정당이나 정치 단체의 결성 또는 가입을 지원하거나 방해하는 행위
② 그 직위를 이용하여 특정 정당 또는 특정 정치인에 대하여 지지 또는 반대하는 의견을 유포하거나 이러한 여론을 조성할 목적으로 특정 정당 또는 특정 정치인에 대하여 찬양 또는 비방하는 내용의 의견 또는 사실을 유포하는 행위

③ 특정 정당 또는 특정 정치인을 위하여 기부금 모집을 지원하거나 방해하는 행위 또는 국가·지방 자치 단체 및 정부 투자 기관의 자금을 이용하거나 이용하게 하는 행위

④ 특정 정당 또는 특정인의 선거 운동을 하거나 선거 관련 대책 회의에 관여하는 행위

⑤ 소속 직원이나 다른 공무원에 대하여 제1호 내지 제4호의 행위를 하도록 요구하거나 위 각호의 행위와 관련하여 보상 또는 보복으로써 이익 또는 불이익을 주거나 이를 약속 내지 고지하는 행위

당시 안기부법은 안기부 직원이 정부 정책에 관여할 수 있는 소지도 없앴다. 직권 남용 금지 조항을 신설해서 "원장·차장 및 기타 직원은 그 직권을 남용하여 법률에 의한 절차에 의하지 아니하고 사람을 체포 또는 감금하거나 다른 기관·단체 또는 사람으로 하여금 의무 없는 일을 하게 하거나 사람의 권리 행사를 방해하여서는 아니 된다."고 명시했다.

그리고 이를 위반한 자는 7년 이하의 징역과 7년 이하의 자격 정지에 처한다는 벌칙 조항도 만들었다. 다른 기관·단체 또는 사람으로 하여금 의무 없는 일을 하게 하여서는 아니 된다는 뜻은 정부 및 정부 산하 단체에서 수행하는 정책에 관여하지 말라는 의미이다.

국가 정보 통합 조정 체계 무력화

김영삼 정부 초기 안기부법이 개정되면서 정보조정협의회 규정이 폐

지됐다. 관계 기관 대책 회의를 소집할 수 있는 법적 근거가 상실된 것이다. 정보조정협의회규정은 안기부법 위임에 따라 제정된 시행령이었다.

현대 선진국은 모두 사회 각 부문 정보를 국가 차원에서 통합 조정하는 조직을 가지고 있다. 정보 판단을 달리하는 부문 정보가 통합조정 과정 없이 최고 정보 사용자에게까지 공급될 경우 정보 사용자의 판단을 흐리게 하고 정부 부처 간 정책 혼선을 유발하기 때문이다.

한국도 이승만 정부 때부터 통합 조정 시스템을 운영해 왔다.

① 이승만 대통령은 국방장관, 육군참모총장, 미 군사 고문단장, 육군참모총장 고문 하우스먼(James Harry Hausman) 등 6명이 참여하는 '군사안전위원회'를 매주 열어 안보 정책을 협의했다(정규진, 2013: 217).

하우스먼은 1946년부터 1981년까지 장기간 한국에서 활동하면서 이승만 대통령으로부터 박정희, 전두환 대통령에 이르기까지 친분을 쌓으며 주한미군과 한국 수뇌부 양측을 긴밀히 연결하는 가교 역할을 수행한 인물로 널리 알려져 있다.

② 장면 정부 때는 총리 산하에 '중앙정보연구위원회'를 만들어 국가 수준의 정보를 종합했다. 1960년 11월 16일 국무 회의 의결을 거쳐 국무원령 제98호로 공포된 「중앙정보연구위원회규정」에 따르면 행정 각 부처의 국가 안전에 관련되는 내외 정보를 종합적으로 연구·검토하는 것이 이 기구의 목적이었다.

국무총리가 위원장을 맡아 회의를 소집하며 외무부장관, 내무부장관, 법무부장관, 국방부장관, 국무원 사무처장이 위원으로 참여했다. 회의는 비공개 원칙이었으며 사무를 전담 관리 하는 연구실을 두었다.

초대 연구실장에는 이후락이 임용됐다. 5·16 발생 직후 '5·16 제3부

대'라는 명칭을 일시 사용하다 1961년 6월 중앙정보부가 창립되자 중앙
정보부 해외 담당 부서(2국)로 흡수됐다(김충식, 1992: 47).

③ 5·16 직후 제정된 중앙정보부법은 다른 기관과의 협의를 위해 정
보위원회와 기타 필요한 협의 기관을 둘 수 있다고 규정하고 있었다. 그
후 1963년 12월 법을 개정하면서 정보의 범위를 '국외 정보 및 국내 보
안 정보(대공 및 대정부 전복)의 수집·작성 및 배포'로 세분화하고 정보
및 보안 업무의 조정·감독의 범위와 대상 기관 및 절차에 관한 사항은
대통령령으로 정하도록 위임했다.

그에 따라 조정·감독의 범위와 대상 기관을 정한 「정보및보안업무조
정·감독규정」과 절차를 정한 「정보위원회 규정」이 제정됐다.

1964년 3월 10일 제정된 정보위원회 규정은 정보위원회의 임무를 '국
가 정보 판단의 토의 및 조정에 관한 사항', '국가 정보 정책 및 기획의
수립과 그 시행에 관한 사항', '기타 보안 업무 운영상 조정을 요하는 사
항' 등 세 가지로 명시하고 있다.

중앙정보부장이 필요하다고 인정할 때 소집하였으며 중앙정보부 차
장, 외무부 정보문화국장, 내무부 치안국장, 공보부 조사국장, 대검찰청
수사국장, 국방부 합동참모본부 전략정보국장, 육군 정보참모부장, 해군
정보부장, 공군 정보국장 및 해병대 정보국장이 구성원이었다.

④ 1979년 10월 26일 박정희 전 대통령 시해 사건 직후인 그해 10월
27일 공포된 계엄 사령부 계엄 공고 제5호는 계엄 사령부 내 합동 수사
본부(약칭: 합수부)가 중앙정보부법에 근거를 둔 정보및보안업무조정·감
독규정에 의한 업무를 수행하고 모든 정보 수사 기관의 업무 조정 감독
권한을 처리한다고 공포했다.

이때부터 1981년 1월 24일 비상계엄이 완전히 해제될 때까지 중앙정보부가 수행해 오던 정보 수사 기관에 대한 통합 조정 권한을 합수부가 대신 행사했다.

⑤ 5공화국 정부는 중앙정보부의 명칭을 국가안전기획부(약칭 안기부)로 바꾸고 국가안전기획부법을 제정했다. 이 과정에서 정보조정협의회 제도가 생겨났다. 중앙정보부처럼 부문 정보 기관을 통합 조정 하는 기능은 살려 두되, 중앙정보부라는 1개 기관이 조정 권한과 감독 권한을 모두 행사하는 방식에서 탈피, 정보 수사 기관이 함께 모여 국가적 정보 현안을 풀어 가는 협의체 방식을 도입했다. 안기부법 위임에 따라 정보조정협의회규정을 대통령령으로 제정했다.

안기부가 주도한 정보조정협의회의 임무는 그 이전 중앙정보부의 정보위원회 임무와 유사했다. '국가 정보 정책의 수립과 그 시행에 관한 사항', '중장기 정보 판단에 관한 사항', '기타 정보 및 보안 업무 운영상 조정을 요하는 사항'이 정보조정협의회의 임무였다.

그러나 김영삼 정부의 안기부법 개정 당시 정보조정협의회규정이 폐지됨으로써 국가 위기 발생 시 관련 부처가 함께 모여 위기 대처 방법을 논의할 수 있는 체계가 와해됐다.

김대중 정부 이후
정책 정보 운용 방법의 변화

국정원「국가전략정보」권한 입법 추진과 무산

1998년 김대중 정부 출범 직후 안기부장에 취임한 이종찬은 안기부 명칭을 국가정보원(약칭 '국정원')으로 개칭하는 한편 신안보 환경을 반영하여 '국가 전략 정보의 수집'을 직무 조항에 신설코자 하였으나 정치권 비협조로 무산됐다.

이종찬은 1999년 1월 5일 기자 간담회를 갖고 "현행 안기부법상 안기부가 국제 정보와 국내 보안 정보를 수집하도록 돼 있지만 국가 경영에 관한 전략 정보를 수집하는 규정이 없다."며 "앞으로 안기부가 국가 경영에 필요한 전략 정보를 수집할 수 있도록 안기부법을 개정할 방침"이라고 밝혔으나 법 개정이 이루어지지 않았다.

김대중 대통령은 정책 정보의 가치를 매우 높이 평가했다. 그의 시각은 1998년 5월 12일 대통령 취임 후 처음 안기부(국정원)를 방문했을 때 직원들에게 훈시한 다음과 같은 언급에 잘 나타나 있다. 이종찬 당시 국정원장이 기록한 내용이다.

① IMF 사태 조기 극복에 유익한 정보를 제공하라: 냉전 시대와 달리 경제 전쟁에서는 정보 제공이 가장 중요하다. 능력과 역량을 발휘해 어떤 연구 기관 못지않게 우리 경제가 국제 경쟁에서 이길 수 있는 정보를 제공하라. 그리하여 IMF 사태를 조기에 극복할 수 있도록 하라.

② 대북 정보가 중요하다: 북한의 상황이 어렵다. 다급하면 무슨 일이 벌어질지 모른다. 북한이 개방할 수 있도록 유도하라. "한국의 안기부는 돈은 많이 쓰지만 실제 효과를 못 보고 있다"라는 말을 외국 정보기관 간부로부터 들었다. 대통령이 안심하고 대북 정책을 수립할 수 있는 대북 정보를 확보하라.

③ 국가 위기 요인을 철저히 관리하라: 안기부도 외환 위기 조기 경보를 하지 않았다. 당시 나는 대통령에게 "중대한 경제 위기가 온다. 당적을 버리고 경제에 전념하라."라고 충고했는데 너무 늦게 당적을 버리더라. 여러분은 앞으로 정부에 대해 언제나 직언하고 경고하라.

④ 명실상부한 정보 기관으로서 자리매김하라: 부 명칭과 부훈이 잘 바뀌었다. "정보는 국력이다!" 이 말 이상 아무것도 필요 없다. 여기에 합당하게 행동하라.

⑤ 정치적 중립을 유지하라: 국민 회의나 자민련 등 여당을 위해 일할 필요 없다. 대통령이 부당한 지시를 할 때 따를 필요도 없다. 나는 안기부를 절대 정권의 도구로 이용하려 하지 않을 것이다. 대통령은 국가의 원수이자 행정 수반으로서 받드는 것이지, 정치적으로 받들 필요가 없다(이종찬b, 2015: 440-442).

그리고 1999년 12월 23일 김대중 대통령은 이종찬에 이어 임동원을 국정원장으로 임명하면서 아래와 같이 당부했다.

> 따지고 보면 나야말로 과거 정보기관의 정치 관여로 인해 희생된 대표적인 정치인이 아닙니까. 국가정보원은 절대로 정치에 관여해서는 안 됩니다. 21세기는 정보화 시대가 될 것입니다. '정보는 국력'이란 말이 이제는 단순한 구호가 아니라 국가의 절실한 생존 조건이 되었어요. 국정원은 법이 정한 대로 국가 안보와 국가 이익 증대를 위한 정보기관으로서 본연의 임무만 수행하면 되는 거요. 그런 의미에서 임 장관이 바로 적임자라는 것이오. 나를 도와주시오(임동원, 2008: 17).

또한, 김대중 정부는 안기부의 관계기관 대책회의 소집 권한이 폐지된 이후 많은 부작용을 빚고 있던 '컨트롤 타워' 부재 현상을 개선하기 위해, 그때까지 유명무실한 조직이었던 국가안전보장회의(NSC)를 컨트롤 타워의 중심 기관으로 활용했다.

1998년 5월 국가안전보장회의법을 개정해서 국가안전보장회의 하부 구조로 상임 위원회를 신설하고, 상임 위원회를 운영할 실무 조직으로 사무처를 만들어 청와대 외교안보수석 비서관이 사무처장을 겸임하도록 법제화했다. 당시 외교안보수석 비서관은 임동원이었다.

비공개로 대외 보안을 유지하며 매주 1회 열린 상임 위원회에는 국정원장, 통일부 장관, 외무부 장관, 국방부 장관, 외교안보수석비서관 등 5명이 참석했다. 장관급이 참석하는 상임 위원회 밑에는 차관보급이 참여하는 실무 조정 회의를 두어 상임 위원회에 올릴 안건을 사전 심의했다.

상임 위원회에서 중요 정책을 협의·조정하여 통합된 정책을 마련하고, 회의 결과 보고서를 외교안보수석비서관(사무처장)이 작성하여 대통령에게 보고한 후, 대통령 결재를 받은 보고서 사본을 즉각 상임 위원들에게 나눠 주어 공감대를 조성하는 방식으로 상임 위원회가 운영됐다.

이렇게 생겨난 NSC 상임 위원 회의는 김대중 정부 5년간 많은 중요 정책과 안건들을 심의하여 대통령의 정책 결정 과정에 크게 기여했다. 김대중 대통령은 NSC 상임 위원회 건의를 거의 100% 승인했다(임동원, 2008: 354).

노무현 정부의 정책 정보 통합 시스템 구축

노무현 정부는 역대 어느 정부보다 과거 정보조정협의회 제도 폐지로 인한 국가 위기 관리의 문제점을 크게 인식했다.

노무현 대통령은 2003년 5월 화물 자동차 집단 파업으로 물류 대란이 확산되자 이에 대한 대책을 논의하는 국무 회의에서 "과거엔 국가적인 위기 대처를 국가정보원이 했는데, 그 기능이 없어지고 새 방식조차 없어 문제"라고 지적했다[21]

이러한 대통령의 지적에 따라 당시 고건 국무총리는 "자연재해, 대형 사고 등 전통적 위기 관리는 물론이고 집단 행동으로 인한 경제적 국가 기반의 안녕 문제까지 관리할 수 있는 총체적인 위기 관리 기구 발족을

---

21 "국가위기 범정부적 관리 안전기획본부 만든다," 중앙일보, 2003.7.15자.

검토해 보라"는 지시를 내리게 된다.

이 지침에 따라 노무현 정부는 가칭 '안전기획본부'를 만들어 정책 정보를 통합 조정 하는 방안을 추진했다. 가칭 위기관리특별법을 제정해 국정원, 경찰, 해외 공관, 지자체 등이 각종 국가적 위기 징후에 대한 정보 보고와 지시 이행을 의무화하는 체계를 수립하는 것이 목표였다. 그러나 이러한 방안은 관련 입법의 실패 등으로 좌절됐다.

또한, 참여 정부는 NSC 사무처 기능을 강화시켜 국가 정보를 통합 조정 하는 체계를 구축했다.

노무현 대통령은 2003년 3월 국무 회의에서 "대통령이 국정원, 국방부, 통일부, 외교부로부터 전체 안보 상황에 대한 중요한 국가 정보들을 접수받아 대응책을 마련하고, 정보를 각 부처가 공유하게 할 수 있는 시스템을 만들기 위해 국가안전보장회의를 확대·강화했다(국가안전보장회의 사무처, 2004: 76)"고 NSC 사무처 기능을 강화한 배경을 설명했다.

아래 그림에서 보는 것처럼 장관급의 사무처장 산하에 차관급의 사무차장을 두고 사무차장 아래 전략 기획실, 정책 조정실, 정보 관리실, 위기 관리 센터 등의 직제가 편성됐다.

김대중 정부 시기 활성화되기 시작한 NSC 중심 통합 조정 체계가 사무처 산하 4개 조직으로 구체화됐다.

이명박 정부의 국정원 정책 정보 법제화 실패

노무현 정부의 국가 정보 통합 조정 방식에 대해 집권 기간 중 많은
논란이 일어났다. 대북 정보, 해외 정보와 같은 극도의 보안이 요구되는
정보를 대통령에게 대면 보고 하지 못하고 정보 관리실이라는 중간 조
직을 거칠 경우 보안이 유지되기 힘들 뿐만 아니라 협조자들이 보안 누
설을 우려, 고급 정보의 제공을 기피할 것이라는 것이 반박 논리였다.

그리고 NSC는 헌법상 대통령 자문 기구에 불과한데 외교 안보 전략
을 기획하고 결정하는 집행 기구의 역할을 수행하는 것은 헌법 취지와
맞지 않는다는 이견도 있었다.

이러한 여론을 반영해 이명박 정부는 NSC 사무처를 해체한 후 기존
사무처에서 총괄해 온 국가 위기 관리 업무를 청와대 대통령실(안보 분

야)과 국무총리실을 비롯한 정부 부처(재난, 안전, 국가 핵심 기반 분야)로 이관했다.

그 과정에서 국가정보를 통합 조정 해 온 NSC 사무처의 정보관리실도 해체됐다. 그에 따라 집권 초기 정보기관에서 올라오는 각종 정보 보고는 대통령실 기획조정비서관실이 취합해서 대통령에게 직보하다 박영준 전 비서관 사퇴 이후 이 업무가 분산됐다.

또한, 이명박 정부는 집권 초기 국정원의 업무 범위에 새로운 안보 위협 정보의 수집을 포함시키는 방안도 추진했다. 김성호 국정원장은 국내 보안 정보(대공, 대정부 전복, 방첩, 대테러 및 국제 범죄 조직) 수집 범위에 신안보 위협과 관련된 정보 수집 기능을 추가하는 방향으로 국정원법을 개정해야 한다고 주장했다.[22]

이러한 국정원장의 요구에 따라 의원 입법 형식으로 2008년 11월 6일 발의된 국정원법 개정안은 국정원의 업무 범위를 "국가 안전 보장 및 국익에 중대한 영향을 미치는 국가 정책의 수립에 필요한 정보", "국가 또는 국민에 대한 중대한 재난과 위기를 예방·관리하는 데 필요한 정보"로 그 범위를 확대했다. 그러나 이 법 개정안은 국회를 통과하지 못했다.

박근혜 정부의 국가 위기 대응 체계

박근혜 정부의 국가 위기 대응은 재난, 테러 등 분야별 전문성을 강

---

22 "'고삐 풀린 괴물' 만들 국정원장 권한 확대," 한겨레신문, 2008.10.31 자.

한 권으로 읽는 국정원법 이야기

화하는 특징을 보였다.

2014년 11월 발생한 세월호 사건으로 재난 관리 체계에 대한 문제점이 일어나자 국민 안전처를 만들어 재난 관리 체계를 일원화했다. 종합적이고 신속한 재난 안전 대응 및 수습 체계를 마련하는 것이 국민 안전처의 설립 목적이었다. 해양 경찰청과 소방 방재청을 흡수 통합해 장관급 부처로 출범했다.

국민 안전처가 생김으로써 국민 안전처 장관이 지휘하는 중앙 재난 안전상황실을 두고 재난 정보를 총괄하는 체계가 구축됐다. 재난 및 안전 관리 기본법을 대폭 개정해 중앙 행정 기관과 지방 자치 단체도 재난 상황을 관리할 수 있는 체계를 갖추고 재난 관리 정보를 공유하도록 법제화했다(18조).

또한, 테러 방지를 위해 국정원에 정보 수집과 추적 권한을 부여하는 「국민보호와 공공안전을 위한 테러방지법」이 2016년 3월 제정됐다. 2001년 발생한 미국의 9·11 테러 사건을 계기로 김대중 정부 시절인 2001년 11월 국정원 주도로 처음 발의된 후 15년 만에 법제화됐다.

이 법은 국무총리 산하에 국가테러대책위원회를 두고 관계 기관의 대테러 활동 역할 분담·조정이 필요한 사항, 대테러 활동에 관한 국가의 정책 수립 및 평가 등의 업무를 추진토록 규정했다. 또한, 이 법 시행령(20조)은 국정원장이 테러정보종합센터를 설치해 국내외 테러 관련 정보를 통합 관리 하도록 위임했다.

이 법 제정을 계기로 국정원에서 테러 위험 인물에 관한 출입국, 금융 거래 및 통신 이용 등 관련 정보를 수집하고 테러 위험인물의 개인 정보, 위치 정보 등을 추적할 수 있는 권한도 마련됐다. 테러 방지 활동

계획과 결과를 대책위원장에게 보고하도록 명문화함으로써 권한 남용에 대한 견제 장치도 갖췄다.

국민 안전처 신설, 테러 방지법 제정 등을 통해 박근혜 정부에서는 전통적 안보 위협 정보를 중점 관리하는 청와대 국가 안보실, 재난 정보를 전담 관리 하는 국민 안전처, 국정원 중심의 테러 정보 통합 관리 등으로 신안보 위협 관리 정보가 자리매김됐다.

그러나 박근혜 정부의 대응 체계는 2017년 3월 10일 헌법재판소가 재판관 전원 일치로 대통령 탄핵 소추안을 인용하여 박 대통령이 대통령직에서 파면됨으로써 힘을 잃었다.

정책 정보와
정치 정보 구별의 당위성

지금까지의 검토를 통해 다음과 같은 시사점을 확인할 수 있었다.

첫째, 정보 기관의 정책 정보 기능은 사용자의 요구에 따라 생겨난 제도라는 것이다. 손자의 가르침대로 역사상 큰 업적을 남긴 현명한 리더들은 뛰어난 지혜로 간자를 부리며 최고급의 정책 정보를 수집해서 중요 정책을 추진함으로써 많은 성공을 거두었다. 역대 행정부 수반의 지위에 오른 자들은 이러한 점을 중시, 정책의 성공을 위해 질 높은 정책 정보를 수집하는 데 많은 노력을 기울였다.

관료 조직을 통해 올라오는 정책 보고만으로는 정책의 실상을 사실 그대로 파악하기 어려웠다. 부문별 정책 책임자들은 정책 실패에 대한 책임 추궁이 두려워 사실을 왜곡해서 보고하기도 하고, 자신의 실적을 과장해서 보고하기도 했다. 이러한 관료제의 병폐를 보완하는 방법으로 비밀 정책 정보 제도를 운영했다. 정책 현장을 정확히 측정하는 피드백 기능을 정보기관이 수행했던 것이다.

둘째, 역대 통치권자들이 비밀리 정책 정보를 수집한 중요한 이유는 민심을 정확히 읽으려는 데 중요한 목적이 있었다. 유교적 전통을 가진 동양 국가에서 민심은 곧 천심이고, 천심이 왕에게서 떠나면 왕권을 잃게 된다는 강박 관념은 역대 통치권자들로 하여금 민심을 올바로 측정하기 위한 정책 정보 활동을 전개하도록 만들었다. 현대에 들어와서도 국민 투표에 의해 정권이 좌우되기 때문에 행정부의 수반은 국민 여론을 정확히 측정하기 위한 정책 정보 활동을 중시하고 있다.

셋째, 정책 정보와 정치 정보는 엄격히 구별해야 한다는 점이다. 김영삼 정부 때 여야 합의를 통한 안기부법 개정을 통해 정치 정보의 범위와 영역을 구체적으로 설정했다. 그리고 이를 위반하는 경우 처벌하는 조항까지 설치했다.

그럼에도 비정치적인 정책 정보 활동을 여전히 정치 정보로 보는 시각이 남아 있다. 정보기관 내부의 일부 인물들이 개인 영달을 위해 정치권과 야합하는 일탈 행위가 일어날 수 있다. 이러한 문제에 대해서는 조직 내부의 통제 장치를 통해 관리해 나갈 일이다.

넷째, 문재인 정부 들어 국정원 국내 정보 기능을 중단시킴으로써 정보 경찰이 국내 정보를 독점하는 시대가 열렸다. 이제 통치권자는 정책을 지도하는 데 필요한 국내 정책 정보는 전적으로 경찰 정보에 의존할 수밖에 없다.

하지만, 시장의 성격을 불문하고 독점 체제는 항상 많은 부작용을 일으킨다. 정보 경찰의 정책 정보 기능 역시 견제와 균형 없이 독점 체제가 지속될 경우 새로운 문제가 생길 것으로 보인다.

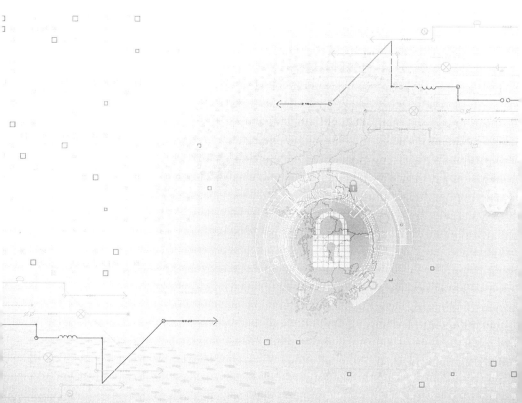

8장

국가 안보 수사의
개념과 특성

국가 안보 수사란 통상 국가의 안전 보장, 즉 국가의 존립 및 안전과 자유 민주적 기본 질서를 위태롭게 하는 범죄에 대한 수사를 말한다.

국가 안보 수사의 대상은 국가의 독립을 침해하거나 영토를 침략하며, 헌법과 법률의 기능 및 헌법 기관을 파괴·마비시키거나 헌정 질서의 존립을 위태롭게 하는 범죄 유형이라고 할 수 있다.

현행 실정법에서 가장 전형적인 예를 찾는다면 형법상 내란의 죄에 관한 장 및 외환의 죄에 관한 장에 규정된 일련의 범죄들이 이에 해당한다.

나아가 우리나라는 남북 분단의 특수한 안보 현실하에서 형법상 내란의 죄 또는 외환의 죄 규정만으로는 북한 공산 집단의 직·간접 침략에 효율적으로 대처할 수 없기 때문에 특별법인 국가 보안법을 제정하고 있는데, 국가 보안법에 규정된 각종 범죄 유형들 역시 전형적인 안보 수사의 대상이라고 할 수 있다.

국정원법은 국가정보원으로 하여금 국가 안전 보장 업무를 수행하게 하면서 국가 안보를 위태롭게 하는 여섯 가지 범죄 유형, 즉 형법 중 내란의 죄 및 외환의 죄, 군형법 중 반란의 죄와 암호부정사용죄, 군사기밀보호법에 규정된 죄, 국가 보안법에 규정된 죄에 대해 수사권을 부여하고 있다.

이 때문에 실무상 '국가 안보 수사'라고 하면 통상 위 여섯 가지 범죄 유형에 대한 수사를 말한다.

　　　　　　　　　　한 권으로 읽는 국정원법 이야기

한편 정보 및 보안업무기획조정규정은 제2조에서 국가정보원이 수사권을 가진 위 여섯 가지 범죄를 범한 자와 그 혐의를 받는 자를 '정보 사범'으로 정의하고, 정보 사범에 대한 수사 업무를 취급하는 각급 국가기관을 '정보 수사 기관'이라고 정의하고 있다.

이 규정에 의하면 국가 안보 수사의 대상이 되는 자는 정보 사범이며 이들을 수사하는 기관은 정보 수사 기관이 된다. 실무상으로는 '정보 사범'을 '안보 사범' 또는 '대공 사범', 정보 사범에 대한 수사를 '안보 수사' 또는 '대공 수사'라고도 한다.

국가 안보 수사의 법적 근거는 헌법 제37조 제2항이다. 동 조항은 국가 안전 보장을 위하여 필요한 경우 법률로서 국민의 자유와 권리를 제한할 수 있다고 규정하고 있는데, 이에 근거하여 국가 안전 보장을 위하여 필요한 경우 국민의 자유와 권리에 대한 제한이 가능하도록 제정된 법률이 「형법」(내란 및 외환의 죄)과 「국가 보안법」 등이다. 국가 안전 보장을 위해 국민의 자유와 권리를 법률로 제한하는 경우에도 그 자유와 권리의 본질적 내용을 침해할 수 없음은 물론이다.

한편 수사권의 행사는 필연적으로 국민의 자유와 권리를 제한하게 되므로 법률의 근거가 반드시 필요하다. 2024년 1월 경찰로 이관하기로 예정되어 있으나 현행 국가 정보원법은 제3조 제1항 제3호에서 형법 중 내란의 죄와 외환의 죄, 군형법 중 반란의 죄와 암호부정사용죄, 군사기밀보호법에 규정된 죄, 국가 보안법에 규정된 죄에 대한 수사를 국가정보원의 직무로 명시하고 있다. 국가정보원은 법률에 근거하여 이들 범죄에 대한 수사권을 부여받고 있는 것이다.

현행 법령상 정보 수집, 조사, 수사에 대한 명확한 정의 규정은 없으나, 조사의 일종인 '행정 조사'에 대하여 행정조사기본법에 정의 규정[23]을 두고 있는 데 비해, '수사'는 형사 소송법 제196조[24]와 제197조[25]의 해석에 의해 '범죄의 유무와 체포 및 증거 수집을 위한 활동'으로 정의하는 것이 일반적 견해다.

통상 '조사'나 '수사' 활동에는 '정보 수집'이 수반되고 일부 법령 또는 실무적으로 '조사'가 '수사'에 비해 포괄적 개념으로 사용되기도 하나, '정보 수집'과 '조사'는 '수사'와 달리 대상자에 대한 압수 수색·인신 구속과 같은 법적으로 부여된 강제력은 행사할 수 없다는 점이 수사 기능과 가장 큰 차이점이라고 할 수 있다.

국가 안보 사범 수사는 일반 형사범 수사와는 많은 부분에서 차이가 있다. 범죄의 성격이 다르고, 범행 수법이 다르고, 범죄자가 다르다.

---

23 「행정조사기본법」 제2조 제1호에 '행정 조사'란 행정 기관이 정책을 결정하거나 직무를 수행하는 데 필요한 정보나 자료를 수집하기 위하여 현장 조사·문서 열람·시료 채취 등을 하거나 조사 대상자에게 보고 요구·자료 제출 요구 및 출석·진술 요구를 행하는 활동을 말한다고 규정되어 있다.

24 「형사소송법」 제196조(검사의 수사) 1항에 검사는 범죄의 혐의가 있다고 사료하는 때에는 범인, 범죄 사실과 증거를 수사한다고 규정되어 있다.

25 「형사소송법」 제197조(사법 경찰 관리) 1항에 경무관, 총경, 경정, 경감, 경위는 사법 경찰관으로서 범죄의 혐의가 있다고 사료하는 때에는 범인, 범죄 사실과 증거를 수사한다고 규정되어 있다.

한 권으로 읽는 국정원법 이야기

국가 안보 사범은
국가를 배경으로 하는 범죄자들

국가 안보 사범은 대개 육체적·정신적·기술적·이념적·사상적으로 최고의 범죄 전문가들이다. 다양한 전술과 고도의 범행 수법은 물론이고 검거된 이후 수사와 재판 대응까지도 철저하게 훈련을 받는다.

북한은 '김정일정치군사대학'에서 대표적 국가 안보 사범인 간첩을 양성하고 있다. 고등·중학교 4년 이상 또는 대학생 중에서 당성·체력·두뇌가 우수한 자를 엄선, 사격·격술·산악 구보·수영 등 일반 인민군의 4-5배에 달하는 훈련을 시킨다.

5년의 교육을 마치면 다시 전문 대남공작 부서에 배치되고, 폭파·암살 등 특기 교육을 한다. 침투 직전에는 수 개월의 해외 현지화 적응 교육까지 거친다. 검거된 남파 간첩들의 경우 짧게는 6년, 길게는 십수 년까지 간첩 교육을 받은 것으로 확인되고 있다.

국가 안보 사범은 확신범으로
장기간 암약

1964년 적발된 인민혁명당 사건 관련자 김○○은 30여 년 후인 1992년 정치권 침투 암약 고정 간첩으로 다시 검거되었다. 인민혁명당 사건 주모자 이○○은 1979년 남조선민족해방전선 사건 주모자로 다시 체포되었다.

1980년대 제헌의회그룹 사건 관련자들은 조직 와해 후 1990년대 초반 다시 '남한사회주의노동자동맹'이라는 반국가 단체를 결성, 무장봉기에 의한 사회주의 혁명을 기도하다 검거되었다. 국가 안보 사범들, 특히 좌익 사범들은 이처럼 사상적 역사적 뿌리를 갖고 활동한다.

사기·횡령·절도와 같은 파렴치범이나 마약·인신매매와 같은 국제 범죄, 살인·강도·상해와 같은 강력범은 자신의 행위가 사회적·도덕적으로 비난받는다는 사실을 스스로 인식하기 때문에 범행 후 죄의식을 갖는다.

그에 비해 국가 안보 사범은 반체제적·반사회적·반정부적 성향이 그들의 정치·경제·사회·역사의식을 형성하여 하나의 신념 체계로 확립된 자들이다. 이들은 추구하는 목표를 위해 실정법 위반도 정당시할 수 있는 확신을 갖고 있어 죄의식이 없다. 오히려 자신이 속한 집단에서 영응시 되거나 사회 일각으로부터 소위 '양심수'로 호칭되는 데 자부심을 갖고 있어, 조사를 받는 도중에도 수사관에게 적개심을 표출하는 경우가 허다하다.

이들은 검거될 경우 자백 대신 죽음을 택하도록 교육받아 분신, 할복 등 자해·자살을 기도하는 경우도 왕왕 있다. 도주하던 간첩이나 검거된 간첩이 자살을 하거나, 발각된 간첩선이 자폭하는 사례가 적지 않음은 이런 이유 때문이다. 묵비, 재판 거부 등을 투쟁 방법으로 이용하기도 하며, 신문 투쟁 차원에서 허위 진술로 수사를 교란시키기도 한다. 양심이나 도덕률에 기초한 자백을 받아 내기는 애초에 불가능에 가깝다.

잘 훈련된 국가 안보 사범들은 이념적으로 흔들림이 거의 없다. 암약 기간의 장단(長短)과 무관하게 검거될 때까지 활동한다. 1992년 체포된 前 민중당 공동 대표 김○○은 36년간, 1997년 검거된 서울대 명예 교수 고○○도 36년간, 역시 1997년 발각된 서울지하철공사 심○○은 39년간, 1996년 노출된 단국대 교수 정○○은 아랍계 필리핀 '무하마드 깐수' 신분으로 10년간 암약했다.

장기 암약 국가 안보 사범의 범행은 대개 생활 속에 녹아 있어 일상생활과 범행의 경계를 구분 짓기 어렵다. 정치·군사·언론·종교·학원 등 사회 각계 저명인사·전문가들과 친분 관계를 유지하는 활동, 인권 운동·평화 운동·통일 운동·사회 변혁 운동 등과 같은 사회활동이 간첩 활동의 일환인지 일상생활의 일환인지 외견상 구분이 쉽지 않다.

전방위적 국가 정보 활동
의존 불가피

　일반 형사범의 범죄 인지는 수사관 개인의 정보 활동보다는 대개 피해자의 고소·고발이나, 신고에 의한 경우가 많다.

　그러나 국가 안보 사건은 국내의 정치·경제·사회문제 등과 밀접하게 연관되어 실질적으로 엄청난 피해를 초래하지만 침해된 법익이 국가적 법익이어서 범죄 결과가 쉽게 노출되지 않는다. 대부분은 피해를 당했다는 인식조차 못해 수사 단서의 입수가 매우 어렵다.

　따라서 국가 안보 사범들에 대한 첩보 수집은 수사관 개인의 정보 활동이나 신고보다는 대개 국가 정보 활동에 의존한다. 여기서 국가 정보 활동이란 대공 수사, 국내보안정보, 외사, 보안·방첩, 대북공작, 국외정보, 북한 정보, 정보 활동에 투입되는 통신·사이버 활동·과학 장비, 탈북자 신문 첩보 등 국정원의 모든 정보 활동의 총합을 의미한다.

국정원 대공 수사권 폐지에 대한 국정원 퇴직자의 꿈틀

　알다시피 국정원의 모든 부서 업무 중심에는 북한이 있다. 따라서 모는 부서는 북한을 연결 고리로 하여 상호 간에 긴밀한 연결성을 가지고 있다. 수사국에서 간첩을 잡을 때도 해외·북한·사이버·외사·방첩·과학 등 거의 모든 부서의 지원을 받고 있으며, 간첩을 잡은 후에는 또 거의 모든 부서에서 검거된 간첩을 대상으로 전략 신문 등 디브리핑을 통해 각 분야별로 국가 방책을 수립하고 있다. 대북공작에서 마음 놓고 반합법 공작을 할 수 있는 것도 사후 사법 처리를 걱정하지 않기 때문이고, 공작 망이나 출처가 노출될 가능성이 있는데 해외 부서나 과학 부서에서 누가 적극적으로 정보 수집 활동을 하겠는가? 국정원 대공 수사권은 '수사국'만의 문제가 아니다. 국가 정보의 총역량 문제다.

범행 모의나 실행이
북한이나 제3국

국가 안보 사범은 일반 형사범과 달리 외국인에 의하거나, 외국에서 범행이 이루어지는 경우가 많다. 외국인이라도 국내에서 범행이 이루어지는 경우는 증거 수집 등 수사 절차상 적법성 준수에 큰 어려움이 없다.

그러나 내외국인을 막론하고 외국에서 범행이 이루어지는 경우 법 규정 그대로 적법 절차를 준수하기란 쉽지 않다. 특히 범행의 모의나 실행이 당국의 수사권이 실질적으로 미치지 못하는 북한이나 중국에서 일어나는 경우 일시·장소 등 범죄 사실을 특정하기 어렵고, 사실 조회·미행 감시·압수 수색·감청·소환 조사·체포 등을 통한 범증 수집이 지극히 어렵다.

마약이나 국제 범죄의 경우도 일반 형사범과 달리 초국가적·조직범적 성격을 가진 범죄임에는 틀림없으나 내외국인을 막론하고 대부분 국내에서 범죄 현장을 포착할 여지가 많아 대공 수사에 비해서는 범증 수집이 상대적으로 용이하다.

한 권으로 읽는 국정원법 이야기

해외 정보망과
우방국 정보 협력이 필수

국가 안보 사범은 기본적으로 정치적 속성을 띠는 경우가 많아 우방과 적국을 불문하고 국제 공조가 쉽지 않다. 특히 국가 안보 사건이 국가 보안법이나 군사기밀보호법과 같은 정치적·군사적 범죄에 해당되고, 범행 장소가 친북 국가인 중국이거나 관련자가 중국인일 경우 중국으로부터 형사사법공조를 기대하기란 거의 불가능하다.

법적으로는 韓中형사사법공조조약에 의해 중국에서 발생하였거나 중국인이 관련된 국가 안보 사범 수사의 경우에도 사람이나 물건의 소재 수사, 서류 기록의 제공, 압수 수색 검증을 통한 증거 수집 또는 증인 신문 등을 중국 측이 제공해야 하나, 공식 채널을 통한 적법 절차에 따라 이러한 공조가 시행되었다는 사례를 찾아보기 어렵다.

그러나 마약을 비롯한 테러·밀수·인신매매·위조지폐 등 국제 범죄는 세계주의 원칙에 의해 국제적으로 모든 나라가 공동으로 대처해야 할 '인류 보편의 가치'를 침해하는 범죄로 분류되어 국제 협조가 원활하다.

대표적 국가 안보 사범인 북한 간첩의 경우 과거에는 육상, 해상, 수중 침투 등 직접 침투 방식을 지향해 왔으나 1980년대부터 제3국을 경유한 우회 침투 방식이 배합되고 있다.

특히, 2000년 이후 검거된 간첩은 98% 이상이 해외를 통한 우회 침투 간첩으로 확인되고 있다. 간첩의 이러한 우회 침투에 대비하여 해외 정보망과 우방국과의 정보 협력은 필수적이다.

엄정한 정치적 중립
유지가 기본

북한은 대한민국의 적화 통일을 위한 대남전략의 일환으로 해방 이후부터 현재까지 줄기차게 대남정치공작을 자행하고 있다. 대표적인 정치공작 사례가 해방 공간에서의 성시백 간첩 사건과 1960년대의 황태성 간첩 사건이다.

북한의 대남정치공작은 1960년 이후부터는 이른바 진보 정치 세력 양성 지원, 진보정당 창당 지원 및 진보 정당 침투·장악 공작 등으로 진화, 발전되어 왔다.

1990년대 들어와서는 혁명적 전위 정당이라는 지하당 공작 외에 합법 공간에서 북한의 대남 혁명 전략을 수행할 '합법적 전위 정당' 즉 '진보 정당'의 구축을 위해 주력했다.

북한이 1990년대 이래 본격적으로 추진한 '진보 정당 구축 공작'은 1991년 '조선 노동당 중부 지역당 사건'과 민중당 창당 공작, 1999년 민족민주혁명당 사건, 2003년 민노당 고문 강○○ 간첩 사건, 2006년 일심회 간첩단 사건, 2011년 왕재산 간첩단 사건 등이 있다.

북한의 이러한 대남정치공작에 대응하기 위해서는 국가 안보 수사 기관의 정치적 중립성이 필수적이다.

제성호 교수의 견해

　냉전 시대 서독 브란트 총리 수행 비서였던 동독 간첩 기욤(Guil-laume) 사건에서 보듯이 북한도 그동안 한국 내 간첩 내지 협조자를 정치권에 진출시키기 위해 수많은 노력을 기울여 온 것으로 추정됨. 동독은 분단 시기 서독에서 3만 명 이상의 동독 간첩 및 협조자를 운용하였으며, 서독에서는 하원 의원 5명, 브란트 총리 수행 비서, 헌법 보호청 방첩국 부국장 등이 동독 간첩으로 밝혀졌음. 이러한 점을 감안하면, 대공 수사를 진행할 경우 정권 핵심부 인사도 내사 및 수사를 해야 함. 그럴 경우 대공 수사에 대한 엄청난 정치적 외압의 가능성 상존. 공개 수사 기관인 경찰이 과연 청와대 등 정치권 압력에 굴하지 않고 대공 수사를 계속 진행, 간첩을 검거할 수 있을지는 극히 의문시됨. 이렇게 볼 때 비밀 정보 수사 기관인 국정원만이 정권 핵심부 인사가 관여되어 있는 대공 수사를 수행하기에 적합함.

철저한 적법 절차 준수가 불가피하며
장기간 소요

국가 안보 사범들은 수사 과정에서 수사관의 일거수일투족을 역감시하면서 사소한 절차 위반이라도 발견되면 외부 지원 단체와 연계하여 불법 수사·인권 침해 등의 쟁점화를 기도, 수사 기관의 수사 활동 위축을 도모한다.

○○ 소속 변호사들은 국가 안보 사범 변호를 자청하고[26] 때론 무료 변론까지 불사하면서 피의자들에게 과도한 신문 투쟁을 종용하고 의도적으로 수사를 방해하기까지 한다. 수사 기관이 제시한 증거에 대해서는 지나칠 정도로 증거 능력을 다툰다. 법원도 대공 사건에 현출된 증거는 법정에서 하나하나 엄격한 잣대로 검증하고 있다. 수사당국의 수년에서 십수 년의 사법 처리 노력과 '국가 안보 침해'라는 범죄의 중대성에도, 수사 과정의 사소한 흠결이 무죄 선고로 이어지기도 한다. 국가 안보 사범 수사는 적법 절차를 준수할 수밖에 없다.

국가 안보 범죄는 국가 차원 또는 조직적 배경하에서 고도로 훈련받은 전문가에 의해 당대 최고의 과학 기술을 동원하여 자행되기 때문에

---

26 ○○○ 사건 당시 5명의 피의자에 변호사가 37명이었고, 접견 횟수는 87회에 달했다.

범죄 흔적을 찾아내기란 여간 어려운 게 아니다. 첩보 수집에서 내사·수사·공작·송치까지 짧아도 몇 년, 길게는 십수 년이 걸린다.

그러나 일반 형사범은 마약이나 국제 범죄라 하더라도 개인적 배경을 가진 범죄에 불과하다. 마약 카르텔과 같이 범죄 조직 자체는 超국가성을 띨 수 있어도, 그 행위자는 결국 범죄자 개인이다. 당연히 보안 의식이나 범죄 수법이 대공 사범에 비할 바 아니다.

마약이나 국제 범죄의 경우 관련자들 대부분이 전과를 가지고 있어, 첩보 입수 후 통화 내역 조회나 전과 조회만 해도 조직의 실체를 비교적 쉽게 파악할 수 있다. 국내에서 범죄 현장을 바로 포착할 여지도 많다. 원활한 국제 공조로 공항만에서 운반 중인 실물 증거(마약) 압수도 기대해 볼 수 있다. 수사 단계에서 신문 투쟁이나 변호사의 사법 방해 행위는 찾아보기 어렵다. 당연한 결론으로, 첩보 수집에서 송치까지 소요되는 기간은 국가 안보 사범 수사에 비해 상대적으로 짧을 수밖에 없다.

보안 유지가 필수적이며
체계적인 기획 수사 필요

국가 안보 사범은 조직적 배경이 있는 범죄이므로 배후 조직에 대한 수사가 병행되어야 하므로 사전에 철저한 보안 유지가 요구된다.

일반 형사범은 지명 수배, 전단 살포, 매스컴을 통한 수사 협력 요청 등 공개 수사의 이점을 최대한 활용할 수 있는 데 반해, 국가 안보 수사의 경우에는 그렇게 할 수 없는 경우가 대부분이다.

국가 안보 사범(특히 좌익 사범)은 크고 작은 조직 속에서 움직이고 있는 집단범이다. 모든 사건의 이면에는 활동을 지령하고 지휘 감독 역할을 하는 상부 구조, 행동대를 원호하는 외부 조직, 일선에서 행동으로 옮기는 하부 조직이 반드시 있다.

좌익사범의 수사는 조직을 색출, 발본색원하는 데 중점을 두어야 하고, 관련자 1인 또는 수인을 검거, 사법 처리 하는 데 그쳐서는 안 된다.

이들은 이론적으로 완전히 무장되어 있고, 범죄 수법도 사전에 치밀한 계획을 세워 투쟁하는 등 지능화·고도화되어 있기 때문에 단발적인 사건 수사보다는 체계적인 기획 수사가 필요하다.

국가 안보 사범 수사는 그 계보와 맥을 추적해야 하며 이들의 계파별 혁명론(민족 해방 민중 민주주의 혁명론, 반제·반독점 NLPDR, 민족 민주주의 혁명론, 국제 사회주의 혁명론)과 그 형성 및 확산 과정을 알고 있어야 한다.

특히 친북 좌익 세력들은 북한과 연계되어 있으므로 수사관들은 대남혁명 전략 체계와 지령 수수 채널 등에 대한 전문 지식을 가지고 있어야 한다.

일반적인 조사 기법으로는
수사 불가

'좋은 경찰, 나쁜 경찰(good cop, bad cop)'²⁷ '죄수의 딜레마(Prisoner's Dilemma)'²⁸ 플리 바게닝(Plea Bargaining)²⁹ 등 일반 형사범 수사에서 활용되는 다양한 심리 수사 기법들이 국가 안보 사범 수사에서는 활용하기 어렵다.

국가 안보 사범들은 치밀하고 엄격한 조직 체계 속에서 체제 변혁을 목적으로 활동하는 직업적 혁명가들이다. 고도의 보안성과 맑스 레닌주의의 정통 이념으로 철저하게 무장되어 있으며, 일사 분란한 명령 복종 체제가 생활화되어 있어 물적 증거 확보 없는 자백 유도는 불가능에 가깝다.

---

27 피의자의 경계심을 풀기 위해 나쁜 역할의 경찰이 피의자를 강압적으로 무섭게 몰아붙인 다음, 착한 역할의 경찰이 피의자에게 인간적으로 접근하는 심리 수사 기법.

28 수사의 대상자들이 서로 협동을 하면 모두에게 이익이 됨에도 불구하고 배반을 선택하게 만드는 심리 수사 기법.

29 피고인이 유죄를 인정하거나 다른 사람에 대해 증언을 하는 대가로 검찰 측이 형을 낮추거나 가벼운 죄목으로 다루기로 거래하는 수사 기법. '유죄 답변 거래', '유죄 협상 제도' 등으로도 불린다. 우리는 플리 바게닝에 대한 법적 근거가 없으나, 기소에 대한 검사의 재량을 폭넓게 인정하는 기소 독점주의와 기소 편의주의를 채택하고 있어 플리 바게닝과 비슷한 형태의 수사 기법이 암묵적으로 이뤄지고 있다.

명백한 물적 증거를 제시해도 혐의를 인정하지 않는 경우는 다반사고, 자신의 이름조차 얘기하지 않는 경우와 신문 조서에 날인을 거부하는 경우도 비일비재하다.

9장

4차 산업 혁명 시대
국가 정보 발전 과제

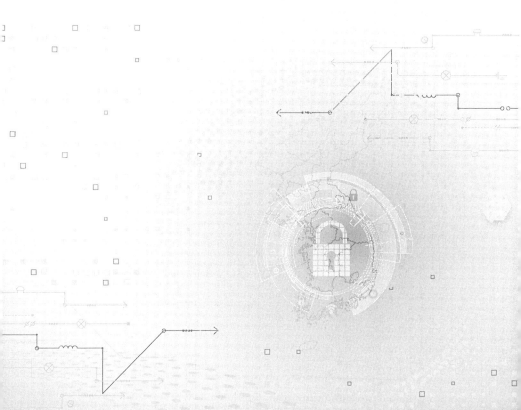

국가 정보 활동은 정보를 저장하고 전달하는 기술의 발전에 따라 그 양상이 변화되어 왔다. 문명의 이기에 맞추어 그에 상응하는 정보 활동의 기법들이 개발되어 온 것이다.

미래학자 앨빈 토플러(Alvin Toffler)가 구분한 문명사회의 기준에 따르면 자연 그대로의 농경 생활에 의존했던 제1물결 시대에는 적진 깊숙이 스파이를 침투시켜 첩보를 수집한 다음 그 첩보를 비둘기의 발목에 묶어 자기 진영으로 날려 보내는 방식으로 활동했다. 인간이 적진에 들어가지 않고는 첩보를 수집할 수 없었으며 수집 첩보도 인간을 통하거나 비둘기 등 자연 친화적 방법을 이용할 수밖에 없었다.

이 시대의 정보 환경은 손자병법(用間篇)의 구절에 잘 나타나고 있다. 손자는 "먼저 안다는 것은 귀신을 통해서 알 수 있는 것도 아니고, 과거 사례를 유추해서 알거나, 어떠한 법칙이 있어서 체험할 수 있는 것도 아니며 오로지 사람을 구해서 적의 정세를 알 수밖에 없다(先知者 不可取 於鬼神 不可象於事 不可驗於度 必取於人知敵之情者也)"고 했다.

제2물결 시대에 이르러 교통·통신의 비약적인 발달로 정보 활동도 점차 과학화·조직화되었다. 특히, 무선 통신의 발명이 정보 활동의 기술을 고도화·지능화시켰다.

비둘기가 날지 못하는 수천 킬로 밖의 적진에 침투한 스파이가 무전으로 수집 첩보를 전달하는 것이 가능해지자 스파이들에게 무전 송신 방법을 교육시켜 적진 깊숙이 침투시키는 방법이 보편화되었다. 무전기

한 권으로 읽는 국정원법 이야기

보유 여부가 곧 스파이 여부를 증명하는 시대였다. 이러한 정보 활동 방식은 냉전 시대까지 성행했다.

제3물결 시대는 컴퓨터와 인터넷이 정보 활동의 주요 수단이 되었다. 1980년대 '아날로그에서 디지털'로의 전환에서 시작된 정보 통신 기술(ICT)의 파도(제1의 기술 파도)는 1990년대 인터넷, 월드 와이드 웹(WWW)에 의한 '사이버 공간'을 생성시키는 제2의 기술 파도를 일으킨 데 이어 2000년대 들어서는 사물 인터넷(IoT), 빅데이터, 인공 지능을 기반으로 한 물리적 공간과 사이버 공간의 연결을 확장시키는 제3의 기술 파도를 일으켰다.

여기서 더 나아가 최근에는 다양한 과학 기술과 융합되어 사람과 사람, 사람과 기기, 기기와 기기가 디지털 네트워크를 통해 촘촘하게 연결되어 실시간으로 정보를 주고받는 의사소통이 가능해지고, 엄청난 빅데이터가 생겨나면서 그 빅 데이터를 학습하는 인공 지능에 의해 편리성과 정보 교환의 효율성이 더욱 커지는 시대에 접어들었다.

고도화된 정보 통신 기술 인프라를 통해 생성·수집·축적된 데이터와 인공 지능이 결합된 지능 정보 기술이 정치, 경제, 사회 등 삶의 모든 분야에 활용되어 새로운 가치가 창출되는 사회 현상이 일어나고 있다.

이러한 현상들이 '제4차 산업 혁명'이라고 총칭되고 있으며 앞으로 인류의 정치·경제·사회 등 모든 분야에 획기적 전환을 가져오는 분기점이 될 것으로 전망되고 있다(심진보 등, 2017: 50-51).

하지만 과거 새롭게 개발된 기술들이 대부분 전쟁의 수단으로 동원되었던 것처럼 제4차 산업 혁명을 추동하고 있는 신기술들도 인류에게 순기능으로 작용하지만은 않을 전망이다. 최근 우크라이나 전쟁에서 보는 것처럼 전쟁의 양상과 테러의 행태가 신기술의 악용을 보여 주고 있다.

그리고 러시아 정보 기관의 미국 대선 개입 논란에서 보는 것처럼 새로운 정보 통신 기술이 비밀 공작에 접목되는 등 국가 정보 활동 역시 앞으로 급격하게 변화되어 나갈 전망이다. 그에 따라 이러한 정보 환경에 신속하게 적응해 가는 정보 조직만이 경쟁력을 갖출 수 있을 것이다. 말하자면 국가에서 운영하는 정보 조직들도 무전 통신 시대에 맞추어 설계된 법적·제도적 인프라를 제4차 산업 혁명에 맞추어 개혁해야 할 시점이다.

현재 지구는 과거 자연 그대로의 '물리적 행성(제1의 지구)'에서 인터넷의 탄생으로 연결성이 확장된 '사이버 행성(제2의 지구)'으로 진화된 데 이어 IoT, 빅데이터, AI 혁명으로 다시 한 번 진화되는 '디지털 행성(제3의 지구)'시대를 맞고 있다.

디지털 행성에서는 스마트 정보 통신 기술을 활용할 수 있는 역량을 가진 스마티즌(Smartizen), 5세대 이동 통신 네트워크와 가입자, 스마트 디바이스 및 스마트 센서들의 범위와 수가 폭발적으로 증가하여 초거대 디지털 생태계를 구성할 것으로 예상된다(심진보 등, 2017: 60-61).

1990년대 인터넷에 의한 사이버 공간이 창출된 이래 불과 30년 만에 물리적 공간과 사이버 공간의 연결을 넘어 사람과 사물이 현실과 가상 공간의 경계 없이 서로 긴밀히 연결되어 소통하고 상호 작용 하는 만물 인터넷 시대로 접어들었다.

이에 따라 기존의 법·제도가 정보 통신 기술의 진전이 초래하는 사회 변동을 따라가지 못하는 현상이 가속화되고 있다. 개인, 기업, 국가 수준에서 정보 통신 기술이 급격히 확산되면서 기존의 법·제도로는 통제하기 어려운 사회 현상들이 속출하고 있다. 국가 정보 활동 역시 그러한 사태에 직면하고 있다.

이러한 환경 변화에 맞춰 미국, 중국, 독일, 일본 등 선진국은 사이버 보안법 제정 등 법체계를 정비해 나가고 더 나아가 디지털 행성의 시대에 적응하기 위한 정보 활동의 방법에 대해 고민하고 있다.

국가 정보 활동에 영향을 미치는 4차 산업 혁명 기술의 변화, 해외 정보기관 및 북한의 적응 실상, 우리의 적응 노력과 법적·제도적 개선 요인 등을 비교해 보면 다음과 같은 몇 가지 특징이 드러난다.

첫째, 미국 및 유럽의 정보기관들은 급격히 발전하는 정보 저장·운송 기술에 맞춰 조직개편, 법적 근거 확보 등에 많은 노력을 기울이고 있다. 미국 CIA는 2015년 5월 조직 내부에 '디지털 혁신국'을 신설해서 디지털 기술, 데이터 분석, 온라인 스파이 활동을 융합시키는 구조를 만들었다. 제2의 기술 파도에 따라 생성된 사이버 공간의 정보 활동에 적극 부응 하려는 조치였다.

독일 BND는 2016년 12월 BND법을 개정해서 독일 국내에서 기술 장비를 통해 전자 통신 네트워크상 외국에서 외국인 간 이루어지는 통신을 수집할 수 있는 해외통신첩보조항(6조)을 신설했다.

정보 환경의 측면에서 역사적 전환점을 맞고 있는 것이다. 디지털 혁신국을 신설한 브레넌 CIA 국장이 "지금 대부분의 인적 교류가 디지털 공간에서 일어나고 있다. 그에 따라 정보 활동도 그 분야를 강화해야 한다. 이러한 환경 변화는 회피할 수 없는 사실이다"라고 언급했다 (《Reuters》, 2018.11.2.자). 기술 변화와 정보 활동의 상관관계를 적나라하게 나타내는 표현이다.

둘째, 첩보 수집의 관점에서 볼 때 사회 각 분야에서 중요한 자료를 컴퓨터, 모바일 기기 등에 저장하는 경향이 확대됨에 따라 거기에 저장된 중요 자료를 수집하는 첩보 수집 방법도 비약적으로 발전하고 있다.

컴퓨터 가동 기록이나 데이터 또는 인터넷과 같은 컴퓨터에 네트워크를 통해 전송되는 데이터를 모니터링하는 방법, 컴퓨터의 하드 드라이브나 데이터베이스에 저장된 정보를 검사하는 방법을 통해 수집하는 악성웨어 수집 기술, 공개 자료를 탐색·결합시켜 유용한 정보를 만드는 소셜 네트워크 맵 등 다양한 첩보 수집 기술이 개발되고 있다.

특히, 이러한 첨단 기술들은 민간 부문에서 정보기관을 앞서가고 있다. 그러한 추세는 전 세계적으로 공통적인 현상이다. 그에 따라 국가 정보기관이 민간 부문의 기술을 적절히 활용하고 통제하는 방법을 놓고 서방 진영과 구 공산권의 정책이 상반된 입장을 보이고 있다.

서방 진영은 사이버 공간에서도 표현의 자유 등 국민 기본권을 존중, 사이버 공간을 민간 자율적으로 규제하는 정책을 추진 중인 데 반해 구 공산권은 사이버 공간도 국가의 통제 아래 두어야 한다는 입장을 유지하면서 국가가 사이버 공간을 직접 관장하고 있다.

이와 같은 양측의 입장은 사이버 공간의 새로운 국제 질서를 만들어가는 방법을 놓고도 마찰을 보이고 있어 사이버 공간을 두고도 신냉전적 국제 정세가 조성되고 있다.

앞으로 데이터 주권 확보, 고난도 암호화 기술의 발달, 비국가 행위자의 확산, 온라인 허위 정보 확산 문제 등을 둘러싼 국가 간 경쟁과 갈등이 더욱 심화될 전망이다.

따라서 우리나라도 패킷 감청 도입, 암호 통신 감청, 온라인 수색, 전

한 권으로 읽는 국정원법 이야기

략적 통신 감시 법제화 등 제4차 산업 혁명 시대 첩보 수집 기술의 변화에 맞춰 법적·제도적 근거를 조속히 정비해 나가야 한다.

셋째, 정보 분석의 관점에서는 빅 데이터 분석과 허위 정보 판별 문제가 정보기관의 중요한 현안으로 떠오르고 있다. 정보 통신 기술의 발달로 방대한 양의 데이터가 생성되면서 정보기관으로서도 데이터를 수집·보관·가공·분석하기 위한 효율적 업무 체계를 구축하는 것이 해결 과제로 나타났다.

클라우드 컴퓨팅, 그리드 컴퓨팅, 블록 체인 기술 등 정보 저장 방식의 전환에 따른 첩보 수집 시스템 구축이 시급해졌다. 특히, 데이터의 형태나 속도가 인간의 한계 능력을 넘어서는 단계에 이르고 있어 인공지능 기술을 활용해서 빅 데이터를 효율적으로 분석하여 가치 있는 정보를 추출해 내는 정보 분석 조직, 기법 개발에 주력해야 할 시점이다.

정보 분석의 측면에서 보다 중요한 문제는 허위 정보나 조작 정보를 식별하고 판단하는 것이다. 이 문제는 범세계적 관심사로 부각되고 있다.

러시아, 중국, 북한처럼 사이버 공간을 이용해서 상대 국가를 기만하고 상대 국가의 여론을 조작하는 비밀 공작 활동이 빈발함에 따라 이에 효율적으로 대응하는 문제가 우리나라를 비롯한 민주주의 국가의 정치 사회적 쟁점으로 떠오르고 있다. 제20대 국회에서 허위 조작 정보 규제와 관련된 법률이 43건이나 발의되었다는 것도 이 문제의 심각성을 보여 주고 있다.

국가 정보기관은 국가 안보와 국가 이익과 관련되는 정보의 진위를 분석·판단하는 전문 기관이라는 점을 감안, 허위 조작 정보를 식별하는 기능과 역량을 새로운 업무 영역으로 설정해서 개발해 나가야 한다.

넷째, 보안 방첩의 측면에서 우리나라의 법적·제도적 대응이 선진국에 비해 뒤처져 있다. 한반도 주변 4강 및 유럽은 '사이버 행성(제2의 지구)'의 시대에 맞춰 법적·제도적 개선을 적극 추진 하면서 '디지털 행성(제3의 지구)' 시대에 대비하고 있다. 그에 비해 우리나라는 사이버 행성 시대에 적응하기 위한 법적·제도적 개혁도 부진한 실정이다.

주변국을 보면 중국은 사이버 안전 관련 최고 정책 결정 기구인 '사이버 안전과 정보화 영도소조'를 2014년 조직하고 사이버안전법을 2016년 제정하였으며, 일본도 2014년 '사이버시큐리티 기본법'을 제정한 후 2015년 총리 산하에 '사이버시큐리티 전략 본부'를 설치하는 등 법적·제도적 정비를 완비했다.

하지만, 우리나라는 2013년부터 의원 입법 혹은 정부 입법 형식으로 사이버안보기본법이 발의되고 있으나 여야 합의 도출에 실패, 법 제정이 지연되고 있다.

이러한 점을 감안, 사이버 안보 관련 법률을 조속히 제정하여 사이버 안보 컨트롤 타워를 구축하고 시대에 뒤떨어진 통신비밀보호법을 보완하는 한편 전략적 통신 감시의 법적 근거를 확보하는 등 개혁 조치를 시급히 강구해야 한다.

종합하면 최근 문명사적 전환기를 맞아 주변 4강과 북한은 사이버 정보 활동 차원을 뛰어넘어 제4차 산업 혁명 시대 신기술을 정보 현장에 접목하는 수순으로 나아가고 있는 데 비해, 우리나라는 사이버 안전 관련 법제도 정비하지 못한 실정에 있어 사이버 안보 관련 법률을 조기에 제정하고 통신비밀보호법 등 시대에 뒤떨어진 관련 법률을 재정비하는 등 국가 정보 제도 개혁을 서둘러야 할 시점이다.

참고 자료

강창성, 『일본/한국 군벌정치』, 해동문화사, 1991.

계엄사편집위원회, 『계엄사-10 · 26사태와 국난극복』, 육군본부, 1982.

계인주, 『맥아더 장군과 계인주 대령』, 다인 미디어, 1999.

국가안전보장회의 사무처, 『평화번영과 국가안보』, 국가안전보장회의, 2004.

국사편찬위원회, 『대한민국사자료집(20):이승만관계서한자료집(2)(1949-1950)』, 1996.

「그림자 조직 미 CIC-상」, 중앙일보, 1995년 4월 10일 자.

기광서, 「소련의 대한반도-북한정책 관련 기구 및 인물분석」, 경남대학교 북한대학원, 『현대북한연구』 창간호, 1998.

김국후, 『평양의 카레이스키 엘리트들』, 서울: 한울, 2013.

김남식, 『남로당 연구 Ⅰ』, 돌베개, 1984.

김남식 · 심지연, 『박헌영노선 비판』, 세계, 1986.

김용규, 『영웅칭호를 받은 남파공작원의 고백-태양을 등진 달바라기』, 글마당, 2013.

김윤근, 『해병대와 5 · 16』, 범조사, 1987.

김인회, 「국가보안법의 위헌성에 대한 고찰」, 민주사회를 위한 변호사 모임, 『민주사회를 위한 변론』, 2000년 7/8월호.

김일성, 「북조선로동당 창립에 대한 보고」(1946년 8월), 돌베개 편집부, 『북한 연구기초자료집 1 북한 '조선로동당' 대회 주요 문헌집』, 돌베개, 1988.

김일성, 「조선로동당 제3차 대회에서 진술한 중앙위원회 사업총결보고」, 국토통일원, 『조선노동당대회자료집(제1집)』, 1980.

김정렬, 『항공의 경종』, 대희, 2010.

김종필, 『김종필 증언록 1』, 미래엔, 2016.

김중종, 「박헌영은 미국의 간첩이었다」, 『말』 1991년 5월호.

김창순, 『북한 15년사』, 지문각, 1961.

김충식, 『남산의 부장들 ①』, 동아일보사, 1992.

「남북조선 정당·사회단체들의 지도자협의회에서 한 김일성 보고- 남조선 단독선거와 관련하여 우리 조국에 조성된 정치정세와 조국통일을 위한 투쟁대책- (1948.6.29.)」, 이한, 『북한의 통일정책변천사- 1948년~1985년 주요문건(상)』, 온누리, 1989.

김형욱·박사월, 『김형욱회고록 제Ⅱ부』, 서울: 아침, 1988.

도진순 옮김, 『백범일지』, 돌베개, 2003.

돌베개 편집부, 『북한연구기초자료집 1 북한 '조선로동당 대회' 주요 문헌집』, 돌베개, 1988.

동아일보사, 『신동아 1989년 1월호 별책 부록- 원자료로 본 북한 1945-1988』, 동아일보사, 1989.

레베데프, 「수행해야 할 의무를 자각하며」, A. M. 와실리예프시키 외 11인, 함성 편집부 역, 『레닌그라드로부터 평양까지』, 함성, 1989.

미야자키 이치사다 지음, 차혜원 옮김, 『옹정제』, 이산, 2001.

박범래, 『한국경찰사』, 미진문화사, 1988.

박병엽 구술, 유영구·정창현 엮음.『전 노동당 고위간부가 겪은 건국비화 조선민주주의 인민공화국의 탄생』, 서울: 선인, 2014.

박성진·이상호, 「대한민국 국가정보기구의 탄생과 이승만- 1공화국 시기 사정국(대한관찰부)을 중심으로」, 『아세아연구』 제55권 2호, 2012.

박원순, 『국가보안법 연구 I 국가보안법 변천사』, 역사비평사, 1989.

박진목, 『내 조국 내 산하』, 계몽사, 1994.

백학순, 『북한권력의 역사』, 한울, 2010.

법무부 법무실 통일법무과, 『통일법무 기본자료(북한법제)』, 법무부, 2018.

서동만, 『북조선 사회주의 체제 성립사』, 선인, 2005.

신평길 편, 『김정일과 대남공작』, 북한연구소, 1996.

심진보·최병철·노유나·하영욱, 『대한민국 제4차 산업혁명』, 서울: 콘텐츠 하다, 2017.

안문석, 『북한 현대사 산책2』, 인물과 사상사, 2016.

오영근, 『형법각론』, 박영사, 2006.

월간조선 엮음, 『외환위기 백서 대한민국은 왜 쓰러졌는가?』, 조선일보사, 1999.

유영구, 『남북을 오고간 사람들』, 도서출판 글, 1993.

유영구·정창현, 『박병엽 증언록2 김일성과 박헌영, 그리고 여운형』, 선인출판사, 2010.

유영익·송병기·이명래·오영섭 편, 『이승만 동문 서한집(상)』, 연세대학교 출판부, 2009.

유재흥, 『격동의 세월』, 을유문화사, 1994.

이건개, 『말하는 대통령, 일하는 대통령』, 월간조선사, 2001.

이석제, 『각하, 우리 혁명합시다』, 서적포, 1995.

이성무, 『조선의 부정부패 어떻게 막았을까』, 청아, 2000.

이승만이 안현경에게 보낸 편지(1919.7.11.), 유영익·송병기·이명래·오영섭 편, 『이승만 동문 서한집(상)』, 연세대학교 출판부, 2009.

이영근, 『오봉산을 향한 여로』, 경화출판사, 2003.

이용택, 「정보부 전성시대 남산에서 내려다본 현대사 내막, 이용택 전 중앙정보부 수사국장 증언」, 월간조선, 2004년 4월호.

이종찬a, 『숲은 고요하지 않다 이종찬 회고록 1』, 한울, 2015.

이종찬b, 『숲은 고요하지 않다 이종찬 회고록 2』, 한울, 2015.

이태진, 「고종 황제의 항일정보기관 익문사 창설과 경영」, 『고종시대의 재조명』, 태학사, 2004.

이한, 『북한의 통일정책변천사- 1948년-1985년 주요 문건(상)』, 온누리, 1989.

임경석 글, 이정 박헌영 기념사업회 편, 『이정 박헌영 일대기』, 역사비평사, 2004.

임동원, 『피스메이커』, 중앙북스, 2008.

임웅, 『형법각론』, 법문사, 2013.

장세동, "최초 인터뷰 장세동 증언 11시간", 월간조선, 1988년 11월호.

장준익, 『북한인민군대사』, 서울: 서문당, 1991.

전봉덕, 『한국법제사연구』, 서울대학교출판부, 1968.

전인권, 『박정희 평전』, 이학사, 2006.

전현수, 「소련군의 북한진주와 대북한정책」, 『한국독립운동사연구 9』 (1995.12).

정규진,『한국정보조직 암행어사에서 중앙정보부까지』, 힌울, 2013.

정대철,『장면은 왜 수녀원에 숨어 있었나?』, 지식공작소, 2001.

정병준,『현 앨리스와 그의 시대 역사에 휩쓸려간 비극의 경계인』, 돌베개, 2015.

정승화,『12·12사건: 정승화는 말한다』, 까치, 1987.

정용욱,『서울대학교 한국사 연구총서 15 해방전후 미국의 대한정책』, 서울대학교 출판문화원, 2015.

정주진,「소련 군정기 북한정보 체계 형성 과정」, 한국국가정보학회,『국가정보연구』제11권 2호, 2018.

정주진,「신안보 위협정보 통합조정체계 발전에 관한 소고」, 국가안보전략연구원,『신안보연구』제1권 1호, 2016.

정창현,『인물로 본 북한현대사』, 민연, 2002.

조갑제,『조갑제의 대사건 추적 3: 국가안전기획부』, 조선일보사, 1988.

조갑제a,『박정희 4- 5·16의 24시』, 조갑제 닷컴, 2006.

조갑제b,『박정희 13- 초인의 최후』, 조갑제 닷컴, 2006.

조선일보 사설, "DJ의 '위원회' 정치", 1999년 8월 23일 자.

조응천, "검경 수사권 조정안 반대… 수사 총량만 늘어나", 뉴스핌, 2019년 5월 2일 자.

중앙일보 특별취재반,『비록 조선민주주의 인민공화국 상권』, 서울: 중앙일보사, 1992.

중앙일보 특별취재반,『비록 조선민주주의 인민공화국 하권』, 서울: 중앙일보사, 1993.

중앙일보 현대사연구소,『현대사 자료총서 1 미군 CIC 정보보고서(1-4)』,

중앙일보 현대사연구소, 1996.

중앙정보부, 『북한대남공작사(제1권)』, 중앙정보부, 1972.

코로트코프, 가브릴, 『스탈린과 김일성 ①』, 동아일보사, 1992.

트루만, 해리 S, 손세일 역. 『트루만회고록 하』, 지문각, 1968.

하연섭, 『제도분석-이론과 쟁점-』, 다산출판사, 2003.

한상도, 「김구의 중국육군군관학교 한인특별반 운영과 청년투사 양성」, 『백범과 민족운동연구 제1집』, 백범학술원, 2003.

함승희, "국회정보위, 고영구 국정원장 후보 인사청문회 질의발언", 국회회의록, 2003년 4월 22일 자.

행정자치부 행정관리국, 『정부조직변천사 상』, 행정자치부, 1998.

황교안, 『국가보안법』, 박영사, 2011.

황일호, 「노동당 3호 청사 놀라게 한 4·19와 5·16」, 유영구, 『남북을 오고 간 사람들』, 글, 1993.

Hodge, John R. Lieutenant General. Headquarters XXIV Corps. Office of the Commanding General. 1 July 1946. *Subject: Appreciation of the work of the CIC in Korea.* To: Commanding Officer, 971st CIC Detachment. Unclassified. Staff and Faculty Library.

Rohde, David. *'Digitizing the CIA- John Brennan's attempt to lead America's spies into the age of cyberwar,* Reuter, 2018.11.2. (https://in.reuters.com/article/, 2020년 8월 28일 검색)

U.S. Army Forces, Korea. *Standard Operating Procedure for Counter Intelligence Corps.*

US Army Intelligence Center. *History of the Counter Intelligence Corps*

Volume ⅩⅩⅩ *- CIC During the Occupation of Korea.* 1959.3.

Willoughby, Major General Charles A. and John Chamberlain. *MacArthur 1941-1951.* New York: McGraw-Hill Book Company. 1954.